Mony Elkaïm

Wenn du mich liebst, lieb mich nicht

Wirklichkeitskonstruktionen in der
systemischen Familientherapie

Diese Publikation ist mit Mitteln des Bundesministeriums für Frauen und Jugend gefördert worden.

Mony Elkaïm

Wenn du mich liebst, lieb mich nicht

Wirklichkeitskonstruktionen in der systemischen Familientherapie

Lambertus

Das französische Originalwerk erschien unter dem Titel „Si tu m'aimes, ne m'aime pas – Pourquoi ne m'aimes-tu pas, toi qui prétends m'aimer? Approche systémique et psychothérapie"

© Éditions du Seuil, 1989

Aus dem Französischen übersetzt von Dr. habil. Eva Kimminich

Die Deutsche Bibliothek – CIP-Einheitsaufnahme

Elkaïm, Mony:
Wenn du mich liebst, lieb mich nicht:
Wirklichkeitskonstruktionen in der systemischen
Familientherapie / Mony Elkaïm. [Aus dem Franz.
übers. von Eva Kimminich]. –
Freiburg im Breisgau: Lambertus, 1992
Einheitssacht.: Si tu m'aimes, ne m'aime pas <dt.>
ISBN 3-7841-0599-8

Alle deutschsprachigen Rechte beim Verlag
© 1992, Lambertus-Verlag, Freiburg im Breisgau
Umschlaggestaltung: Christa Berger, Solingen
Umschlagfoto: Uwe Stratmann, Wuppertal
Satz: ARGuS DTP, 7839 Riegel
Herstellung: Druckerei Rebholz GmbH, Freiburg im Breisgau
ISBN 3-7841-0599-8

Inhalt

Zur Erinnerung an meinen Vater

Vorwort

Mony Elkaïm, Psychiater und Familientherapeut, ist im deutschsprachigen Raum weniger bekannt als viele seiner amerikanischen, niederländischen oder italienischen Kollegen und Kolleginnen. Wer ihn einmal auf Kongressen oder in Seminaren erlebt hat, wird seine Art zu fragen, die hintergründig, amüsant, aber auch provozierend sein kann, nicht vergessen. Daß er diesem Stil treu bleibt, verspricht schon der Titel des Buches. Er verspricht auch das Eingehen auf Widersprüchlichkeiten, die über die familientherapeutische Praxis hinausführen.

Zunächst versucht der Autor, die Vielzahl der Theorien, die sich die systemische Familientherapie zu eigen gemacht hat, durch Beispiele zu belegen und aus ihnen und seinen eigenen Erfahrungen das therapeutische Vorgehen zu begründen. Dies verführt zu der Annahme, daß ein weiteres Mal die „Überlegenheit" der systemischen Familientherapie gegenüber anderen therapeutischen Verfahren begründet werden soll. Da die Theorien von Ludwig von Bertalanffy, Ilya Prigogine, der Palo-Alto-Gruppe, von Gregory Bateson, Humberto Maturana, Francisco Varela und Heinz von Foerster für die Epistemologie der systemischen Familientherapie schon oft strapaziert wurden, erstaunt es um so mehr, wie es Elkaïm gelingt, ihnen einen Pragmatismus abzugewinnen, der nachvollziehen läßt, wie sich solche Theorien mit praktischen Erfahrungen koppeln lassen. Die Verknüpfung von Fallbeispielen mit theoretischen Ausführungen und philosophischen Beiträgen regt eher zum Nachdenken über den eigenen Arbeitsstil im therapeutisch/beraterischen Feld an, als daß damit, im Sinne eines Lehrbuches, die Wissensdifferenz zwischen Schreibern (Theoretikern) und Nichtschreibern (Praktikern) betont würde.

Obwohl Elkaïm es als solches nicht benennt und seine Erfahrungen, wie es in der Welt der Theoretiker üblich ist, zu einem Konzept werden läßt, so fasziniert es doch, wie er ganz offen an die Intuition von Therapeutinnen und Therapeuten appelliert. Seine Aufforderung, nach Schnittstellen der verschiedenen Systeme (Situation und Herkunftserfahrungen der KlientInnen, Erfahrungen der TherapeutInnen, Kontext der Institution) zu forschen, ist der Versuch, das, was therapeutisches Geschehen ausmacht, beschreibbar, überprüfbar und wiederholbar zu machen. Daß dies in der Geschichte der Psychotherapie und somit natürlich auch in der systemischen Familientherapie immer wieder durch neue theoretische Konzepte geschieht, ist mehr dem gängigen Wissenschaftssystem anzulasten als einzelnen AutorInnen. Ein Verzicht auf diese Art der fachlichen Absicherung psychotherapeutischer Methoden ist im gegebenen Wissenschaftssystem nicht vorstellbar. So muß auch Intuition, ein Bereich, der genuin zum menschlichen Umgang gehört und seine besondere Bedeutung dort hat, wo Menschen über Kommunikation und Mitmenschlichkeit Hilfe erfahren wollen, nach den üblichen Methoden verallgemeinert werden und sich legitimieren. Von daher macht Elkaïm, trotz der Anpassung an die gängige Therapieliteratur, einen Unterschied, wenn er sich dazu bekennt, daß er sich von seinen Empfindungen leiten läßt, oder zu Assoziationen auffordert (nennen Sie eine Farbe), oder zu bestimmten Begriffen (wie am Beispiel des Wassers in einer Falldarstellung) die lebensgeschichtlichen, religiösen und philosophischen Bedeutungen erfragt. Dies sind für mich Belege, durch die er sein intuitives Vorgehen offenlegt. Er bezeichnet sein Vorgehen als Konstruktionen, die er Resonanzen und Assemblagen nennt.

Es ist hilfreich, in der systemischen Familientherapie für bestimmte Phänomene eigenständige Begriffe zu haben, auch wenn dafür in der Geschichte und Entwicklung anderer psychotherapeutischer Verfahren bereits einschlägige Begriffe geprägt wurden. Die erneute Beschreibung von Phänomenen und die Einführung bestimmter Begrifflichkeiten dient der Abgrenzung gegenüber anderen Psychotherapien. Begriffe haben eben auch Geschichte und Geschichten, und durch die Übernahme bzw. Neuentwicklung von Begriffen werden Unterschiede in den Kontexten hervorgehoben. Elkaïm veranschaulicht dies am Beispiel der Gegenübertragung. Sicher, das Phänomen, sich von dem leiten zu lassen, was TherapeutInnen spüren, wird in der Psychoanalyse als Gegenübertragung bezeichnet. Mit seinem Verweis darauf, daß es sich bei diesen Empfindungen lediglich um die „sichtbare Spitze eines Eisberges" handelt, macht Elkaïm jedoch deutlich, daß dieses Phänomen nur ein geringer Teil dessen ist, was im therapeutischen/beraterischen Prozeß eine Rolle spielt. Hier ist er weiterführend, wenn er die verschiedenen Ebenen benennt, die für das therapeutische/beraterische Geschehen von Bedeutung sind. Da Elkaïm oft den Zusammenhang der Supervision und seine Erfahrungen aus Seminaren in Ergänzung zur direkten therapeutischen Arbeit in seine Beschreibungen einbringt, beeindruckt es, wie das Zusammenwirken der individuellen Erfahrungen der KlientInnen, der Erfahrungen der TherapeutInnen, der Elemente der Supervision und des institutionellen Kontextes das ergeben, was für seine Ideen der Assemblagen und Resonanzen relevant ist.

Besonders hervorzuheben sind Elkaïms Ausführungen zum Kontext der Institutionen, in denen Therapie/Beratung stattfindet, und zu den Rahmenbedingungen der Supervision, in der Fälle geschildert und durch Rollenspiele dargestellt werden. Dies macht das Buch für alle, die nicht im engeren familientherapeutischen Rahmen tätig sind, sehr interessant. Gerade in dem mir eigenen Bereich der Sozialarbeit/Sozialpädagogik ist das, was Elkaïm als institutionelles double bind beschreibt, oft ein grundlegendes Element der professionellen Arbeit. Seine Ausführungen zu dem, was er unter Assemblagen und Resonanzen versteht, eröffnen die Möglichkeit, solche Strukturen zu erkennen. Die Chance, Erklärungszusammenhänge finden zu können, die die eigene Wahrnehmung erweitern, machen seine Ausführungen für viele im psychosozialen Bereich Tätigen lesenswert.

Des weiteren fasziniert Elkaïm durch die Passagen, in denen er sich philosophisch mit dem auseinandersetzt, was er unter Psychotherapie versteht. Hier mußte ich das, was ich bisher von ihm wahrnahm, um ein Maß an Sensibilität revidieren, das mich den Akteur in Seminaren und auf Kongressen deutlich von dem Autor unterscheiden läßt. Therapie als Kunst zu definieren, die das Mögliche möglich erhält, die meist mit langer und schwieriger Arbeit verbunden ist und nicht nur einer bestimmten Kunstfertigkeit oder der magischen Fähigkeiten der TherapeutInnen bedarf, sondern der Einsicht, daß beiden, sowohl den KlientInnen wie den TherapeutInnen, die Lebensbedingungen und Kontexte Grenzen setzen, mit denen wir uns abfinden müssen, ist eine Definition, die mich in ihrer Komplexität und Bescheidenheit überzeugt. Darüber hinaus verweist Elkaïm deutlich darauf, daß Veränderungen in der Therapie/Beratung in erster Linie das Bemühen sind, das therapeutische Geschehen aus festgefahrenen Spuren wieder in Bewegung zu bringen. Und dies gelingt am ehesten, indem die TherapeutInnen sich selbst in dem Maße verändern, wie sie anderen helfen, sich zu verändern. Auch diese Einsicht beinhaltet für mich eine Art Bescheidenheit, die verdeutlicht, daß der Erfolg von Therapie/Beratung vor allem davon abhängt, inwieweit TherapeutInnen das Geschehen an sich heranlassen und für sich selbst nutzen. Das heißt aber, von dem Sockel der Macht – der Machbarkeit – herabzusteigen und das so oft mit der Psychotherapie verbundene „Weiße-Kittel-Image", sprich: medizinisch/ärztliche Allmacht, abzulegen. Es heißt vor allen Dingen, die Fragen und Probleme, die Sorgen und Nöte der KlientInnen ernst zu nehmen und sich selbst zu fragen: Was hat das Ganze mit mir zu tun, mit meinen Arbeitszusammenhängen, mit der Einrichtung, in der ich tätig bin, und letztendlich mit meiner eigenen Geschichte und meinen Erfahrungen? Systemisches Denken und Handeln auf eigene Zusammenhänge anzuwenden, scheint wohl erfolgreicher zu sein, als diese in Techniken und Methoden umzuwandeln, die dann der Klientel übergestülpt werden. Die Fragen nach der „Therapie-Resistenz" und der mangelnden Bereitschaft zur Mitarbeit bestimmter KlientInnengruppen müssen dementsprechend anders gestellt werden.

Beim Betrachten des Zusammenspiels der verschiedenen Elemente im therapeutischen/beraterischen Geschehen wird deutlich, was im Rahmen eines bestimmten Kontextes möglich ist. Das veranschaulicht aber auch, daß Therapie/Beratung von Zeit zu Zeit der supervisorischen Betrachtung bedarf, denn die Überlagerung der verschiedenen Systemebenen und der sich dabei zeigenden Muster ist von denen, die im Geschehen sind, nicht zu entdecken. Dies möchte ich den Handelnden, Strukturierenden und Verwaltenden in vielen Arbeitsfeldern der psychosozialen Versorgung, besonders in dem mir vertrauten Bereich der Sozialarbeit/Sozialpädagogik, aber auch in den Feldern der Psychiatrie und Suchtberatung, ans Herz legen.

Frankfurt a. M., im März 1992   DR. DAGMAR HOSEMANN

Danksagung

Zuallererst möchte ich mich bei Jean-Luc Giribone bedanken, ohne den das Buch nicht entstanden wäre. Kapitel für Kapitel hat er mir seine Hilfe und seinen Rat angeboten.

Anerkennung gebührt auch all denen, die mir bei der Überarbeitung des Manuskripts behilflich waren: Daniela Zucker, Marie Fauville, Francesca Rona, Christian Cler und vor allem Marie-Christine Linard.

Auch all jenen, deren Arbeiten mich angeregt haben, dieses Buch zu schreiben, möchte ich danken, besonders Robert Castel, Félix Guattari, Emmanuel Levinas, Humberto Maturana, Ilya Prigogine, Francisco Varela und Heinz von Foerster.

Einige von ihnen, so Félix Guattari, Francisco Varela und Heinz von Foerster waren sogar bereit, einige Kapitel des Manuskripts zu lesen, sie haben mir mit ihren Vorschlägen weitergeholfen. Besonders verpflichtet fühle ich mich Yvonne Bonner, Julien Mendlewicz und Colette Simonet, deren Reaktionen mir dabei halfen, den Inhalt dieses Werkes abzuklären.

Ich möchte schließlich auch denen Dank sagen, die mich in das Feld der seelischen Gesundheit einführten, indem sie mich dazu anregten, mir meine eigenen Wege zu suchen und mir dazu auch die Möglichkeit gaben: Claude Bloch, Simone Duret-Cosyns, Nicole Dopchie, Jacques Flament und Harris Peck; meinen Mitarbeitern am Institut d'études de la famille et des systèmes humains in Brüssel: Chantal Dermine, Edith Goldbeter, Alain Marteaux, Martine Nibelle, Geneviève Platteau und Jacques Pluymaekers; meinen Kollegen von der psychiatrischen Beratungsstelle des Erasmuskrankenhauses, besonders Dominique Pardoen; ebenso meinen Patienten und meinen Schülern, ohne die es dieses Buch nicht gäbe.

Einführung

Die Familientherapie kam in den 50er Jahren in den Vereinigten Staaten auf. Sie verbreitete sich dort in bemerkenswertem Ausmaß und faßte dann auch in Europa Fuß. Ihr Erfolg scheint mehr an ihre reichhaltigen praktischen Erfahrungen gebunden zu sein als an die theoretischen Konzepte, auf die sie sich beruft.

Dennoch vermeiden es alle familientherapeutischen Ansätze, das Individuum gleichzeitig als Ursache und Ort seines Übels zu betrachten. Sie fragen nach den Kontexten, in denen ein Symptom auftritt, und stellen sowohl die Beziehung zwischen Ursache und Wirkung als auch die Beziehung zwischen der Unterdrückung des Individuums und seiner eigenen Biographie in Frage. So verlangen sie nach einer nicht zu vernachlässigenden epistemologischen Zäsur hinsichtlich der traditionellen linearen Vorstellung von seelischer Gesundheit.

Aber es scheint, daß man eine solche Entwicklung erst in den letzten Jahren erwarten konnte, in denen eine theoretische Erörterung deutlich zunahm. Diese regte wichtige systemische Ansätze der Familientherapie an.

Es ist mir ein Anliegen, in diesem Buch zwei wichtige theoretische Probleme aufzuzeigen, auf die der praktizierende Therapeut immer wieder stößt.

1. Stabilität und Wandel

Die Theorie, auf die sich systemische Familientherapien beziehen, konzentriert sich mehr auf Stabilitäten als auf Wandlungsprozesse: Theorien dieser Art stützen sich auf die allgemeine Systemtheorie Ludwig von Bertalanffys, der das Verhalten von offenen Systemen im Gleichgewicht untersucht hat; sie beharrt auf allgemeinen Gesetzen und gesteht der Geschichte des Individuums nur wenig Raum zu.

Die Familientherapeuten, die sich von diesem Ansatz inspirieren ließen, suchten nach allgemeingültigen Regeln für alle Familien. Sie bedachten nur das Hier und Jetzt, zumindest auf theoretischer Ebene, oder trugen allenfalls einem begrenzten Ausschnitt der Vergangenheit Rechnung; sie verhielten sich den Familien gegenüber wie bei einem Schachspiel: man hielt es nicht für erforderlich, den gesamten Spielverlauf zu kennen, um den aktuellen Spielstand zu verstehen.

Wenn sich die familientherapeutische Praxis einerseits in den Kontext eines Wandlungsprozesses einbettete und sich an einzigartige Einzelwesen richtete, so bezog sich die Theorie der Familientherapie anderseits im wesentlichen auf Stabilitäten und trug in der Hauptsache den Gesetzen Rechnung, die für offene Systeme galten.

Trotzdem hat diese allgemeine Systemtheorie der Entwicklung von Familientherapien große Dienste geleistet. Beispielsweise erwies sich der Gedanke, daß ein Symptom die Aufgabe haben könnte, ein Humansystem in einem gewissen Gleichgewichtszustand zu halten, auf klinischer Ebene als außerordentlich fruchtbar. Aber die praktizierenden Therapeuten fühlten sich immer unwohler in ihrem beengenden Erklärungsmodell, so daß ihre Behandlungsweisen weit über dieses Modell hinausreichten. Meine Nachforschungen konzentrierten sich auf dieses spezielle Problem. Seit den Arbeiten Ilya Prigogines und seines Forschungsteams über offene Systeme fernab vom Gleichgewicht, das heißt über sich wandelnde Systeme, habe ich im Rahmen der Familientherapie immer wieder die Bedeutung intrinsischer Regeln, singulärer Elemente sowie die Bedeutung des Zufalls und der individuellen Geschichte hervorgehoben.

Ich verstehe die Geschichte eines Individuums allerdings weder linear noch kausal. Das Leben eines Menschen ist meiner Ansicht nach nicht einer mechanischen Wiederholung unterworfen, deren Ursache in einem traumatischen Erlebnis gründet. Elemente der individuellen Geschichte sind zur Erklärung plötzlich auftretender Probleme im Alltag zwar notwendig, jedoch nicht ausreichend: In meinen Augen ist es das Zusammenspiel aller Elemente innerhalb einer Therapie, an der wir teilhaben, das über das Weiterbestehen von Symptomen, ihre Ausprägung, Abschwächung oder über ihr Verschwinden entscheidet. Hinzuzufügen ist, daß das Schicksal eines Systems völlig veränderbar erscheint, sofern einem scheinbar unbedeutenden Element Möglichkeiten der Verstärkung gegeben werden.

Dies ist das theoretische Rüstzeug, das ich all jenen systemischen Therapeuten anzubieten versuche, die den Eigentümlichkeiten ihrer Patienten Aufmerksamkeit schenken und den Wunsch haben, weiteren Entwicklungsmöglichkeiten ihrer zu behandelnden Familien alle Wege offen zu lassen.

2. SELBSTREFERENZ

Das zweite Problem, mit dem der systemische Therapeut konfrontiert wird, ist das der Selbstreferenz. Was der Psychotherapeut beschreibt, entsteht an einer Schnittstelle zwischen seiner Umgebung und ihm selbst: er kann seine persönlichen Eigentümlichkeiten nicht von der Situation trennen, die er beschreibt. Nun verlangt aber der traditionelle wissenschaftliche Ansatz, daß die Eigentümlichkeiten des Beobachters nicht in die Beschreibung seiner Beobachtungen einfließen dürfen.

Jahrelang bemühte man sich bei der Entwicklung von Familientherapien um die Eliminierung dieses selbstreferentiellen Paradoxons, indem man sich hinter der Theorie logischer Denker wie Alfred Whitehead oder Bertrand Russell verschanzte; diese Theorie kann in der Tat so interpretiert werden, als ob sie selbstreferentielle Bezüge ausschließe, denn sie führt das Paradoxon auf einen einfachen Trugschluß zurück.

Ich möchte dagegen einige Ansätze vorschlagen, die den systemischen Therapeuten erlauben sollen, die Selbstreferenz zum Zentrum ihrer Arbeit zu machen. In meinem Ansatz bezieht sich das Gefühl des Therapeuten nicht nur auf seine persönliche Geschichte, sondern auch auf die Struktur, aus der dieses Gefühl entstand: Sinn und Funktion des Erlebten werden so Werkzeuge der Analyse und der Intervention; sie werden in den Dienst des therapeutischen Systems gestellt.

3. Ein neues Modell

Dank theoretischer Vorstöße, die die oben beschriebenen Forschungen ermöglichten, möchte ich ein neues Modell der Paar- und Familientherapie vorschlagen. Dieses Modell integriert, wie noch deutlich zu sehen sein wird, in differenzierter Weise den Faktor Zeit, bleibt den Einzigartigkeiten der beteiligten Systeme gegenüber offen und hilft dem Therapeuten, in seinen eigenen Gefühlen die Hauptbestandteile der Analyse und der Entwicklung des therapeutischen Systems zu erkennen. Ich werde dieses Modell besonders im Rahmen von Paartherapien beschreiben, denen in diesem Buch sehr viel Aufmerksamkeit gewidmet wird.

Auf diese Therapieart angewendet, ermittelt mein Modell Systeme, die sich aus reziproken *double binds* gebildet haben: eine Person verlangt etwas von einer anderen – etwas, das sie sich wünscht, das gleichzeitig aber unmöglich ist. Der Titel des Buches – Wenn du mich liebst, lieb mich nicht – stammt aus einem dieser Systeme: in diesem Fall verlangt einer der Partner: „liebe mich"; da er aber fürchtet, daß auf Liebe immer Verlassenheit folgt, hat er gleichzeitig Angst davor, geliebt zu werden; auf verbaler Ebene verlangt er, geliebt zu werden, auf nonverbaler aber, es nicht zu sein; die Antwort beider Partner kann, egal welcher Natur, nur ungenügend ausfallen, da sie nur einer Ebene dieses double binds Genüge leistet.

Damit ein solches Verhalten aufrechterhalten und verstärkt werden kann, müßte es jedoch nicht nur eine Funktion hinsichtlich der Vergangenheit eines der Protagonisten haben, sondern auch hinsichtlich des Partnersystems. Die Elemente der Vergangenheit ziehen nicht automatisch die Wiederholung oder Intensivierung eines Verhaltens nach sich; eine solche Wiederholung oder Verstärkung tritt nur auf, wenn diese über ihre Funktion innerhalb der persönlichen Ökonomie hinausreichenden Elemente der Lebensgeschichte dem Partner bei der Konstruktion seiner Lebenswelt nicht unbequem sind und in einem übergeordneten systemischen Kontext eine Rolle spielen. Bei Paaren wirkt diese Kraft in beide Richtungen und das double bind ist reziprok.

Mein Modell der Paartherapie erzielt in zweiter Linie die Erstellung eines therapeutischen Systems. Es bietet Interventionsinstrumente, die den jeder Therapie eignenden selbstreferentiellen Aspekt integrieren; sie erlauben, beiden Ebenen des double bind gleichzeitig Genüge zu leisten.

4. RESONANZEN UND ASSEMBLAGEN

Von der Reflexion über die durch das Auftauchen des Beobachters und durch den Wandel entstehenden Problematik ausgehend, stelle ich darüber hinaus zwei neue Konzepte vor, die mir geeignet erscheinen, die Grenzen der Familientherapie zu erweitern; nämlich das der Resonanz und der Assemblage (kooperatives Gefüge heterogener Elemente; d. Übers.). Die Resonanz manifestiert sich in einer Situation, in der ein und dieselbe Regel gleichzeitig auf die Familie des Patienten, auf die Herkunftsfamilie des Therapeuten, auf die Institution, in die der Patient aufgenommen wird, auf die Supervisionsgruppe usw. anwenden läßt.

Das Konzept der Resonanz ist nichts anderes als ein Sonderfall dessen, was ich „Assemblage" nenne: die Resonanzen setzen sich aus ähnlichen Elementen zusammen, die an ihren Schnittstellen verschiedenen Systemen gemeinsam sind; die Assemblagen hingegen konstituieren sich aus verschiedenen Elementen, die an individuelle, familiäre, soziale oder andere Gegebenheiten gebunden sein können.

Für mich ist es die Erweiterung dieser sowohl durch intrinsische Regeln als auch durch Eigenheiten des therapeutischen Systems geprägten Assemblagen, die den Wandel oder die Blockierung eines Systems bewirken.

Es ist nun schon drei Jahre her, daß mich Jean-Luc Giribone gebeten hat, dieses Buch für Editions du Seuil zu schreiben.

Während dieser drei Jahre haben sich meine Ideen dank der redaktionellen Betreuung dieses Buches weiterentwickelt. Nach und nach habe ich begonnen, Einblick in das Phänomen der Selbstreferenz zu nehmen und zu verstehen, an welchen Punkten sie sich als Trumpf des Therapeuten erweist und nicht als Handikap. Meine Arbeiten über Paar- und Familientherapien wurden seitdem durch eine neue Dimension bereichert, die mir heute als eine grundlegende erscheint.

Dieses Buch ist insofern auch die Geschichte meiner persönlichen Entwicklung, und ich lade den Leser zu einer Art Reise ein: Ich möchte, daß er die Erweiterung meiner Sichtweise nachvollziehen kann, bei der die Vorstellung des von einer Familie „verschlungenen" Therapeuten sich in eine Sichtweise verwandelte, bei der ein plötzlich auftretendes Geschehen sich an der Schnittstelle von Wirklichkeiten vollzieht, die die Teilnehmer der Therapie jeweils selbst konstruierten. Der Leser wird auch verfolgen können, wie ich von einer Situationsanalyse, die mit Begriffen der Interrelation zwischen „Weltkarten" durchgeführt wurde, zu einer Situationsanalyse überging, die mit Begriffen der Interrelation zwischen „Weltkonstruktionen" arbeitet – eine Entwicklung, die mich dazu brachte, die Begriffe der Landkarte und des Landstrichs aufzugeben, weil ihre Differenzierung unmöglich ist, zumindest im Rahmen der Psychotherapie.

Ich hoffe, daß meine Entscheidung, die Zusammenhänge dieses Buches schrittweise vor Augen zu führen, dem Leser ermöglicht, bei unserem gemeinsamen Vorstoß eigene Gedanken zu entfalten und seine eigene Vorgehensweise zu entwickeln.

I. Kapitel
Reziproke double binds

- Für wen sind die Blumen?
- Na, ... für dich!
- Seit wann schenkst du mir Blumen? Was soll ich dir denn verzeihen?
- Nun Liebling, ich hatte einfach Lust dazu!
- Du wirst mich nicht zum Narren halten mit deiner Süßholzraspelei. Was verbirgst du damit?
- Jetzt sind wir schon so weit, daß ich dir nicht einmal mehr Geschenke machen kann!
- Wenn du es ehrlich meinen würdest, hättest du dich daran erinnert, daß Flieder meine Lieblingsblumen sind, und nicht einfach im erstbesten Blumengeschäft ein halbes Dutzend Rosen erstanden. Es sei denn, du hast ganz einfach deine Sekretärin geschickt, um ein paar Blumen für deine Frau holen zu lassen ...
- Es war nicht meine Sekretärin, die sie geholt hat, ich bin selbst gegangen.
- Warum hast du dann keinen Flieder gebracht?
- Ich hab' vergessen, daß es deine Lieblingsblumen sind.
- Siehst du! Du tust nur so, als ob du mir eine Freude machen wolltest! Ich will deine Blumen nicht!
Der Mann wirft daraufhin das Bukett in eine Ecke des Wohnzimmers und verläßt türenschlagend und fluchend das Haus. Seine Frau kommentiert seinen Abgang laut schreiend:
- Siehst du, ich hatte recht; wann wirst du endlich aufhören, mich zu quälen?

Der erste Gedanke, der sich aufdrängt, ist der, daß diese Frau aus Gründen, die sowohl in der Gegenwart als auch in ihrer Vergangenheit wurzeln, nicht in der Lage ist, Geschenke ihres Mannes anzunehmen, während letzterer als das ohnmächtige Opfer einer Situation erscheint, die er nicht zu bewältigen vermag.
Aber dies ist nur eine der möglichen Deutungsarten: Man kann sich nach einigen Überlegungen auch fragen, ob dieser Mann, der sich als Opfer fühlt, nicht auch das Seine zur Zuspitzung der Situation beigetragen hat. An welchen Punkten folgt das Verhalten beider Partner einem besonderen Zusammenhang, der über die einfache Logik der beteiligten Individuen hinausgeht?

19

Bevor ich nun ein Modell des reziproken double binds, das sich auf Paare anwenden ließe, an einem Beispiel illustriere, möchte ich Ihnen die genaue Bedeutung des double binds in Erinnerung rufen:

„1. Das Individuum ist in eine intensive Beziehung verwickelt, bei der es von ausschlaggebender Bedeutung ist, daß es eine an es gerichtete Botschaft präzise bestimmen kann, um in adäquater Weise antworten zu können.

2. Es ist mit einer Situation konfrontiert, in der das Gegenüber zwei Arten von Botschaften widersprüchlicher Natur übermittelt.

3. Es ist unfähig, die an es gerichteten Botschaften auszulegen, um erkennen zu können, welcher Natur sie sind und wie sie zu beantworten sind; anders gesagt, es kann keine metakommunikative Meinung äußern." [1]

Jay Haley hat sehr gut beschrieben, was unter einem reziproken double bind zu verstehen ist:

„Nehmen Sie an", schreibt er, „eine Mutter sagt zu ihrem Kind: ‚Komm, setz dich auf meinen Schoß'. Stellen Sie sich dabei vor, sie hätte diese Bitte in einem Tonfall geäußert, der deutlich zu verstehen gibt, daß sie die Beibehaltung der Distanz zwischen ihr und ihrem Sohn vorziehen würde. Das Kind wäre mit der Botschaft ‚Komm her zu mir!' konfrontiert, die mit der unvereinbaren Assoziation ‚Geh weg!' kombiniert ist. Es könnte dieser in sich widersprüchlichen Aufforderung nicht angemessen Folge leisten: würde es sich der Mutter auf den Schoß setzen, würde es diese in dem Maße in Verlegenheit bringen, wie der Tonfall ihrer Aufforderung eine Distanzierung nahegelegte; sie würde aber auch in eine unangenehme Situation geraten, wenn ihr Sohn in seinem Eckchen bliebe, da sie ihn aufforderte, zu ihr zu kommen. Die einzige Möglichkeit des Kindes, diese widersprüchlichen Forderungen zu erfüllen, bestünde in einer zwiespältigen Reaktion: das Kind müßte sich seiner Mutter nähern, im gleichen Atemzug seine Annäherung jedoch verbal verleugnen. Sich der Mutter auf den Schoß setzend, könnte es beispielsweise sagen: ‚Oh, was für einen hübschen Knopf hast du da an deinem Kleid!'; auf diese Weise könnte es sich auf ihren Schoß setzen, dieses Verhalten aber auf die Wahrnehmung des Knopfes zurückführen. Die den Menschen auszeichnende Fähigkeit, eine Botschaft zur selben Zeit auf zwei Bedeutungsebenen zu kommunizieren, erlaubt dem Kind, sich der Mutter zu nähern, obgleich es dieses Gebaren gleichzeitig verneint ... indem es bestätigt, daß es sich ihr ausschließlich des Knopfes wegen näherte." [2]

[1] G. Bateson, D. D. Jackson, J. Haley und J. H. Weakland, „Vers une théorie de la schizophrénie", in: G. Bateson (Hg.), *Vers une écologie de l'esprit*, Bd. II, Paris, Le Seuil, 1980.

[2] J. Haley, „An interactional description of schizophrenia", *Psychiatry*, 22, Nr. 4, November 1959, S. 321–322.

Über die aus verschiedenen Kontexten gewählten Beschreibungen des double binds hinausgehend, werde ich im folgenden zu zeigen versuchen, in welchem Punkt diese Art der Mitteilung nicht zwingenderweise als eine inkongruente zu bezeichnen ist; sie stimmt vielmehr mit den internen Zusammenhängen des Systems überein, in dem sie entsteht: wir werden sehen, daß die Stabilität einer Beziehung trotz der ihr scheinbar zugrundeliegenden widersprüchlichen Gesetzmäßigkeiten nur um den Preis dieser Widersprüche aufrechterhalten werden kann. (Die Interventionen des Therapeuten in solchen Situationen werden im V. und VII. Kapitel beschrieben.)

Die dargelegten Modelle des double binds sowie diejenigen, die ich im weiteren noch vorstellen werde, sind für mich nur Rationalisierungen. Sie haben mir erlaubt, den zu therapierenden Paaren und Familien freier und damit auch kreativer gegenüberzustehen; dennoch sind sie nur Forschungspfade: Wenn Sie Ihnen nützlich sein können, um so besser, wenn nicht, dann sollten Sie Ihre eigenen Hilfsmittel konstruieren.

Anna und Benedetto baten mich um Rat. Sie war Holländerin, er Italiener. Mit einem Ausdruck des Widerwillens schilderte sie das argwöhnische Verhalten ihres Mannes: sie warf ihm vor, sie unablässig zu verfolgen und ihr nachzuspionieren; sie fügte hinzu, daß keine echte Zuneigung zwischen ihnen bestehe. Benedetto beklagte sich seinerseits, ausgeschlossen und isoliert zu werden: seine Frau sprach niederländisch mit ihrem Kind, verschwor sich ständig mit ihren Mitmenschen gegen ihn und ließ ihm keinerlei Zärtlichkeiten angedeihen.

Mein erstes Modell des reziproken double binds wurde im Rahmen der Jahre zurückliegenden Therapie dieses Paares entwickelt ... Die folgende Überlegung, die Anna während der zweiten Sitzung äußerte, frappierte mich; sie sagte: „Er hat sich in einer Weise verändert, die ich mir immer gewünscht habe. Ich kann diese Welle von Zuneigung nicht erwidern. Ich bin traurig und fühle mich schuldig."

Es schien also, als ob Benedettos Verhalten für Anna eine bestimmte Funktion hatte: solange ihr Gatte die Rolle des Kerkermeisters spielte, konnte Anna sich über die sie beengenden Mauern beklagen; seine Gegenbeschuldigungen waren also gegen die Person gerichtet, die sie einsperrte. Doch verweigerte er diese Rolle, so schien sie die eroberte Freiheit ebensowenig ertragen zu können. Es war, als ob sie sich von der Rolle, die der andere nicht mehr erfüllte, erfaßt fühlte, als wenn sie sich gezwungen fühlte, gleichzeitig die Gefangene und den Wächter zu spielen. Diese Frau war also in ein double bind verwickelt: sie wünschte, ihr Mann solle sie durch sein Verhalten nicht dazu drängen, ihn zurückzuweisen. Im gleichen Atemzug aber konnte sie eine Annäherung seinerseits nicht ertragen.

Im Verlauf eines anderen Therapiegesprächs sagte Benedetto: „Ich habe Angst vor der Bindungslosigkeit. Ich habe Angst, mich zu binden." Seine Reaktionen bezeugten die Tragweite seiner Ängste: Als Anna versuchte, sich ihm zu nähern, ließ er die Bemühungen seiner Frau nicht gelten; er wies sie auf eine Reihe früherer Fälle hin, die ihm Grund gaben, nicht an die Echtheit ihrer Geste zu glauben. Auch Benedetto schien also in einem double bind festzusitzen: er wollte mehr Zärtlichkeit von seiner Frau, konnte aber die damit verbundene Nähe nicht akzeptieren.

Wie kann man verstehen, was sich zwischen Anna und Benedetto abspielte? Handelt es sich nur um zwei jeweils in sich selbst eingesperrte, nebeneinanderher lebende Individuen oder könnte man nicht versuchen zu ergründen, was mit ihnen anhand der Regeln eines Systems geschah, an deren Festlegung sie selbst mitwirkten und die ihr Verhalten steuerten?

Auf einen mir sehr wichtig erscheinenden Punkt möchte ich gerne näher eingehen: Wenn ich mich mit einem Paar oder einer Familie treffe, so strebe ich nicht in erster Linie danach zu verstehen, was sich in Wirklichkeit abspielt, ich konzentriere mich vielmehr darauf, eine Betrachtungsweise der Probleme auszuarbeiten, die den Menschen, mit denen ich arbeite, erlaubt, das Feld ihrer eigenen Möglichkeiten zu erweitern. Es sind die Schnittstellen zwischen verschiedenen Wirklichkeitskonstruktionen, die einen Wandel ermöglichen. Mein Ziel besteht weniger darin, diese oder jene Wahrheit aufzuzeigen, als vielmehr in einer Begünstigung anderer Darstellungen und anderer, flexiblerer und offenerer Erlebensweisen der Wirklichkeit. Gelingt die Psychotherapie, so beweist dies in keiner Weise, daß meine Vermutungen irgendeiner Wirklichkeit entsprechen: meine theoretischen Systeme sind nur operativer Natur … diese Bemerkung gilt selbstverständlich auch für das double bind-Modell, das mir den Fall Anna und Benedetto zu charakterisieren schien. Nach diesen Ausführungen werden wir nun sehen, welche Aspekte ihres Lebens mir geholfen haben, Hypothesen über die Natur ihrer jeweils widersprüchlichen Wünsche zu erstellen.

Anna hatte die sehr engen Bindungen an ihren Vater zur Sprache gebracht, der sie zur Lieblingstochter erkoren hatte. Sie hatte längere Zeit geweint, als sie erzählte, wie sie Weihnachten einmal vergeblich auf ihn wartete: sie war damals vier Jahre alt, ihr Vater war von der Polizei festgenommen worden und ihre Mutter hatte es ihr verheimlicht; Anna äußerte dazu: „Ich habe eine schreckliche Verlassenheit empfunden. Ich war überzeugt, daß es immer so sei, daß weder die Liebe noch die Freundschaft von Dauer sei." Und Benedetto fügte hinzu: „Einmal sagte sie mir: ‚Du wirst eines Tages nicht mehr zurückkommen'."

Als Benedetto an der Reihe war, hatte er erklärt, er sei im Alter von drei Wochen zu seinen Großeltern gebracht worden und bis zu seinem zwölften

Lebensjahr dort geblieben; in diesem Alter war er zu seinen Eltern zurückgekehrt. Er sagte: „Es zerriß mir die Seele, meinen Großvater und meine Freunde zu verlassen", und er führte aus, wie er während des ganzen Jahres, das der Rückkehr in seine Familie folgte, jeden Abend bitterlich weinte, weil ihn sein Vater als Nichtsnutz beschimpfte und sehr grob behandelte. Als er einem Psychiater ausführlich von den ihn bedrängenden Koalitionen seiner Großeltern und seiner eigenen Familie erzählte, erklärte ihm dieser, er leide unter Verfolgungswahn. Zeit seines Lebens wurde Benedetto jedoch in seinem Mißtrauen gegenüber seinen Mitmenschen bestätigt. Und der oben zitierte Satz – „Ich habe Angst vor Bindungslosigkeit. Ich habe Angst, mich zu binden" – kam ihm in dem Moment über die Lippen, als er vom Trennungsschmerz sprach, den er empfand, als er seinen Verwandten entrissen wurde.

Ich schlage vor, die expliziten Forderungen des jeweiligen Partners als *offizielles Programm* zu bezeichnen: Anna wünschte, daß ihr Mann ihr näherstünde, Benedetto sehnte sich nach der Anerkennung seiner Frau. Nun stand aber das offizielle Programm beider Partner einer Vorstellung entgegen, die sie in der Vergangenheit entwickelt hatten: im Falle Annas war es die Überzeugung, daß ein Verlassenwerden unumgänglich sei; im Falle Benedettos handelte es sich um seine Gewißheit, zurückgewiesen zu werden, egal wie er sich verhielt. Ich nenne diese Gewißheiten die *Weltkarte*. Durch diese Karten, die durch vorangehende Erfahrungen entworfen werden, nehmen beide Partner ihre Gegenwart wahr. Es spielt keine Rolle, ob der Landstrich, in dem man sich entfaltet, ein anderer ist als der, in dem die Landkarte gezeichnet wurde. Das Gesamtsystem, das einen Menschen prägt, kann sich unter bestimmten Umständen selbst modellieren, um einer zu großen Diskrepanz zwischen Landkarte und Landstrich vorzubeugen. Und je nachdem, wie sich die Karten der Partner gegenseitig ausgeprägt und in dieser oder jener Weise überlagert haben, erweist sich das bestehende System des Paares als mehr oder weniger stabil. (Ich beziehe mich hierbei auf die Arbeiten von Alfred Korzybski [3], der besonders die Tatsache betonte, daß die Landkarte nicht mit dem Landstrich identisch sei; er unterstrich außerdem, eine ideale Karte könne nicht bestehen, ohne daß sie stets auf sich selbst bezogen sei.)

Auf diese Weise wurden beide Ehepartner durch die Widersprüche ihrer verschiedenen Erwartungshaltungen hin- und hergerissen (Abbildung 1). Anna bat Benedetto: „Ich möchte, daß du mir näherkommst"; würde Benedetto dieser Bitte nachkommen, so würde er dem offiziellen Programm Annas Folge leisten, nicht aber ihrer Karte, sie würde seine Nähe folglich nur abweisen

---

[3]   A. Korzybski, *Science and Sanity*, New York, The International Non-Aristotelian Library, 1953, S. 750–751.

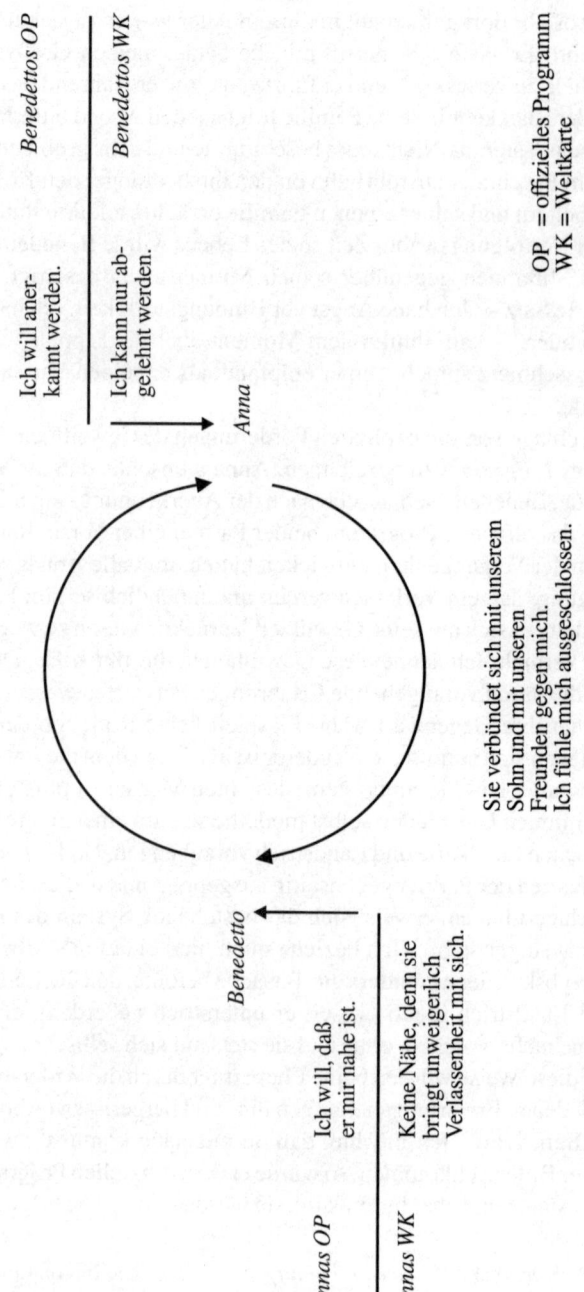

Abbildung 1

Benedettos OP

Benedettos WK

Ich will aner-
kannt werden.

Ich kann nur ab-
gelehnt werden.

Anna

Er spioniert mir nach.
Er verhält sich so,
daß ich ihn abweisen muß.

Sie verbindet sich mit unserem
Sohn und mit unseren
Freunden gegen mich.
Ich fühle mich ausgeschlossen.

Benedetto

Ich will, daß
er mir nahe ist.

Keine Nähe, denn sie
bringt unweigerlich
Verlassenheit mit sich.

Annas OP

Annas WK

OP = offizielles Programm
WK = Weltkarte

können. Wenn sich Benedetto hingegen von seiner Frau entfernte, würde er sich Annas Karte entsprechend verhalten, nicht aber ihrem offiziellen Programm Rechnung tragen; Anna würde dadurch nichts anderes übrigbleiben, als zu leiden und ihn aufzufordern, ihr vermehrt Aufmerksamkeit zu zollen. Benedetto forderte Anna seinerseits auf: „Ich will anerkannt werden"; würde Anna aufhören, Benedetto auszuschließen, würde sie seinem offiziellen Programm, nicht aber seiner Karte Genüge leisten, und er könnte diese Beziehung nur zurückweisen; würde sie, wie einst seine Eltern und Großeltern, Koalitionen gegen ihn bilden, so würde sie dem Entwurf der Welterfahrung ihres Mannes und nicht seinem offiziellen Programm entsprechen; folglich würde er darunter leiden und sie auffordern, ihm Anerkennung zu zollen.

Sollte man den Konflikt dieses Paares also als ein Mittel verstehen, einen internen Widerspruch ihres Lebens fernzuhalten und Zug um Zug den einen oder anderen Bestandteil des double binds als von außen auferlegt hinzustellen? Eine solche Lesart wäre sicherlich zu einschränkend.

Was spielte sich noch ab? Jedesmal wenn Anna mit ihrem Sohn und ihren Freunden gegen ihren Mann koalierte, bestätigte sie Benedettos Karte; seine Überzeugung, er könne nur abgelehnt werden, wurde dadurch nur noch tiefer verankert. Immer wenn Benedetto Anna nachspionierte und sie dazu brachte, ihn zurückzuweisen, bestätigte er Anna in ihrer Ablehnung seiner Nähe, erlaubte ihr dabei aber, der Gefahr des Verlassenwerdens zu entgehen. So geht also das nach und nach sich zusammensetzende Bild weit über die einfache Vorstellung zweier Personen hinaus, denen es nicht gelingt, sich aus einem reziproken double bind zu befreien. Anna und Benedetto waren nicht nur zwei Menschen, die eine Drehtür in Schwung hielten und sich dabei gegenseitig beschuldigten, Verursacher einer Bewegung zu sein, die sie in Schwindel versetzte. Es hatte sich etwas anderes herausgestellt: ein Gefüge, an dessen Schaffung sie selbst teilgenommen hatten und das sie, seinen eigenen Gesetzmäßigkeiten folgend, strengen Regeln und scheinbar unerträglichen Kreisläufen unterwarf. Über die persönlichen Motivationen hinaus war auch die Funktion des jeweiligen Verhaltens beider Eheleute im Kontext ihres gemeinsamen Systems ausfindig zu machen. Der Kummer, den sie sich gegenseitig zuzufügen schienen, konnte als ein Mittel umschrieben werden, den anderen in seinem Glauben zu bestätigen und die Konfrontation mit der Zerrüttung ihrer Ehe zu vermeiden, die eine Veränderung mit sich bringen würde.

Solche Mechanismen können auch den Therapeuten betreffen, sobald er in Erscheinung tritt. Letzterer wird scheinbar neue Regeln auf sich wirken fühlen, an deren Erstellung er selbst mitgearbeitet hat. Meist dienen sie nur dazu, das therapeutische System in einem Zustand minimalster Veränderbarkeit zu halten.

Eines Tages beispielsweise hatten sich Anna und Benedetto vor einer Sitzung verabredet. Nachdem Anna vergeblich auf ihren Mann gewartet hatte, bat sie mich allein um ein Gespräch; dabei betonte sie, sie wolle wegen ihres Mannes keine Sitzung versäumen. Würde ein Therapeut einer solchen Bitte zustimmen, so ließe er die Spielregeln des Paares in das therapeutische System eindringen; denn er ginge mit der Patientin ein Bündnis ein, das Benedetto ausschließen und ihn in seiner Überzeugung, daß er nur abgelehnt werden kann, bestätigen würde. Würde er es ablehnen, die Patientin zu empfangen, so ginge er anderteils das Risiko ein, daß sie sich vom Therapeuten verlassen fühlen würde; damit hätte er, wie ihr Mann, die erforderlichen Bedingungen geschaffen, abgelehnt zu werden.

Durch dieses Geschehen hatten diese Patienten, ohne sich dessen bewußt zu sein, versucht, den therapeutischen Kontext zu verändern – Benedetto, indem er sich, wie ich später erfuhr, im Ort ihres Rendezvous irrte, Anna, indem sie verlangte, allein therapiert zu werden; sie wendeten dazu die Spielregeln ihrer Partnerstruktur an.

Kann man aus diesem Beispiel schließen, daß die Dynamik eines Paares nur mit den Begriffen einer Dyade zu erfassen ist? Ich denke nicht, zumal die Rationalisierungen, die ich bezüglich dieses Paares entwickelt habe, in den Kontext eines drei und nicht nur zwei Personen einbeziehenden Therapieplanes eingebracht worden waren. Waren wir im übrigen wirklich drei? Aus Gründen der Bequemlichkeit habe ich nicht weiter nach der Bedeutung der jeweiligen Herkunftsfamilien gefragt. Nun, es genügt, das Verhalten eines Paares im Kontext ihres jeweiligen Familienlebens zu beobachten, um festzustellen, daß die Elemente, die den Konflikt erzeugen und aufrechterhalten, unter anderem auch die Funktion haben, die Regeln eines Systems am Leben zu erhalten, das in gleicher Weise das Leben dieser Familien mit einbezieht: das Paar ist nur der sichtbare Bestandteil eines weit größeren Gefüges. Hinzuzufügen ist, daß sich dieser Kontext auch auf soziokulturelle und politische Elemente ausweitet, wie der folgende Fall verdeutlichen wird.

Ein junges Paar suchte mich auf. Der Mann war ehemaliger Aktiver der extremen Linken. Er beklagte sich, daß seine Gefährtin nie tue, wozu sie Lust habe, sondern nur das, was man ihrer Annahme nach von ihr erwarte – er ging so weit, ihr vor mir zu erklären: „Ich will, daß du frei bist." Diesem Paar wurde einige Tage später angeboten, das Land zu verlassen. Dazu mußten sie eine Entscheidung treffen: Werden sie gemeinsam fahren? Im Verlauf des Gesprächs fragte der junge Mann seine Partnerin, ob sie daran denke, mit ihm zu reisen. Sie zögerte. Nach einem Augenblick des Schweigens, währenddessen er zunehmend in Unruhe geriet, stieß er hervor: „Ich verstehe, alles ist entschieden!" Ich bat ihn, die junge Frau selbst antworten zu lassen.

Erneutes Schweigen, erneute Unruhe, dann wieder ein Einwurf seinerseits: „Willst du, daß ich einen Augenblick hinausgehe? Du willst, daß ich hinausgehe?" Das junge Mädchen hielt sich daraufhin mit beiden Händen den Kopf und sagte: „Können wir nicht einen Augenblick aufhören? Ich bin ganz durcheinander."

Auf der ersten Deutungsebene würde sich sowohl der paradoxe Befehl abzeichnen[4]: „Ich will, daß du frei bist" als auch die widersprüchlichen Botschaften auf verbaler beziehungsweise nonverbaler Ebene sowie das double bind: „Sei frei, aber ich werde nicht dulden, daß du mir eine andere Entscheidung entgegensetzt."

Ist man wirklich sicher, daß dieser paradoxe Befehl nur im Kontext des Paares oder des Familienhintergrundes verstanden werden kann? Kann man ihn nicht auch im Lichte gesellschaftlicher Prozesse betrachten, die dieses Paar umgeben und prägen? Auf theoretischer Ebene ist jeder frei, nach eigenem Gutdünken zu entscheiden. In der Praxis ist die Freiheit der Wahl begrenzt, und die Strukturen, die die Freiheit der Mitglieder unserer Gesellschaften einzwängen und beschränken, werden entweder verleugnet oder, was meist der Fall ist, hinter dem Schleier eines falschen Wohlwollens verborgen. Wir haben hier nicht nur ein Paar, das einen der Gesellschaft eignenden Prozeß reproduziert, den es übrigens zu bekämpfen meint; dieses Paar wird vielleicht in gleichem Maße ohne sein Wissen durch die Gesetzmäßigkeiten eines soziokulturellen und politischen Systems gelenkt, die es zwar zu bekämpfen glaubt, dabei jedoch nur deren Stabilität erhält. In diesem spezifischen Fall ist es übrigens durchaus möglich, daß es gerade der gemeinsame Kampf gegen ein politisches System ist, der den beiden ermöglichte, ihre Beziehung trotz all ihrer Schwierigkeiten zu retten.

Ein anderes Beispiel wird zeigen, daß das therapeutische System auch ein Abstimmungsort für das Auftreten reziproker double binds sein kann: es handelt sich um eine vierköpfige Familie: Vater, Mutter und zwei Töchter.

---

[4] P. Watzlawick, J. Helmick-Beavin, D. Jackson, *Une logique de la communication*, Paris, Le Seuil, 1972, S. 195. Die Autoren sehen die Bedingungen eines paradoxen Befehls erfüllt, wenn folgende Komponenten vorhanden sind:
„1. eine starke komplementäre Beziehung;
   2. im Rahmen dieser Beziehung wird ein Befehl ausgesprochen, dem man Folge zu leisten hat, dabei aber, um ihm zu gehorchen, ungehorsam sein muß;
   3. das Individuum, das in dieser Beziehung eine untergeordnete Stellung einnimmt, kann aus diesem Gefüge nur ausbrechen und das Paradoxon lösen, wenn es dieses kritisiert, das heißt, wenn es über diese Angelegenheit metakommuniziert."

Der Vater hatte eine chronische Krankheit, und die Mutter, von Beruf Krankenschwester, litt aufgrund eines 15 Jahre zurückliegenden Unfalls (sie war
gestürzt), an Infektionen, die mehrere chirurgische Eingriffe erforderlich
machten.

Diese Familie war wegen Schulschwierigkeiten eines der Mädchen zum
Therapeuten geschickt worden, aber die gesundheitlichen Probleme domi-
nierten das Familienleben: Die Mutter offenbarte während eines Gesprächs
übrigens, daß sie ihren Mann im Verlauf ihrer medizinischen Behandlung
kennengelernt hatte.

Alle Mitglieder der Familie betonten die Wichtigkeit des Beistandes: für die
Mutter gab es ohne Hilfe nur Einsamkeit, für den Vater keine Kommunikation, für die Töchter keine sozialen Beziehungen. Trotzdem schloß sich die
Familie jedesmal zusammen, um die Hilfe, die die Therapeutin dem einen
oder dem anderen angedeihen lassen wollte, für ungeeignet zu erklären.
Nachdem die Therapeutin die Familienmitglieder diesbezüglich befragt
hatte, erklärte der Vater, daß nur ein sehr bedürftiger Mensch Hilfe verlangen
dürfe, die Mutter bestätigte ihrerseits, daß man schon ganz erheblich behin-
dert sein müsse, um sich dazu zu entschließen; die Töchter pflichteten dieser
Meinung bei.

Auf Verlangen der Therapeutin – einer meiner Schülerinnen – hatte ich dieses Gespräch auf Video mitverfolgt. Ich versäumte nicht zu bemerken, daß
die Mutter und die Töchter auf Krücken gekommen waren; eine der Töchter
hatte ein geschwollenes Knie, die andere eine Verstauchung, die in eine Seh-
nenscheidenentzündung umgeschlagen war. Ich nutzte die Sitzungspause,
um mit der Therapeutin folgende Hypothese zu erstellen: Es handelt sich
hier um eine Familie, die Hilfe als eine wichtige Regel betrachtet, für die es
aber parallel dazu gar nicht in Frage kommt, um Beistand zu bitten. Jedes
Mitglied dieses Systems war also mit zwei Normen konfrontiert: helfen bedeutete, an etwas teilzunehmen, was diese Familienmitglieder miteinander
verband. Keiner konnte jedoch den Beistand des anderen akzeptieren, ohne
eine zweite gemeinsame Regel zu übertreten.

Aus dieser Perspektive heraus konnten die physischen Symptome jedes
Familienmitglieds als ein Versuch verstanden werden, sich diesem Widerspruch zu entziehen: physische oder organische Beschwerden veranlaßten
die anderen jeweils, dem Kranken zu Hilfe zu eilen, ohne daß dieser danach
verlangt hätte. Die Familie verwandelte sich also in einen Ort, an dem jeder
dem anderen ein hilfsbedürftiges Gegenüber war. Die Quadratur des Kreises
wurde möglich: „Hilf mir" und „Ich verlange nichts von dir" gingen Hand in
Hand miteinander.

Wenn einem Therapeuten ein solches System begegnet, so ist die geäußerte
Bitte um die Hilfe des Therapeuten dieselbe, die sich die Mitglieder der

Familie untereinander stellen, wenn sie unter sich sind, eine Bitte, die man etwa so formulieren könnte: „Wenn wir hierherkommen, so deshalb, weil wir Hilfe brauchen, aber wir können nicht um Hilfe bitten." Wie wenig der Therapeut auch aus Gründen seiner eigenen Lebensgeschichte sowie aus Gründen des therapeutischen Systems an der sich daraus entwickelnden Herausbildung eines double binds zwischen Familie und Therapeut teilhat, seine therapeutische Intervention wird sich immer als außerordentlich schwierig erweisen. Versucht er, seine Hilfe anzubieten, so verhält er sich so, als ob die Familie es akzeptieren könnte, ihn um Hilfe zu bitten, was nicht der Fall ist. Und gesteht er seine Ohnmacht ein oder macht die Psychotherapie keine sichtbaren Fortschritte, so kann ihn die Familie darauf hinweisen, daß sie Resultate erwartet. Sollten diese sich auf die Hilfe beziehenden Regeln andererseits zufällig bestimmte Karten des Therapeuten bestätigen (selbst wenn diese nicht mit jenen der Familie übereinstimmen), dann läuft er Gefahr, auf therapeutischer Ebene ein reziprokes double bind zu schaffen. Die zwei untergeordneten Systeme „Familie" und „Therapeut" strukturieren sich dann wechselseitig so, daß es ihnen nicht gelingt, sich zu helfen; dabei geben sie vor, eine Beziehung der Hilfe zu unterhalten.

Bei der oben beschriebenen Familie handelt es sich um einen besonderen Fall, da das Thema Hilfe ausdrücklich bei der Erstellung bestimmter Regeln des Systems mitwirkte. Man könnte jedoch auch vorbringen, daß die Bitte um Hilfe im weiteren Sinne häufig mit einer anderen impliziten Bitte verbunden wird; diese schränkt die Interventionskapazität des Therapeuten erheblich ein. Ob es sich um eine Institution, eine Familie, ein Paar oder um ein Individuum handelt, erwartet wird immer, daß ein Symptom verschwindet, ohne daß die hinter seinem Auftreten und seiner Fortdauer verborgenen Regeln verändert werden. Der Therapeut, oder wer immer interveniert, wird also mit zwei allem Anschein nach widersprüchlichen Forderungen konfrontiert. Damit kann man übrigens den Erfolg mancher systemischer Therapeuten erklären, die auf einer „Unveränderbarkeit" bestehen: sie vermitteln auf der Inhaltsebene[5] die Botschaft, „Verändern Sie sich nicht", eine Botschaft, die die Beziehung zwischen Therapeut und Patient verleugnet, da die Familie ihn ja aufsucht, weil sie ihre Symptome verändern will. Sie vermeiden auf diese Weise eine Entgegnung, die sich nur auf eine der beiden Forderungen beziehen würde: die psychotherapeutische Beziehung leistet der Forderung auf einer Ebene Folge, ihr Inhalt erscheint auf einer anderen.

[5] P. Watzlawick, J. Helmick-Beavin, D. Jackson, *Une logique de la communication*, op. cit., S. 79–82.

29

Es kann aber auch geschehen, daß ein Ineinandergreifen der Weltkarten der an einer Therapie beteiligten Hauptpersonen den Zustand einer vorübergehenden, sehr heiklen Stabilität erlaubt:
Die junge Studentin Fabienne nahm eine Ausbildung als Familientherapeutin in Angriff. Jedesmal wenn sie von Chantal erzählte, einem jungen Mädchen, um das sie sich auf Bitten einer Beratungsstelle kümmerte, wußte der Supervisor nicht, von wem sie eigentlich sprach, von ihrer Patientin oder von sich selbst. Chantal hatte ihr Zuhause verlassen, um zu ihrem Freund in die Provinz zu ziehen, und seitdem – ungefähr seit sechs Monaten – telefonierten Fabienne und Chantal wöchentlich zu festgelegten Zeiten miteinander. Mit folgenden Worten berichtete Fabienne über eines ihrer letzten Telefongespräche mit Chantal. „Sie sagte", so erzählte Fabienne ihrem Supervisor, „daß sie sich mich nur noch als eine Stimme ohne Körper vorstellen könne, die sie braucht, auf die sie jeden Montag warten würde, die sie zum Nachdenken bringe und die ein bißchen wie ihr Gewissen wäre, mit dem einen Unterschied, daß ich ihr nicht die Antworten geben würde, die sie sich selbst gegeben hätte." Sie fügte hinzu: „Diese einerseits schmeichlerische, andererseits rührende Feststellung hat mich sehr beunruhigt. Ich hatte plötzlich Angst, eine vollständige Abhängigkeit von mir geschaffen zu haben, was mir als sehr negativ für meine Patientin erschien. Ich fühlte mich unfähig, ihr zu helfen, sich aus dieser Abhängigkeit zu lösen."
Der Supervisor war sehr erstaunt über die Intensität dieser Beziehung – im Verlauf von zehn Monaten waren nur zwei Verabredungen ausgefallen! Er entdeckte, daß sich die Mutter von Chantal sechs Jahre nach ihrer Geburt wiederverheiratet hatte: die Patientin war ihrem Vater erst mit achtzehn Jahren begegnet und sie hatte ihn als Alkoholiker beschrieben, den sie nie mehr wiedersehen wollte. Außerdem traten schwerwiegende Probleme innerhalb der Familie auf, insbesondere zwischen Chantal und ihrem Stiefvater. Sie hatte sich von ihrer Mutter gänzlich zurückgestoßen gefühlt, weshalb sie sich an die Beratungsstelle gewandt hatte. Sie hoffte, daß ihr jemand helfen würde, auf den sie sich absolut verlassen konnte, obwohl sie überzeugt war, sich niemandem anvertrauen zu können.
Die Eltern Fabiennes hatten sich ebenfalls nach ihrem sechsten Geburtstag getrennt. Ihr im Ausland lebender Vater hatte die Scheidung schlecht verkraftet; er empfing seine Töchter nur in Begleitung ihrer Mutter. Mit sechzehn Jahren hatte auch Fabienne sich entschieden, ihren Vater nicht mehr wiederzusehen, denn ihre Beziehung war zu kompliziert geworden; er hatte erst vier Jahre später wieder Kontakt zu ihr aufgenommen, als sie mit einem Freund zusammenlebte.
Für diese angehende Therapeutin konnte Autonomie nur leidvoll sein; sie resultierte aus einer durch Ablehnung beendeten Abhängigkeit. Fabienne

wünschte, daß Chantal eine nicht mit Leiden verbundene Autonomie erlange, es gelang ihr aber selbst nicht, daran zu glauben. Chantal wünschte, daß Fabienne vertrauenswürdig wäre, war aber nicht in der Lage, ihr Vertrauen zu schenken. Würde Fabienne die explizite Erwartung Chantals erfüllen, so würde sie der auf einer anderen Ebene zum Ausdruck gebrachten Forderung widersprechen ... Von diesen Informationen ausgehend, konnte der Supervisor den in Abbildung 2 dargestellten Kreislauf entwickeln. (Es ist wohl nicht notwendig, erneut darauf hinzuweisen, daß es sich lediglich um ein rein operatives Modell handelt.)

Durch die telefonische Kommunikation war die Therapeutin nur noch eine körperlose Stimme, die Chantal nicht von ihrer eigenen Person trennte. Sie war Fabienne und war es doch nicht. Chantal vermied auf diese Weise die Konfrontation mit ihrer Angst, sich auf einen Menschen einzulassen, der sich als nicht vertrauenswürdig erweisen könnte, da dieser Mensch und sie eine einzige Person darstellten. Fabienne wollte Chantal helfen, eine schmerzlose Autonomie zu erlangen, doch indem sie Abhängigkeit als einen Zustand betrachtete, der in unvermeidbarer Weise Ablehnung nach sich zog, glaubte sie nicht daran. Wenn sich Chantal im Sinne der Therapeutin entwickeln würde, so würde sie der Erwartungshaltung letzterer widersprechen. Das Telefon ermöglichte Chantal, beiden Ebenen gleichzeitig Folge zu leisten. Die geographische Entfernung vermittelte der Therapeutin den trügerischen Eindruck einer gewissen Autonomie. Da für sie alles zu einer Ablehnung und leidvollen Autonomie führen konnte, erlaubte ihr die geographische Entfernung auch, die Illusion zu bewahren, daß es keine echte Abhängigkeit gebe.

Dieses Gleichgewicht hing im wahrsten Sinne des Wortes nur an einem seidenen Faden. Fabienne lief Gefahr, durch diese Beziehung, die sie dem Supervisor als eine „symbiotische" schilderte, erschreckt zu werden. Chantal setzte sich der Gefahr aus, Fabienne einen Platz einzuräumen, der ihre Überzeugung in Frage stellte, nur sich selbst vertrauen zu können. Jede Unterbrechung ihrer Beziehung konnte Chantal in ihrem Glauben bestätigen, niemandem vertrauen zu können, und Fabienne konnte dazu gebracht werden wiederzuentdecken, daß Abhängigkeit nur zu Ablehnung und zu einer erzwungenen leidvollen Autonomie führen kann. Der durch diese beiden double binds aufrechterhaltene und gespeiste Kreislauf könnte dadurch unterbrochen werden; Fabienne und Chantal hätten sich dann gegenseitig dabei geholfen, ihre Wirklichkeitskonstruktionen zu bewahren.

Ich möchte dem Leser hier noch eine Situation schildern, die mir mein Freund Jacques Pluymaekers, der häufig mit institutionellen Problemen konfrontiert wird, berichtet hat. Pluymaekers betreute eine Erzieherin, die in einem Heim für gefährdete Kinder arbeitete: diese Studentin bemühte sich

Abbildung 2

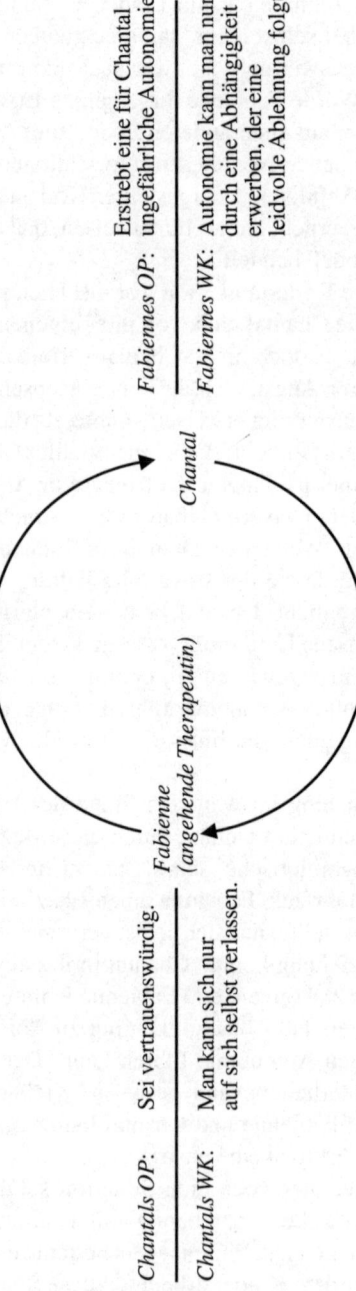

Die Therapeutin ist für Chantal nur eine Stimme ohne Körper, die sie nicht von ihrer eigenen Person trennt. Chantal vermeidet auf diese Weise, mit der Angst konfrontiert zu werden, mit einem Menschen rechnen zu müssen, bei dem sie Gefahr läuft, daß er sich als nicht vertrauenswürdig erweist, dann bilden diese Person und sie selbst schließlich eine Einheit.

Fabiennes OP: Erstrebt eine für Chantal ungefährliche Autonomie.

Fabiennes WK: Autonomie kann man nur durch eine Abhängigkeit erwerben, der eine leidvolle Ablehnung folgt.

Chantal

Fabienne
(angehende Therapeutin)

Chantals OP: Sei vertrauenswürdig.

Chantals WK: Man kann sich nur auf sich selbst verlassen.

Die geographische Entfernung ruft bei der Therapeutin den trügerischen Eindruck einer gewissen Autonomie hervor. Sie erlaubt ihr auch, die Illusion zu bewahren, daß es keine wirkliche Abhängigkeit gebe, die zu einer Ablehnung und einer leidvollen Autonomie führen könne.

OP = offizielles Programm
WK = Weltkarte

um ein besseres Verständnis der Schwierigkeiten, die sie mit einem ihrer Heimkinder hatte. Als Pluymaekers zum Essen eingeladen wurde, machte ihn das Treiben, das er zwischen Erzieherin und Kind beobachtete, neugierig. Während die Erzieherin versuchte, das Kind zum Essen zu bringen, setzte das kleine Mädchen alle Mittel in Bewegung, um die angebotene Nahrung zu verweigern. Dabei herrschte ein erstaunliches Einverständnis zwischen beiden Protagonisten: das Kind verweigerte die Nahrungsaufnahme, wenn die Erzieherin sie ihr direkt abverlangte, saß aber am Ende der Mahlzeit vor fast leerem Teller; es aß im wesentlichen dann, wenn es von der Erzieherin nicht beachtet wurde[6].

Wie kann man solch ein unausgesprochenes Einverständnis verstehen? Die Erzieherin verhielt sich so, als ob dieses Kind, das aß, nicht essen würde. Das Kind gab vor, nicht zu essen, obwohl es aß. Man könnte folgende Hypothese erstellen: wenn es einer Institution gelingt, sich um die ihr anvertrauten Kinder erfolgreicher zu kümmern als deren Eltern, wird sie zum Rivalen und setzt die Familien ins Unrecht; wenn es einer Institution nicht gelingt, angemessen für die ihrer Obhut unterstellten Kinder zu sorgen, würde sie die Eltern ins Recht setzen, sich dabei aber der Kritik aussetzen, daß sie eine ihrer wichtigsten Aufgaben nicht erfüllt.

Sowohl die Erzieherin als auch das kleine Mädchen waren Opfer dieser zwiespältigen elterlichen Forderung: „Habt Erfolg" aber „ohne Gelingen". Die Institution würde selbstverständlich nach Erfolg trachten; doch wie sollte sie diesen erreichen, ohne Gefahr zu laufen, dadurch die Eltern abzuwerten? Um so mehr, als eine institutionelle Lösung – im Idealfall – als eine einfache Hilfslösung betrachtet werden müßte. Gelingt es den Eltern nicht, ihren Kindern bei der Rückkehr aus der Institution zu helfen, so können wiederholte Aufenthalte zur unvermeidlichen Konsequenz werden. Die Institution hätte also in einer ihrer wesentlichen Pflichten versagt, nämlich der, die Wiedereingliederung der Kinder in ihre Familien zu ermöglichen.

Versteht man die beschriebenen Verhaltensweisen richtig, so antworteten Erzieherin und Kind gleichzeitig auf zwei Ebenen: Die scheinbare Weigerung des Heimkindes zu essen und die Klage seiner Erzieherin bescheinigten das Scheitern der Institution. Dennoch gelang es dem kleinen Mädchen, sich trotz der Anwesenheit der Erzieherin zu ernähren: die Ehre der Institution blieb also unangetastet ...

Dieses Beispiel beleuchtet eine Situation des reziproken double binds: Die Institution verlangt von den Eltern Gelingen, um eines ihrer Ziele zu errei-

---

[6] J. Pluymaekers, *Communication personnelle* (die Studie wird in einem Buch der Edition ESF erscheinen, das sich sowohl dem systemischen Ansatz als auch den Institutionen widmet).

chen; haben die Familien aber bei ihren Pflichten Erfolg, so müssen die Institutionen im Unrecht sein und abgeschafft werden. Was die Eltern betrifft, so fordern sie von der Institution eine Besserung der Kinder; erfüllt sie diese Aufgabe, so laufen sie Gefahr, von einer Institution disqualifiziert zu werden, die als Rivalin über sie triumphiert.

In die Widersprüchlichkeiten dieses „Knotens"[7] verwickelt, schufen Erzieherin und Kind eine neue Verhaltensweise, die ihnen erlaubte, eine Stellung zu beziehen, ohne dabei ihren Platz einzunehmen; eigentlich eine ausgesprochen topologische Übung (Abbildung 3).

Es ist nicht sicher, daß die Situationen des double binds nur eine beschränkte Anzahl von Humansystemen betrifft. David Cooper bemerkt in seinem Werk *Psychiatrie et Antipsychiatrie*[8], daß der Zustand des Schizophrenen (der im allgemeinen mit der Tatsache verknüpft ist, daß er in eine Reihe von double binds verwickelt ist) unser aller Schicksal ist, sobald wir uns an einer Gesellschaft stoßen, die die Autonomie ihrer Mitglieder nicht anerkennen kann, obwohl sie auf einer anderen Ebene verkündet, eine solche zu fördern.

Andererseits kann das double bind unter besonderen Bedingungen eine Quelle der Kreativität und nicht der Pathologie sein. In einem Artikel von 1969 betonte Gregory Bateson diesen kreativen Aspekt des double binds. Er schrieb, daß „Individuen, deren Leben durch *transkontextuelle Fähigkeiten* bereichert, und solche, die durch *transkontextuelle Verwirrungen* reduziert werden, ein gemeinsames Merkmal haben: sie eignen sich immer (oder zumindest oft) eine ‚doppelte Perspektive' an"[9]. Zur Stütze dieser Behauptung beschreibt er Dressurübungen mit Seehunden, in deren Verlauf der Dresseur absichtlich verwirrende Situationen schafft. Während des ersten Versuchs zeigt das Tier ein Verhalten (es streckt beispielsweise den Kopf aus dem Wasser), hört einen Pfiff und erhält daraufhin etwas zu fressen. Drei Wiederholungen lassen deutlich erkennen, daß der Seehund die Verknüpfung zwischen seinen Bewegungen und seiner Belohnung erfaßt hat. Nun wird der Seehund im Laufe der nachfolgenden Versuche nicht für das gleiche Verhalten belohnt: der Dresseur wird warten, bis er ein neues Verhalten zeigt – wie zum Beispiel mit der Schwanzflosse zu schlagen. Stellen wir uns nun eine dritte Vorführung vor, während der das neue Verhalten – der „Schwanzschlag" – nicht mehr belohnt wird: der Seehund „schließt daraus" was

---

[7] R. D. Laing, *Nœuds*, Paris, Stock, 1971.

[8] D. Cooper, *Psychiatrie et Antipsychiatrie*, Paris, Le Seuil, coll. „Points", 1978, S. 72.

[9] G. Bateson, „La double contrainte", in: *Vers une écologie de l'esprit*, Bd. II, op. cit., S. 42–49.

Abbildung 3

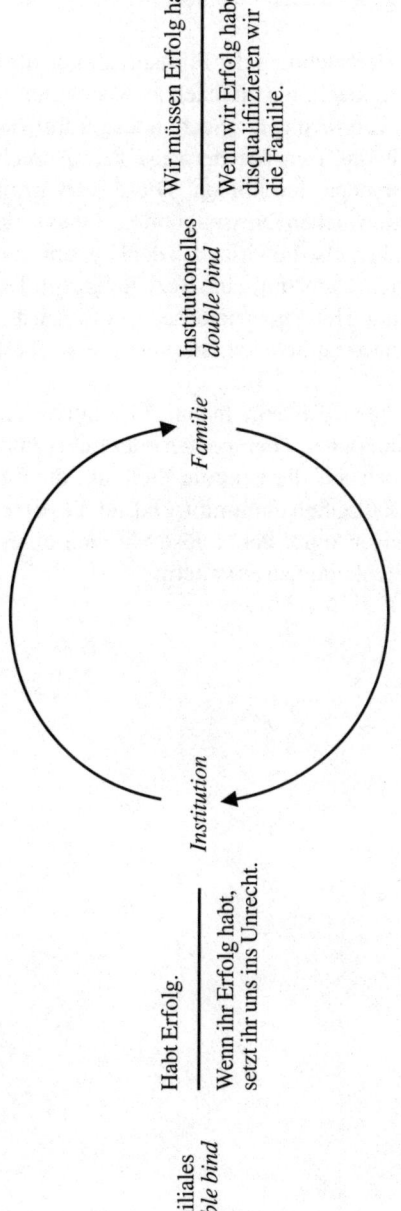

Familiales
double bind

Habt Erfolg.
―――――――――――
Wenn ihr Erfolg habt,
setzt ihr uns ins Unrecht.

Die Erzieherin berichtet über ein Kind,
das nicht ißt, während es ißt. Sie leistet dadurch
beiden Ebenen des familialen *double binds* Genüge.

Familie

Institution

Institutionelles
double bind

Wir müssen Erfolg haben.
―――――――――――――
Wenn wir Erfolg haben,
disqualifizieren wir
die Familie.

Das Kind tut so, als ob es nicht äße, während es ißt.
Auf diese Weise entspricht es den beiden Ebenen
des institutionellen *double binds*.

Gregory Bateson den „Kontext der Kontexte" nennt und wird jedesmal, wenn er auftritt, eine Abfolge verschiedener oder neuer Verhaltensweisen anbieten.

Bei einer genaueren Betrachtung der Filmaufnahmen dieser Sequenzen war noch eine weitere Beobachtung zu machen: Man konnte erkennen, daß der Dresseur (durch die Verwirrung des Seehundes gerührt, hatte er Hilfestellungen gegeben, auf die das Tier üblicherweise kein Anrecht hatte) mehrmals die Regeln des Versuchs durchbrach. Diese Verwirrung, die in die die doppelte Beziehung zwischen Dresseur und Seehund lenkenden Regeln einbrach, hatte letztendlich also bewirkt, daß der Dresseur sein Verhalten änderte: er schuf neue Situationen, um seine Beziehung zum Tier aufrechterhalten zu können. Der Seehund hingegen hatte neue Abfolgen des Verhaltens erfunden, was seine Kreativität beweist; sie wurde erst durch diese Erfahrung ermöglicht.

In diesem Buch möchte ich aber nicht nur den kreativen Aspekt von Symptomen hervorheben, mit denen Therapeuten oder Intervenierende konfrontiert werden, sondern auch auf die zentrale Stellung, die das Paradoxe in der menschlichen Beschaffenheit einnimmt, und auf die persönliche Kreativität, die derjenige beweisen muß, der, selbst Mitglied eines Systems, danach strebt, dessen Möglichkeiten zu erweitern.

II. Kapitel
Systemische Therapie, Zufall und Wandel

Eine der theoretischen Grundlagen, über die sich die Mehrheit aller Familientherapeuten einig ist, ist die allgemeine Systemtheorie[1]. Das Forschungsteam in Palo Alto hat die mögliche Verbindung dieser Theorie mit Familiensystemen in besonders strukturierter Weise dargestellt[2].

Ludwig von Bertalanffy, der die allgemeine Systemtheorie entwickelte, versuchte Voraussetzungen zu formulieren, die für mehrere Systeme gelten, seien es biologische, physikalisch-chemische oder andere. Da sich die Anhänger Bertalanffys der absichtlich verschwiegenen Probleme bewußt waren, die der Versuch hervorbrachte, Begriffe anderer Bereiche auf Humansysteme zu übertragen, erinnerten sie – auf einen Text Bertalanffys zurückgreifend – an die Tatsache, daß das auf den Newtonschen Apfel, auf das Planetensystem und auf die Gezeiten angewendete Gravitationsgesetz nicht bedeutet, daß Äpfel, Planeten und Meere ein und dasselbe seien[3].

Indem diese Autoren Interaktion als ein System auffassen, haben sie bestimmte formale Eigenschaften so definiert, daß sie für verschiedene Systeme gelten können. Die wichtigsten lauten folgendermaßen:

1. *Die Totalität*: Ebenso wie die Modifikation eines Elements eine Veränderung des Systems in seiner Gesamtheit nach sich zieht, so ist auch das Verhalten eines Familienmitglieds nicht vom Verhalten der anderen Mitglieder zu trennen; was mit einem Element geschieht, verändert auch die Familie in ihrer Gesamtheit.

2. *Die Nichtsummativität*: Ebenso wie ein System nicht die Summe seiner Elemente ist, so kann auch eine Familie nicht auf die Summe ihrer Mitglieder reduziert werden.

3. *Die Äquifinalität*: Ähnliche Phänomene können in einer Familie, wie in jedem System, das Ursache seiner eigenen Veränderungen ist, mit verschiedenen Initialelementen verknüpft werden. Wenn ein Patient ein Knöchelödem hat, so wird der Arzt eine gewisse Anzahl von Untersuchungen durchführen, um daraus die „Ursache" dieses Symptoms herauszufiltern – es könnte beispielsweise auf eine Herzkrankheit verweisen. Innerhalb eines Humansystems hingegen, also eines offenen Systems *par excellence*, ist es

---

[1] L. von Bertalanffy, *Théorie générale des systèmes*, Paris, Dunod, 1973.

[2] P. Watzlawick, J. Helmick-Beavin und D. D. Jackson, *Une logique de la communication*, Paris, Le Seuil, 1972.

[3] Ebd., S. 119.

nicht möglich, die Ätiologie einer Anorexie oder einer Schizophrenie zu verstehen, indem man auf ein Initialelement oder sogar eine Kette von Elementen zurückgreift, die man als Ursache in Betracht zieht. Das heißt, daß die ersten Lebensjahre zwar eine wesentliche Rolle im Werden eines Individuums spielen, aber die erlebten Erfahrungen dürfen deshalb trotzdem nicht in simplizistischer Weise auf direkte Ursachen späterer Verhaltensweisen reduziert werden: man muß das Humansystem, in dem ein Symptom aufgetreten ist, jedesmal in seiner Gesamtheit untersuchen.

4. *Die Homöostase*: Von Bertalanffy hat das Konzept der Regulierung durch Rückkoppelung, das Cannon bereits im Rahmen der Biologie formuliert hatte, in eingeschränkter Bedeutung unter dem Begriff Homöostase dargelegt. Er war der Ansicht, daß „Rückkoppelung und homöostatische Kontrolle nur eine einzige spezielle Klasse selbstregulierter Systeme und Adaptationsphänomene bilden, selbst wenn diese Klasse einen großen Bestandteil dieser Systeme darstellt."[4] Dieses an die allgemeine Systemtheorie gebundene Element sollte in der systemischen Therapie als wichtigstes genutzt werden. Seit 1957 hat Don D. Jackson[5], einer der Gründungsmitglieder der Schule in Palo Alto, die Hypothese aufgestellt, daß die Krankheit eines Patienten als ein homöostatischer Mechanismus zu verstehen sei, dessen Funktion darin bestehe, das durch Änderung bedrohte Gleichgewicht eines Familiensystems wiederherzustellen. Dabei handelte es sich um eine wesentliche Beobachtung, der die systemischen Therapeuten große Bedeutung beimaßen; denn seitdem fragte man bei der Annäherung an ein Symptom wieder nach seiner Funktion, und zwar nicht nur auf der Ebene persönlicher Ökonomien, sondern auch auf der eines ausgedehnteren Systems, in dem dieses Symptom aufgetreten war und weiterbestanden hatte.

Über die allgemeine Systemtheorie hinaus stützten sich die systemischen Therapeuten besonders auf die Theorie der logischen Typen von Bertrand Russell; wie im Werk Batesons wimmelt es in den Schriften zahlreicher Familientherapeuten von Anspielungen auf den Unterschied zwischen den verschiedenen Abstufungen logischer Typen. Auch hier waren es wieder die Mitglieder des Teams in Palo Alto, die diese Theorie als erste im Bereich der Familientherapie anwandten.

Bei der Erklärung dieser Theorie der logischen Typen müssen wir auf das berühmte logisch-mathematische Paradoxon der „Klasse aller Klassen, die sich nicht selbst als Element enthalten kann" zurückgreifen. Paul Watzla-

---

[4] L. von Bertalanffy, *Théorie générale des systèmes*, op. cit., S. 165.

[5] D.D. Jackson, „The question of family homeostasis", *Psychiatric Quarterly Supplement*, 31, 1. Teil, 1957, S. 79–90.

wick, Janet Helmick Beavin und Don D. Jackson zitieren in ihrem Buch *Une logique de la communication*[6] folgendes Beispiel: Hat man die Prämisse vorausgesetzt, daß „eine Klasse die Totalität von Objekten ist, die eine bestimmte Eigenschaft haben", kann man alle Objekte des Universums in zwei Klassen unterteilen, beispielsweise in die Klasse der „Katzen" und die der „Nicht-Katzen". Wechselt man dann auf eine Ebene, die die Autoren als die Ebene einer „übergeordneten Logik" bezeichnen, so kann man das Universum erneut in zwei Klassen teilen: in Klassen, die sich selbst als Element enthalten, und solche, die sich nicht selbst als Element enthalten; so ist die Klasse der Konzepte Teil ihrer selbst, weil sie ein Konzept ist, während die Klasse der Katzen nicht Teil ihrer selbst ist, da sie nicht Katze ist. Wiederholt man das gleiche Verfahren, so kann man die Klassen nochmals in zwei unterschiedliche Klassen unterscheiden; man erhält so die Klasse der Klassen, die sich selbst als Element enthalten, und die Klasse der Klassen, die sich nicht selbst als Element enthalten. An dieser Stelle taucht Russells Paradoxon auf: Wenn die Klasse der Klassen, die sich nicht selbst als Element enthält, Teil ihrer selbst ist, so ist sie nicht Teil ihrer selbst, da sie der Klasse aller Klassen angehört, die sich nicht selbst als Element enthalten; wenn sie jedoch nicht Teil ihrer selbst ist, ist sie Teil ihrer selbst, da die Tatsache des Sich-nicht-selbst-Angehörens die Eigenheit all jener Klassen ist, aus der sie sich zusammensetzt.

Watzlawick, Helmick Beavin und Jackson machen darauf aufmerksam, daß es sich nicht nur um eine Verzerrung, sondern um einen echten Widerspruch handelt, denn die Schlußfolgerung basiert auf einer der strengsten logischen Deduktionen. Sie verschanzen sich dessenungeachtet hinter der Lösung, die Russell in seiner Theorie der logischen Typen vorschlägt, einer Theorie, die versucht, dieses Paradoxon auf eine einfache Spitzfindigkeit zurückzuführen: nach Russell darf das, was alle Elemente einer Klasse umfaßt, nicht Element der Klasse sein. Russells Paradoxon wäre also nicht eine Verwechslung der logischen Typen mit einer Klasse und ihren Elementen, wo doch eine Klasse einem Typ oder einer übergeordneten Ebene entspricht.

Die Gruppe in Palo Alto bediente sich dieser Theorie der logischen Typen, um mit ihrer Hilfe die pathologischen Paradoxa zu verstehen, die den Schizophrenen spalten. Sie beschrieben ihn als einen Menschen, der in einem Kommunikationsfeld gefangen ist, das ihn unfähig macht, dessen verschiedene logische Ebenen zu unterscheiden, ein Feld, in dem er keine Wahlmöglichkeiten hat. Sie beschrieben sogar die drei Formen der Schizophrenie

---

[6] P. Watzlawick, J. Helmick-Beavin und D. D. Jackson, *Une logique de la communication*, op. cit., S. 191.

(paranoide, hebephrene und katatonische) als mögliche Reaktionen auf die Verwechslung der logischen Ebenen.

Die Anwendung dieser Theorie schien noch viel weitergehende Konsequenzen zu haben, als bei ihrer Erprobung im Rahmen systemischer Therapien vorauszusehen war. Whitehead und Russell schreiben in der Tat in ihren *Principia Mathematica* [7], daß bestimmte Paradoxa, wie das des kretischen Philosophen Epidemides („Alle Kreter sind Lügner") oder das Russellsche (das Paradoxon der „Klasse aller Klassen, die nicht Teil ihrer selbst sind") ein gemeinsames Merkmal aufweisen, das man als Selbstreferenz bezeichnen könnte. Daraus folgt, daß die Theorie der logischen Typen als eine Theorie interpretiert werden kann, die selbstreferentielle Behauptungen untersagt. Daraus ergibt sich jedoch die Gefahr, daß man versucht, das Gesagte von demjenigen zu trennen, der es sagt. In ihrer bemerkenswerten Einführung in Francisco Varelas „A calculus for self-reference" haben Richard Herbert Howe und Heinz von Foerster [8] gezeigt, bis zu welchem Grad die Theorie der logischen Typen folgende Behauptung mit sich bringt: „Die Eigenheiten des Beobachters dürfen nicht in die Beschreibung des Beobachters einfließen." [9] Wie kann nun ein Psychotherapeut eine Wirklichkeit so beschreiben, als ob sie ihm fremd sei? Welchen Wert kann ein Diskurs haben, den man einer Wirklichkeit überstülpt, die jeweils selbst erst im Verlauf ihrer Kartographierung geschaffen wird? Kann man im übrigen dieses selbstreferentielle Paradoxon überhaupt akzeptieren, ohne in Verwirrung und Ohnmacht gestürzt zu werden?

Ich möchte mir jetzt erlauben, die Anwendung der Theorien Ludwig von Bertalanffys im Bereich systemischer Therapien zu kritisieren [10].

Die Theorien Ilya Prigogines und seiner Anhänger erschienen mir geeigneter zum Studium sich wandelnder Humansysteme, mit denen die systemi-

---

[7] A. N. Whitehead und B. Russell, *Principia Mathematica*, Cambridge, Cambridge University Press, ²1925, S. 61.

[8] R. H. Howe und H. Foerster, „Introductory comments to Francisco Varela's calculus for self-reference", *Int. J. General Systems*, 1975, Bd. 2, S. 1–3.

[9] R. Abramovitz u. a., „Cybernetics of cybernetics", *B. C. L. Report*, Nr. 73.38, Biological Computer Laboratory, University of Illinois, Urbana 1974, S. 374; zitiert von R. H. Howe und H. von Foerster, op. cit.

[10] M. Elkaïm, „Von der Homöostase zu offenen Systemen", in: J. Duss-von Werdt und R. Welter-Enderlin (Hg.), *Der Familienmensch*, Stuttgart, Klett-Cotta, 1980; „Non-équilibre, hasard et changement en thérapie familiale", in: *Cahiers critiques de thérapie familiale et de pratiques de réseaux* (Paris, Editions Universitaires), Nr. 4–5, 1982, S. 55–59; „Des lois générales aux singularités", in: *Cahiers critiques de thérapie familiale et de pratiques de réseaux* (Paris, Editions Universitaires) Nr. 7, 1983, S. 111–120.

---

schen Psychotherapeuten konfrontiert waren und denen auch andere Familientherapeuten wie Dell und Goolishian[11] oder Kaufmann und Fivaz[12] ihr Haupinteresse schenkten.

Zu dem Zeitpunkt also, als ich versuchte, Prigogines Theorien auf den Bereich der Familientheorien zu übertragen, war ich mir bewußt, daß sich mein Fragen weniger auf das Familiensystem als solches bezog als auf das therapeutische System, das sich aus der *Familie und mir selbst* konstituierte; denn ich konnte von ersterem nur sprechen, indem ich von dem ausging, was ich im therapeutischen System darüber erfahren hatte. Ich hatte jedoch nicht alle Konsequenzen dieses Ansatzes ins Auge gefaßt und handelte so, als ob eine Landkarte über ein Gebiet Auskunft geben könnte, in das ich eindringen wollte.

Die paradoxe Lage, in die ein Therapeut durch die Tatsache gerät, einen Diskurs über eine Welt hervorzubringen, die er im Akt des Beschreibens erst selbst erzeugt, wird im nächsten Kapitel erörtert. Ich werde aufzeigen, wie ich mich selbst mit dem selbstreferentiellen Paradoxon auseinandersetzte, ohne die Vielfalt einer pluralistischen Welt aufzugeben, in der Instabilitäten plötzlich neue Möglichkeiten eröffnen können.

Die von Ludwig von Bertalanffy entwickelte allgemeine Systemtheorie war den Familientherapeuten sehr nützlich. Trotzdem trägt diese Theorie eher der Aufrechterhaltung der Konstanten eines offenen Systems mit inneren spezifischen Normen Rechnung als seinem Wandel, da sie im wesentlichen auf Systeme im Gleichgewicht oder nahe dem Gleichgewicht angewendet werden kann.

Die Theorie der Systeme im Gleichgewicht oder nahe dem Gleichgewicht wird auf Systeme angewendet, die einem Spiel von Fluktuationen unterworfen sind, das sie in einem diesen Bedingungen entsprechenden stabilen Zustand hält. Folglich können sich die Fluktuationen, vom Gleichgewicht abgesehen, unter bestimmten Bedingungen solange verstärken, bis das System eine Entwicklung vollzieht, die es in eine neue, qualitativ andere Ordnung übergehen läßt.

Bevor ich die Unterschiede zwischen offenen Systemen im Gleichgewicht und solchen fernab vom Gleichgewicht unterstreiche, werde ich gewisse

---

[11] P. Dell und H. Goolishian, „Order through fluctuation: an evolutionary paradigm for human systems", presented at the Annual Scientific Meeting of the A. K. Rice Institute, Houston (Texas), 1979.

[12] E. Fivaz, R. Fivaz und L. Kaufmann, „Accord, conflit et symptôme: un paradigme évolutionniste", in: *Cahiers critiques de thérapie familiale et des pratiques de réseaux*, Nr. 7, op. cit., S. 91–109

Elemente vorstellen, die Ilya Prigogine und seine Anhänger in ihren Arbeiten ausführten. Die folgenden, jeweils aus hydrodynamischen und biologischen Bereichen stammenden Beispiele werden mir erlauben, Konzepte der dissipativen Struktur, des kritischen Wertes, der Distanz vom Gleichgewicht und der Bifurkation darzulegen.

Ich möchte zuallererst an die Bénardsche Instabilität erinnern, so wie sie G. Nicolis in seinem Artikel „Thermodynamique de l'évolution"[13] beschreibt.

Erhitzen wir einen flüssigen Körper, der von zwei parallelen horizontalen Platten begrenzt wird, von unten: solange der Temperaturunterschied zwischen den zwei Platten eine gewisse Schwelle nicht überschreitet, wird die Hitze von unten nach oben weitergeleitet und mittels der oberen Platte nach außen abgegeben. Der Zustand des Systems bleibt stabil und die Temperatur differiert linear zwischen warmen Zonen (im unteren Bereich) und kalten Zonen (im oberen Bereich). Erhitzen wir die untere Platte noch mehr und entfernen wir uns auf diese Weise vom Gleichgewicht, so erreichen wir einen kritischen Punkt des Temperaturgradienten; man kann eine Veränderung der Konvektion beobachten sowie eine abrupte Vermehrung der transportierten Hitzemenge und eine Strukturierung der Flüssigkeit in eine Reihe von kleinen „Zellen", „Bénardsche Zellen" genannt (Abbildung 4).

Abbildung 4
(nach G. Nicolis[14])

$T_1 < T_2$

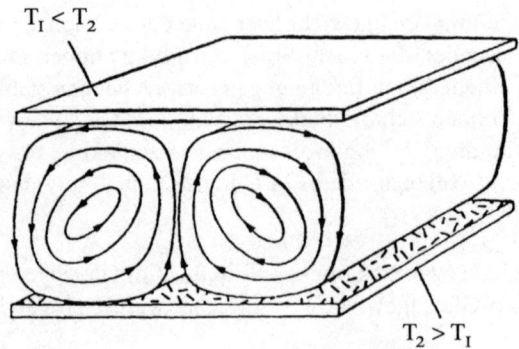

$T_2 > T_1$ T = Temperatur

---

[13] G. Nicolis, „Thermodynamique de l'évolution", in: Fondation Lucia De Brouckère pour la diffusion des sciences (Hg.), *Évolution, Connaissances du réel*, Brüssel, Éditions Universitaires, 1983.

[14] Ebd.

Diese mehr oder weniger sechseckigen Zellen entstehen durch die Bewegungen der Flüssigkeit, die aufsteigt, die obere Platte entlanggleitet, absinkt, die untere Platte entlanggleitet, von neuem aufsteigt usw. Sie setzen sich in horizontaler Achse fort, wobei sie alternativ rechts- oder linksdrehend in rollenförmiger Bewegung zirkulieren (Abbildung 5).

Abbildung 5
(nach G. Nicolis[15])

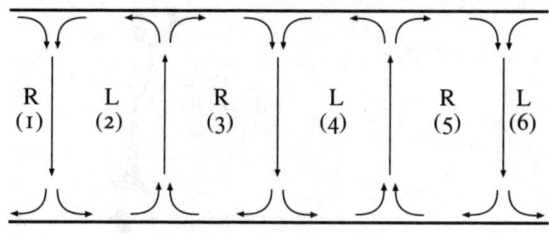

Platte 1

R = rechtsdrehend
L = linksdrehend

Platte 2
(erhitzt)

Obwohl die Schwelle zur Instabilität des Systems durch Zwänge bestimmt wird, die ihm die Umgebung auferlegt, und obwohl wir wissen, in welchem Moment diese „Zellen" erscheinen, kann die Rotatationsrichtung einer Zelle und damit auch die aller anderen nicht vorhergesagt werden. Die erschienene Struktur wird als dissipativ bezeichnet, denn sie verteilt die auf das Feld übertragene Energie. Ab diesem kritischen Punkt führen die Fluktuationen das System in diesem Fall nicht mehr auf einen vorangehenden Zustand zurück, sondern intensivieren sich; auf diese Weise kann das System in einen anderen Zustand übergehen.

Mein zweites Beispiel betrifft die periodische Anhäufung des *Acrasiomyceten Dictyostelium discoideum*[16].

Acrasiomyceten sind Amöben, die in einem einzelligen Zustand leben und sich solange vermehren, bis ihre Lebenswelt nicht mehr in der Lage ist, ihnen ausreichende Nahrung zu bieten. Erst dann stellen sie ihre Fortpflanzung ein und häufen sich nach einer Zwischenphase in aufeinanderfolgenden Schüben um einige der Ihren, die dadurch zu Aggregationszentren werden. Diese Zellhaufen bilden dann in einer zweiten Stufe eine vielzellige Struk-

---

[15] Ebd.

[16] A. Goldbeter und S. R. Caplan, „Oscillatory enzymes", *Annual Review of Biophysics and Bioengineering*, 5, 1976, S. 449–476.

tur, die aus einem Kopf besteht, der Sporen enthält und auf einem Stiel emporragt (Abbildung 6).

Abbildung 6
(Schema nach M. Sussmann[17], bei G. Nicolis[18] wiedergegeben)

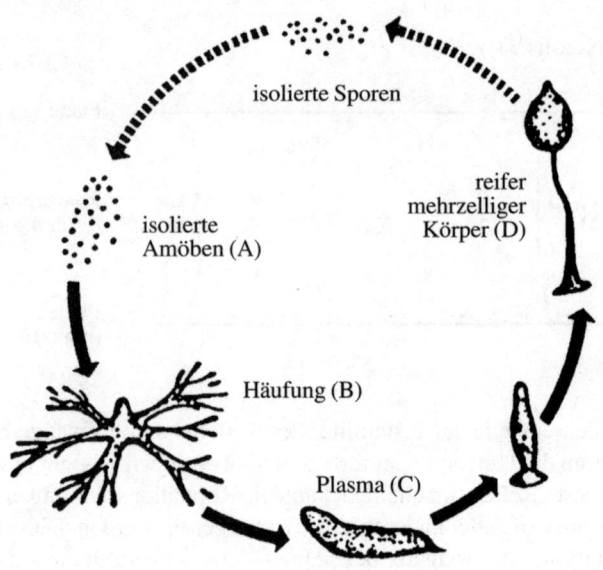

isolierte Sporen

isolierte
Amöben (A)

reifer
mehrzelliger
Körper (D)

Häufung (B)

Plasma (C)

Dieser Kopf platzt, und wenn die Sporen gute Bedingungen vorfinden, können neue Amöben entstehen. Verfügen sie über eine ausreichende Nahrungsmenge, so pflanzen sich Amöben durch Zellteilung fort und das Ganze kann als ein homogenes System betrachtet werden, das beispielsweise eine durchschnittliche Anzahl an Amöben pro Quadratzentimeter enthält. Hier ist es also ebenfalls ein äußerer Zwang, der das Verhalten der Amöben ab einer kritischen Schwelle verändert.
Eine detaillierte Studie des Phänomens zeigt, daß die Aggregationszentren Amöben anziehen, indem sie chemische Signale aussenden, die aus zyklischem, extrazellulärem Adenosin Monophosphat (zAMP) bestehen; es wirkt über eine positive Rückkoppelung auf Adenylatcyclase, welches das

[17] M. Sussmann, *Growth and Development*, Prentice Hall (NJ), 1964.
[18] G. Nicolis, „Thermodynamique de l'évolution", op. cit.

Adenosin Triphosphat (ATP) auf interzellulärer Ebene in zyklisches Adenosin Monophosphat (zAMP) (Abbildung 7) verwandelt.

Abbildung 7: Schema der Synthese des chemotaktischen Signals im *Dictyostelium discoideum*

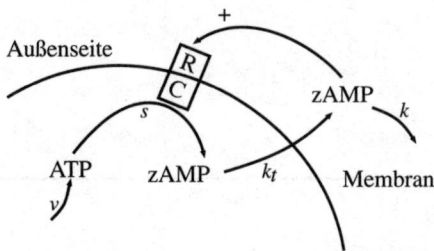

Die Parameter v, s, k_1 und k bezeichnen jeweils das beständige Eintreten des Substrates ATP, die maximale Aktivität der Adenylatcyclase C, den Transport des zyklischen AMP (zAMP) durch die Membran, und die Geschwindigkeitskonstante des Abbaus von zAMP durch die Phosphodisterase. Das Zeichen + indiziert die positive Retroaktion, die durch das extrazelluläre zAMP während seiner Verbindung mit dem Rezeptor R auf seine Eigenproduktion ausgeübt wird.[19]

Wie man feststellen kann, existiert ein kritischer Wert der Parameter des Systems. Er entspricht einem Bifurkationspunkt (Abbildung 8), an dem sich die Fluktuationen dank eines positiven Rückkoppelungsprozesses verstärken und die Amöben sich um das Aggregationszentrum akkumulieren, das in periodischen Abständen zyklisches Adenosin Monophosphat ausstößt.

Den bereits vorgestellten Konzepten möchte ich zwei weitere Begriffe hinzufügen: den des Zufalls und den der evolutiven Rückkoppelung (Feedback).

[19] A. Goldbeter und L. A. Segel, „Unified mechanism for relay and oscillation of cyclic AMP in *Dictyostelium discoideum*", *Proceedings of the National Academy of Sciences*, USA, 74, 1977, S. 1543–1547.

Abbildung 8: Schema eines Bifurkationsdiagramms

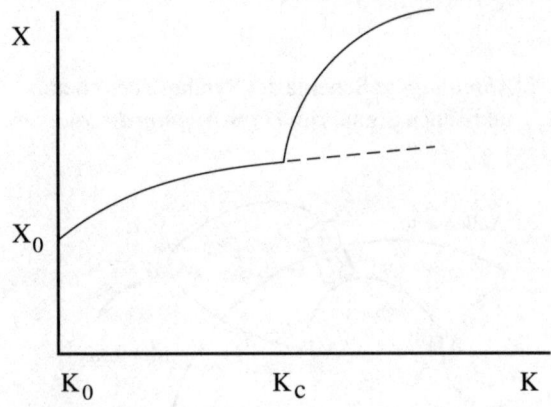

Die Kurve stationärer Zustände X weicht um den kritischen Wert K_c vom Parameter K ab. Wächst die Abweichung vom Gleichgewicht, so kann die neue Kurve mit einem zweiten Bifurkationspunkt selbst instabil werden. Der Wert K_0 bezieht sich auf den Zustand des Gleichgewichts X_0.[20]

1. Der Zufall

Sogar für ein und denselben Parameter kann man nicht vorhersagen, welche der zahllosen Fluktuationen sich verstärken wird: im Falle der Bénardschen Instabilität entscheidet allein der Zufall, ob eine Zelle links- oder rechtsdrehend ist, obwohl das Auftreten dieser Zellen einem bestimmten Determinismus unterliegt; ein anderes Beispiel dafür liefern die Beobachtungen von Grassé über den Bau eines Termitenhügels, die Ilya Prigogine zitiert[21].

Um einen Termitenhügel zu bauen, errichten die Insekten Säulen, wozu sie verschiedenste Materialien verwenden; dann verbinden sie diese Säulen untereinander, um Bögen zu formen, deren Zwischenräume sie schließlich ver-

---

[20] M. Elkaïm, A. Goldbeter und E. Goldbeter, „Analyse des transitions de comportement dans un système familial en terme de bifurcations", in: *Cahiers critiques de thérapie familiale et de pratiques de réseaux* (Paris, Gamma), Nr. 3, 1980.

[21] I. Prigogine, „L'ordre par fluctuations et le système social", in: A. Lichnerowicz, F. Perroux und G. Gadoffre (Hg.), *L'Idée de régulation dans les sciences*, Paris, Maloine, 1977.

kitten. Zu Beginn häufen sie das verwendete Material zufällig an; der Duft, mit dem es durchtränkt wurde, zieht die Termiten zu den Ablagerungen, die eine bestimmte Größe erreicht haben; auf diese Weise lockt eine Ablagerung ab einem gewissen Volumen vermehrt Insekten an, die noch mehr Material dort deponieren: Dieser Mechanismus positiver Rückkoppelung läßt die Säule wachsen. Man könnte hierin die Verstärkung einer Fluktuation sehen, die ab einem kritischen Schwellenwert eintritt; diesseits dieses Schwellenwertes ist noch nicht entschieden, ob eine Ablagerung sich zur Säule auswachsen wird; erst von dem Augenblick an, wo aus rein zufälligen Gründen eine gewisse Schwelle erreicht ist, wird sich die Säule erheben.

Gregory Bateson beschreibt in *La Nature et la Pensée* die Verhältnisse, unter denen eine von einem Stein getroffene Glasscheibe sternförmige Risse bildet; es ist unmöglich, „aus der Gesamtheit der Bedingungen, die die Sternform des Rißbildes determinieren, Richtung und Position dieser sternförmigen Risse vorherzusehen oder zu steuern"[22]. Der Stellenwert, den der Zufall hier einnimmt, scheint mir sehr wichtig. Er bringt uns dazu, in Humansysteme einzugreifen, die wir „aus dem Gleichgewicht" zu bringen versuchen, ohne deshalb ihren weiteren Werdegang festzulegen: es sind also spezifische Eigenschaften und die zufällige Verstärkung bestimmter „Singularitäten", die eine Familie in ein anderes Stadium übergehen lassen.

2. DIE EVOLUTIVE RÜCKKOPPELUNG (FEEDBACK)

Wenn eine dissipative Struktur beispielsweise neue chemische Substanzen erzeugt, so kommt eine neue, an diese Struktur gebundene Funktion zum Vorschein. Dieser neue Zustand ist mit „einer höheren Interaktionsebene des Systems mit seiner Umwelt verbunden. Dieses Verhalten wurde evolutives Feedback genannt. Verstärkt man die Dissipation einer Fluktuationsklasse, die zu Instabilitäten führt, so wird sie in der Tat erweitert"[23]. „Diese Erhöhung der Entropie ermöglicht dann ihrerseits das Auftreten neuer Instabilitäten."[24]

Nichtlineare, durch Regulationsphänomene bedingte Interaktionen, die plötzlich in offenen, von jeglichem thermodynamischen Gleichgewicht entfernten Systemen auftreten, erlauben durch positive Rückkoppelung also vor allem den Übergang des Systems von einem Zustand in einen anderen;

---

[22] G. Bateson, *La Nature et la Pensée*, Paris, Le Seuil, 1979.
[23] I. Prigogine, „L'ordre par fluctuations et le système social", op. cit., S. 167.
[24] Ebd., S. 187.

dies vollzieht sich über eine Bifurkation, über einen diskontinuierlichen Übergang. So macht es eine dissipative Struktur möglich, dank einer Steigerung der Dissipation, eine neue Schwelle der Instabilität zu erreichen, die wiederum in eine neue dissipative Struktur übergeht, und so fort.

Die Mitglieder unseres Institutes (Institut d'études de la famille et des systèmes humains in Brüssel), die sich darum bemühen, die oben dargelegten Konzepte auf den Bereich der Familienpsychotherapie auszudehnen, haben unter Anleitung eines Mitglieds aus dem Team von Ilya Prigogine aus einer sich wiederholenden Umformung einer Familie ein mathematisches Modell erarbeitet. Diese Arbeit hat gezeigt, daß es, soweit ein solches Modell angewendet werden kann, in bestimmten Fällen möglich ist, die Bifurkationspunkte festzustellen, die die Typen in ihren deutlich unterschiedenen Verhaltensweisen voneinander trennen[25].

Die Unterschiede, die wir feststellen konnten, betreffen die Funktionsmechanismen von Systemen im Gleichgewicht und solchen fernab vom Gleichgewicht:

1. In Zuständen des Gleichgewichts oder des annähernden Gleichgewichts (von Bertalanffy) ist Stabilität die Regel. Das Verhalten des Systems ist in diesem Falle vorhersehbar, da es allgemeinen Gesetzen folgt. In Zuständen fernab vom Gleichgewicht (so Prigogine und sein Forschungsteam) ist die Weiterentwicklung eines Systems nicht an ein allgemeines Gesetz gebunden, sondern an die intrinsischen Eigenschaften des Systems, dazu gehört auch die Natur der Interaktionen zwischen seinen Elementen. Diese Interaktionen können einen instabilen Zustand hervorrufen und eine spezifische Bifurkation, die verschiedene Typen von Verhaltensweisen abrupt voneinander trennt.

2. Ein System im Gleichgewicht oder nahe dem Gleichgewicht kehrt in seinen Ausgangszustand zurück, welcher Störung auch immer es unterworfen ist. Die Fluktuationsgeschichte des Systems liegt im Innern seiner Normen. Außerhalb dieser Normen stellt sich das Problem der Zeit oder Geschichte nicht. Ein offenes System fernab vom Gleichgewicht ist unter geeigneten Bedingungen fähig, sich in verschiedenen Funktionsmodi zu entfalten. Die „Wahl" dieses oder jenes Funktionsmodus hängt jedoch von der Geschichte des Systems ab.

Für mich ist dieser Punkt entscheidend. Das Konzept der Äquifinalität hat dazu geführt, die Bedeutung der Geschichte von Systemen auf ein Mindest-

---

[25] M. Elkaïm, A. Goldbeter und E. Goldbeter, „Analyse des transitions de comportement...", op. cit.

maß zu beschränken: wesentlich war nur, die gegenwärtige Struktur der in Frage stehenden Systeme zu untersuchen.

Die Debatte, die sich unter Familientherapeuten über den Stellenwert entspann, der der Geschichte innerhalb von Humansystemen einzuräumen ist, scheint mir, was die Rolle der Geschichte innerhalb von Systemen im Gleichgewicht betrifft, teilweise an die Grenzen gebunden zu sein, die Ludwig von Bertalanffys diesbezüglicher Ansatz setzte. Im Kontext von Systemen fernab vom Gleichgewicht dagegen ist es wesentlich, sich die Bedeutung irreversibler Prozesse ins Gedächtnis zu rufen und folglich auch die Zeit wieder einzuführen. Für uns bedeutet die Wiedereinführung der Zeit in einen systemischen Kontext weder die Wiedereinführung einer linearen Kausalität noch einen Verzicht auf eine Betrachtungsweise von Systemen, die es erlaubt, ähnliche Elemente mit Initialereignissen zu verbinden. Es geht vielmehr darum, den Systemen eine Evolution innerhalb der Zeit wiederzugeben, die nicht auf kausale Begriffe zu reduzieren ist.

Dieser Punkt ist von größter Wichtigkeit. Ich werde im IV. und VII. Kapitel darauf zurückkommen. Im Augenblick genügt es, klar herauszustellen, daß die Geschichte eines Systems eine Geschichte sein kann, in der die vergangenen Elemente nicht automatisch die zukünftigen erzwingen, was unter anderem auch der zufallsbedingten Erweiterung einer Fluktuation zu verdanken ist.

3. FALLBEISPIELE

3.1. Briefe und Gesetze[26]

Es handelte sich um eine fünfköpfige Familie: Vater und Mutter waren etwa fünfzig Jahre alt und freiberuflich tätig; die drei Kinder, Bertrand, Luc und Marie, waren einundzwanzig, zwanzig und siebzehn Jahre alt. Diese Familie wurde von der psychiatrischen Klinik an mich verwiesen, in die Bertrand eingewiesen worden war.

Von der ersten Sitzung an war ich über die Angewohnheiten des identifizierten Patienten[27] so erstaunt, daß ich gleich nach seinem Namen fragte. In dem Augenblick, als es diesem nach zahlreichen Anstrengungen gelang, „Bertrand" auszusprechen, erklärte mir die Mutter, daß ihr Sohn seit vielen

---

[26] Selbstverständlich wurden die Namen und andere Elemente geändert, um die Anonymität der hier beschriebenen Familien zu wahren.

[27] Der „identifizierte Patient" ist in der Familientherapie dasjenige Familienmitglied, das von der Familie als Träger des Symptoms angegeben wird.

Monaten stumm sei. So schlug ich Bertrand vor, sein Schweigen solange nicht zu brechen, bis ich verstand, was sich in ihm abspielte; ich führte ihm andererseits aber auch die Schwierigkeiten vor Augen, die ich empfand, andere an seiner Stelle sprechen zu lassen. Er löste das Problem, indem er schriftlich mit mir kommunizierte.

Der Vater beschrieb den Geist der Familie als „christlich"; darunter verstand er „Gehorsam der Familie gegenüber, Respektierung der Zehn Gebote und ein Einhalten des Tauf- und des Kommunionversprechens"; er sah in den Problemen seines Sohnes (Bertrand hatte seine Ausbildung mit sechzehneinhalb Jahren unterbrochen) die Folgeerscheinungen einer sehr ernsten spirituellen Krise. Während der Sitzung reichte mir Bertrand ein Stück Papier auf dem geschrieben stand: „Ich zerstöre all das."

Im Verlauf der zweiten Sitzung beobachtete ich eine starke gegen den Vater gerichtete Allianz der Familie. Bertrand schrieb: „Ich bin Satan, Helfer Satans." Es gelang ihm jedoch nicht, die Aufmerksamkeit der Familie auf sich zu lenken.

Am Morgen, als das dritte Gespräch stattfinden sollte, rief mich die Mutter an, um mir mitzuteilen, daß die Familie nicht zum verabredeten Termin kommen könne und daß mir der Vater einen Brief schreiben würde.

13. Dezember

Sehr geehrter Herr Doktor,

leider etwas spät, wofür ich Sie bitte mich zu entschuldigen, bedaure ich Ihnen mitteilen zu müssen, daß wir nicht zu Ihrer Sitzung am 14. Dezember kommen werden. Wir brauchen Zeit zum Nachdenken und um uns zu versichern, daß Sie und der Bertrand behandelnde Arzt sich ausdrücklich zum katholischen Glauben bekennen. Ich erlaube mir, diesbezüglich eine klare Antwort Ihrerseits zu erwarten.

Wir leben in der Tat in einer Epoche, in der der katholische Glaube mehr als jemals zuvor „in den Augen der Welt als Wahnsinn" betrachtet wird, selbst von der christlichen Welt! Für die große Mehrheit unserer Zeitgenossen, denen Sie vielleicht auch angehören, hat jeder seine Wahrheit, und die Wahrheit eines jeden weist auf seine eigenen Phantasmen hin: es gibt keine Wahrheit mehr.

Jeder wahrhaftige Christ, der in seinem Glauben verankert ist, muß diese Philosophie zurückweisen. Wenn er noch dazu Familienvater ist, muß er alles tun, um die Seinen davor zu bewahren und, falls nötig, sein Mißfallen gegenüber Verhaltensweisen deutlich zum Ausdruck bringen, die das ernsthaft schänden, was der Schöpfer den Menschen als grundlegende Lebensregeln offenbart hat. Es versteht sich von selbst, daß ein solcher Familienvater jederzeit bereit ist zu vergeben.

Aber unser babylonisches Universum duldet keinen Vater, der seine Rolle als Familienoberhaupt noch behauptet, auch wird der Vergebung kein Raum mehr gegeben, da dies dem Konzept der Schuld im objektiven Sinn des Begriffs entspricht. Dieser wird aber abgelehnt. So etwas zu sagen, steht in einem totalen Widerspruch zu den heute im allgemeinen dominierenden Ideen und den Ideen des Katholizismus.

Auf dieser Ebene, denke ich, sind auch die Probleme anzusiedeln, die Bertrand mit seiner Familie hat, ebenso die der anderen Familienmitglieder. Sie werden verstehen, warum ich im voraus jeglichen psychiatrischen oder psychologischen Eingriff ablehne, der nicht von jemandem ausgeführt wird, der mir seine Glaubenstreue gegenüber der katholischen Religion ausdrücklich bestätigt, und zwar so, wie sie sich in den zweitausend Jahren ihrer Geschichte treu geblieben ist. Sich auf eine vage christliche Tradition zu berufen oder auf ein modernes Christentum, das mit der Tradition bricht, kann ich nicht akzeptieren, denn dies führt aller Wahrscheinlichkeit nach dazu, dem babylonischen Universum zuzustimmen, und dazu, Lösungen vorzuschlagen, die therapeutisch gesehen nicht zufriedenstellend sein können, wenn sie die Wahrheit der Offenbarung verfälschen.

Mit den besten Empfehlungen und Grüßen

Für mich war dieser Brief in zweierlei Hinsicht wichtig. Der Vater verteidigte nicht nur die Werte seiner Familie und die Regeln ihres Gleichgewichts, sondern, mit Blick auf die Epistemologie des Therapeuten, auch eine Weltbetrachtung, die er im Vergleich zu seiner eigenen als subversiv empfand.

Ich griff, die Werte des Vaters wahrend, einige Aussagen seines Briefes auf, um seine Weigerung, zur Sitzung zu kommen, positiv umzudeuten und seine Entscheidung mit einem paradoxen Kommentar zu versehen. Durch dieses positive *reframing*[28] und diesen paradoxen Kommentar wollte ich dem Fa-

---

[28] Einige Bermerkungen für diejenigen, die die Bedeutungen des reframings und des paradoxen Kommentars nicht kennen ... Paul Watzlawick, John Weakland und R. Fisch definieren in ihrem Buch *Changements, Paradoxes et Pychothérapie* reframing folgendermaßen: „Reframing bedeutet, den konzeptuellen und/oder emotionalen Kontext einer Situation zu verändern oder den Standpunkt, von dem aus sie erlebt wird; dies geschieht, indem sie in einem anderen Rahmen dargestellt wird, der ebensogut oder sogar noch besser den ‚Tatsachen‘ dieser Situation entspricht, deren Sinn sich folglich völlig verändert." (siehe dazu: P. Watzlawick, J. Weakland und R. Fisch, *Changements, Paradoxes et Pychothérapie*, Paris, Le Seuil, 1975, S. 116). Sie beschreiben am Beispiel Tom Sawyers, des Helden Mark Twains, wie es jenem gelingt, eine Strafe in einen anderen Kontext zu stellen, um sie in ein Vergnügen zu verwandeln: als er eines Tages eine Einfriedung kalken mußte, stellte er seinen Freunden diesen Frondienst so dar, daß sie, anstatt ihn auszulachen, darum bettelten, ihm beim Streichen des Zaunes helfen zu dürfen.

Was den paradoxen Kommentar betrifft, so kann man sich beispielsweise vorstellen, ein Symptom hätte die Funktion, bestimmte Widersprüche im Herzen einer Familie zu maskieren, und würde ihr auf diese Weise eine Veränderung ersparen: solange das Symptom als Krankheit beschrieben wird oder als ein an die Hartnäckigkeit des Patienten gebundenes Verhalten, wird dieses System durch das Symptom „geschützt"; eine Konfrontation mit bestimmten Schwierigkeiten wird dadurch vermieden. Stellen wir uns auch vor, daß der Therapeut, um Vorsicht zu üben (beispielsweise dadurch, daß er betont, der Patient stelle sich das Problem nur vor oder vergrößere seine Dimension), das Symptom als ein die Familie vor bestimmten im Detail beschriebenen Elementen „beschüt-

miliensystem dazu verhelfen, nicht mehr so funktionieren zu müssen wie bisher, indem ich andere Wege freimachte und das *Feld ihrer Möglichkeiten erweiterte.* Ich hoffte, das System dadurch zu weiteren Transaktionen zu ermutigen. Welches die nächste Etappe sein würde, wußte ich allerdings nicht (nötigenfalls würde ich mich erneut in das therapeutische System einschalten müssen, um die Flexibilität seiner Regeln und damit auch die des Familiensystems zu erhöhen).

Gemäß der Terminologie der Ungleichgewichts-Thermodynamik könnte man sagen, daß dieses positive reframing in Kombination mit einem paradoxen Kommentar einen Versuch darstellt, das System aus dem Gleichgewicht zu bringen, und zwar indem es daran gehindert wurde, sich seiner alten Rückkopplungsschleifen zu bedienen. Auf diese Weise hoffte ich, die Fluktuationen so sehr zu vergrößern, daß das System einen neuen Funktionsmodus entwickeln könnte, der sich durch einen Prozeß evolutiver Rückkoppelung wiederum weiterentwickeln würde.

Nachstehend mein Antwortschreiben an den Vater:

Brüssel, 16. Dezember

Sehr geehrter Herr,

Ihr Brief vom 13. Dezember hat mich sehr berührt. Ich betrachte ihn als einen zusätzlichen Ausdruck Ihrer Sorge, Ihre Familie weiterhin auf die bestmögliche Weise zu schützen. Es ist wohl nicht nötig, Sie daran zu erinnern, daß meiner Meinung nach auch Bertrand, wenn auch in sehr unterschiedlicher Weise, von dieser Sorge durchdrungen ist.

Sie fragen mich, ob die Psychotherapie nicht das Schuldkonzept zurückweist, und Sie fürchten als Konsequenz, daß eine Vergebung, so wie Sie sie verstehen, nicht mehr stattfinden kann.

Nun, wie könnten Sie – über die Notwendigkeit der Verzeihung für Ihre Kinder hinaus und im besonderen für Ihren Sohn Bertrand – Ihre Rolle als christliches Familienoberhaupt erfüllen und die Ihren weiterhin beschützen?

Ich verstehe also, daß Sie die aktuelle Situation therapeutischen Resultaten vorziehen, die in diesem Kontext nur unbefriedigend sein können.

Ich möchte Ihnen hiermit meinen Respekt zum Ausdruck bringen, den ich vor Ihrer so schmerzlichen Entscheidung empfinde.

zendes" bezeichnet: das System gerät dadurch in eine paradoxe Situation; aus dem „beschützenden" Symptom wird ein verräterisches, es spricht aus, was bis dahin als unsagbar betrachtet wurde – kann es sich aufrechterhalten, so wird es nicht umhin können, das aufzudecken, was es eigentlich verbergen sollte; verschwindet es hingegen, dann öffnen sich andere Wege und der Therapeut muß sich von neuem in das System einbringen, um das Feld des Möglichen zu erweitern. Im Angesicht eines familiären Paradoxons, wie dem eines double binds, kann der Therapeut ein „Gegen-Paradoxon" einsetzen, das die Situation entblockiert (siehe dazu: M. Selvini Palazzoli, L. Boscolo, G. Cecchin und G. Prata, *Paradoxe et Contreparadoxe*, Paris, ESF, 1985).

Ich wäre Ihnen sehr dankbar, wenn Sie den Mitgliedern Ihrer Familie sowohl Ihren als auch meinen Brief vorlesen würden.

Seien Sie meines tiefen Verständnisses versichert.

Indem ich die Krankheit in diesem Brief so umdeutete, als ob sie dem therapeutischen Ergebnis vorzuziehen sei, versuchte ich die Regeln des Systems zu ändern: die Krankheit des Sohnes schützte – unter anderem – den Vater, indem sie ihm erlaubte, weiterhin seine Vergebung zu gewähren, so wie es in seinen Augen jeder gute christliche Familienvater tun mußte. Ich hoffte auf diese Weise, das Feld der Möglichkeiten dieser Familie zu erweitern; dabei wußte ich nicht, wie sich das Familiensystem verändern würde.

Einige Tage später ließ mir der Vater folgende Nachricht zukommen.

20. Dezember

Sehr geehrter Herr Doktor,

ich danke Ihnen für Ihren Brief vom 16. Dezember. Leider beantwortet er nicht die Frage, die ich in meinem Brief vom 13. stellte.

In Kürze zusammengefaßt also erneut meine Frage: Können Sie die Therapie durchführen und dabei sowohl in Ihrer Zielsetzung als auch in Ihren Mitteln die Offenbarung respektieren, und – a contrario – können Sie sich selbst all das verbieten, was die Offenbarung nicht respektieren würde?

Andererseits möchte ich in aller Deutlichkeit klarstellen, daß ich nicht die Resozialisierung Bertrands vernachlässigen möchte, nur um „den Glauben meiner Angehörigen zu schützen". Ich wünsche eine Resozialisierung Bertrands, aber durch Methoden, die auch nicht in verdeckter Weise die Offenbarung verleugnen; es soll den Meinen immer möglich sein, sich die Freiheit zu bewahren, der Offenbarung ihren Glauben entgegenzubringen.

In Erwartung Ihrer Antwort auf diese spezielle Frage darf ich Ihnen meine Hochachtung entgegenbringen.

P.S.: Es versteht sich von selbst, daß dieser Briefwechsel meiner Familie und auch dem Arzt Bertrands zur Einsicht vorgelegt wird.

Dieser Brief belegt, daß das therapeutische System an Anpassungsfähigkeit gewonnen hatte. Der Vater forderte nicht mehr, daß der Therapeut „sich ausdrücklich zum katholischen Glauben bekennt", sondern nur noch, daß er die Offenbarung respektiert.

Das Problem stellte sich folgendermaßen: ich konnte die Forderung des Vaters nicht akzeptieren, ohne selbst Interpret des göttlichen Gesetzes zu werden. Und das hätte, ohne von der Gefahr zu sprechen, dabei den Platz des Vaters einzunehmen, zu einem Konflikt symmetrischer Natur führen können. Ich entschied mich folglich dafür, mich mit dem Familiensystem zu verbünden, indem ich den Vater bat, weiterhin Interpret des göttlichen Gesetzes zu bleiben, und mich seinem System unterzuordnen, sobald es durch meine Interventionen in Gefahr gebracht würde. Auf diese Weise konnten die unausgesprochenen Regeln der Familie immer dann deutlich hervortreten, wenn sie durch meine Interventionen gefährdet würden: denn ich nahm einen dem identifizierten Patienten benachbarten Platz ein.

Meine Position unterschied sich jedoch deutlich. Denn der Vater war künftig wirklich dazu verpflichtet, mir bestimmte Regeln des Familiensystems zu nennen, während ich mir die Möglichkeit geschaffen hatte, die folgenden Situationen zu kommentieren; ich konnte dadurch ein therapeutisches System ins Auge fassen, in dem mir meine Anwesenheit erlaubte, den Kontext zu verändern, an den die Symptome Bertrands gebunden waren. Um dies zu tun, brachte ich folgenden Brief zur Post:

Brüssel, 6. Januar

Sehr geehrter Herr,

ich danke Ihnen für Ihren Brief vom 20. Dezember, den ich bei meiner Rückkehr aus dem Urlaub vorfand.

Ich respektiere Ihre Rolle zu sehr, um mich selbst an die Stelle desjenigen zu setzen, der in Ihrer Familie die Gesetze Gottes vertritt.

Ich bin jedoch bereit, mit Ihrer Hilfe zu arbeiten, wenn Sie einwilligen, immer dann einzuschreiten, wenn es Ihnen scheint, daß ich mich, Ihrer Auffassung nach, vom Weg des Gesetzes entferne.

Ich bin Ihnen sehr dankbar dafür, daß Sie Ihrer Familie sowohl Ihren als auch meinen Brief vorlesen.

Mit den allerbesten Grüßen.

Einen Monat später antwortete der Vater; seinem Schreiben war eine Fotokopie meines eigenen Briefes beigefügt. Er hatte die Formulierung „um mich selbst an die Stelle desjenigen zu setzen, der in Ihrer Familie die Gesetze Gottes vertritt" und „immer dann einzuschreiten" mit einem gelben Stift markiert; die erste Formulierung interpunktierte er mit zwei Fragezeichen und die zweite mit einem Ausrufungszeichen.

Diese Elemente bestätigten, daß ich künftig im therapeutischen System teilweise den Platz des identifizierten Patienten einnahm, auf den der Vater versuchte, sein Gesetz auszudehnen.

5. Februar

Sehr geehrter Herr Doktor,

besten Dank für Ihre liebenswürdige Antwort vom 6. Januar, für deren verspätete Beantwortung ich mich entschuldigen möchte.

Ich muß gestehen, daß ich Ihren Brief nicht ganz verstanden habe. Neben einem natürlichen Unterschied unserer Funktionen scheint es mir auch eine philosophische Divergenz zu geben. In Anbetracht der Gefahr, daß eine Fortführung dieser Psychotherapie sich in einer schädlichen Zweideutigkeit vollzieht, halte ich es für besser, die außerordentlich positive Entwicklung, die Bertrand seit zwei Monaten gemacht hat und die sich zu beschleunigen scheint, nicht durch dieses zusätzliche Risiko aufs Spiel zu setzen.

Ich danke Ihnen für Ihren Versuch, der zur Aufhebung von Bertrands Blockierungen beigetragen haben mag, und bitte Sie, meine Hochachtung entgegenzunehmen.

Folgendes möchte ich aber noch klarstellen: Ihre im vorangehenden Brief formulierte Interpretation, ich würde das Schuldkonzept brauchen, um eine Funktion der Vergebung ausüben zu können, die für die Rolle des Familienoberhauptes, so wie ich sie verstehe, notwendig sei – daher meine Ablehnung einer Psychotherapie, die das Konzept der Schuld eliminiert –, diese Interpretation entspricht nicht dem Sachverhalt; ich muß mich wohl sehr unklar ausgedrückt haben, wenn ich Ihnen diesen Gedanken nahegelegt habe.

Wie Sie wissen, besteht der Wert der göttlichen Gebote einesteils darin, als Richtlinie zu dienen, und anderenteils darin, jedermann zu ermöglichen, sich selbst in Wahrheit zu richten. Diese Tatsache ermöglicht ihm (soweit es im menschlichen Ermessen steht), dem Fluch der Beurteilung durch andere zu entgehen.

Ich habe, was mich betrifft, meinem Sohn nicht das Geringste zu vergeben, denn ich lehne es ab, ihn zu richten, weil allein Gott das Recht hat zu urteilen.

Aber ich lehne auch jeden psychiatrischen oder philosophischen Diskurs ab, der die Gesetze nicht kennt oder verleugnet und danach die Offenbarung des Schöpfers, die in Form seines Sohnes kam, um das Gesetz zu erfüllen und ihm seine volle Wirkungskraft durch die Gnade zu geben, die für alle Menschen gilt – Kranke, Gesunde und Psychiater – und für alle Zeiten, als ein unerläßliches Bezugssystem für die individuelle und soziale Entwicklung.

Dieser Brief schien mir in mehrerlei Hinsichten wichtig:

1. Der Vater schien den natürlichen Funktionsunterschied zwischen dem Therapeuten und sich selbst zu akzeptieren, was bedeutete, daß er mir einen spezifischen Raum zugestand.

2. Er teilte mir mit, daß sich der Zustand Bertrands seit diesem Briefwechsel – d. h. seit etwa zwei Monaten – kontinuierlich verbessert hätte.

3. Mein positives reframing der Therapieverweigerung, die die Kriterien des Vaters ignorierten, und der paradoxe Kommentar blieben wirksam.

4. Der Vater zog vor, die Psychotherapie zu unterbrechen, disqualifizierte mich aber nicht. Daß er mir meinen mit Bemerkungen versehenen Brief zurücksandte und die Auslegung des Gesetzes auf meine Person ausdehnte, bestätigte mir, daß das therapeutische System immer noch funktionierte.

Ich war jedoch überzeugt, daß die Aufrechterhaltung dieser brieflichen Beziehung keine Früchte mehr bringen konnte: denn ich fürchtete, der Vater könne sich versteifen und die Entwicklung der Familie blockieren. Deshalb akzeptierte ich seine Bitte, den Briefwechsel zu unterbrechen, zumal dieser Austausch dem therapeutischen System ermöglicht hatte, in dem Kommunikationsmedium zu kommunizieren, das Bertrand bevorzugte: die Schrift.

Meine Intervention hatte also ein therapeutisches System entstehen lassen, das durch beweglichere Regeln gesteuert wurde als das Familiensystem. Das positive reframing des Verhaltens des Vaters und der paradoxe Kommentar über die Bedeutung der Krankheit des Sohnes zeigten weiterhin ihre Wirkung.

Ich schrieb also diesen letzten Brief:

Brüssel, den 1. März

Sehr geehrter Herr,

ich bedanke mich für die Kopie meines mit Bemerkungen versehenen Briefes, den Sie mir freundlicherweise zurückgesandt haben, ebenso für Ihre Erläuterungen und Ihren Kommentar der göttlichen Gesetze.

Ich bin besonders für die Tatsache empfänglich, daß Sie darüber gewacht haben, seine Anwendung auch auf meine Person auszudehnen.

Ich respektiere Ihren Wunsch, die Psychotherapie abzubrechen, um die Entwicklung Ihrer Familie weiterhin schützen zu können; ich schlage deshalb vor, daß wir diesen Briefwechsel beenden.

Ich wäre Ihnen dankbar, wenn Sie so freundlich wären, Ihrer Familie auch unsere letzten beiden Briefe vorzulesen.

Ich versichere Sie meiner besten Wünsche.

Was sich zwischen diesem Vater und mir abspielte, ist selbstverständlich weit komplexer als die hier dargelegte rationalisierte Skizze. Zahlreiche andere Ebenen hätten noch untersucht werden müssen: Zum Beispiel könnte die Formulierung, „die Offenbarung des Schöpfers, der in Gestalt seines Sohnes zu uns kam, um die Offenbarung zu erfüllen und ihm seine volle Wirksamkeit durch die Gnade zu geben", ein weites Feld an Kommentaren über diese Vater-Sohn-Beziehung offenlegen. An diesem Fall wird besonders deutlich, daß nur eine Art Überschneidungspunkt der Karten es ermöglichte, eine besonders glückliche therapeutische Gestaltung zu schaffen; – ich wurde meine ganze Jugend hindurch selbst mit biblischer Lektüre gefüttert und hatte über Jahre hinweg die Kommentare der göttlichen Gesetzgebung studiert. – Noch weitere Elemente wären zu erhellen. Im folgenden Fall werden wir uns der genauen Betrachtung der Interaktion zwischen verschiedenen Ebenen widmen.

3.2. Singularitäten, Verknüpfungen und Wandlungsprozesse

Als ich begann, meine familientherapeutischen Interventionen durch Ilya Prigogines Arbeiten anregen zu lassen, schien es mir unmöglich zu akzeptieren, daß eine Fluktuation fähig sein sollte, sich zu verstärken, um die Funktion eines Systems zu verändern. Ich konnte mir Fluktuationen, die sich scheinbar nur durch Zufall verstärkten, nicht erklären. Im unten beschriebenen Fall glaubte ich ein singuläres Element zu entdecken, das der in Frage stehenden Familie angehörte und sich von den Elementen unterschied, die wir im allgemeinen bei der Familientherapie anwenden. Ich habe diese besonderen, im Rahmen unseres gewohnten Codes heterogenen Elemente Singularitäten genannt. Die unten beschriebenen Interventionen zielten darauf ab, die Singularität *Wasser* zu verstärken, als ob es sich um eine Fluktuation handelte, deren Verstärkung eine Veränderung des Systems mit sich bringen würde.

In der Tat gehörte diese Singularität ebensosehr dem therapeutischen wie dem Familiensystem an. Zwei singuläre Elemente erwiesen sich übrigens als gleich wichtig: *zählen* und *Wasser*. Aus verschiedenen Gründen stand die Singularität *Wasser* dem therapeutischen System näher als die Singularität *zählen*.

Als ich dadurch die relative Bedeutung der Verstärkung einer Singularität besser beurteilen konnte, entdeckte ich die Bedeutung einer Ebene, der ich bis dahin nur wenig Beachtung geschenkt hatte. Sich ausschließlich auf die Erforschung einer Singularität und deren Verstärkung zu beschränken, hätte in der Tat die Gefahr mit sich gebracht, uns zu einem Interpretationskonzept zurückzuführen, in dem die Arbeit des Psychotherapeuten im wesentlichen darin bestünde, ein besonders signifikantes Element offenzulegen und zu verstärken. Die Studie dieses Falls und einiger weiterer Interventionen ließ mich die Bedeutung einer Ebene verstehen, die ich die Ebene „der Assemblage von Singularitäten" taufte: Ich ordnete dieser Ebene auch das nonverbale Verhalten der Mitglieder eines therapeutischen Systems zu, wie den Klang der Stimme, die kulturellen Bezugspunkte, usw.

Diese Ebene unterscheidet sich von den üblicherweise in der Familientherapie angewendeten Erklärungsrastern. Ob der Therapeut eine strukturelle Annäherung vornimmt oder nicht, ob er sich auf den Sinn des Symptoms oder auf seine Funktionen konzentriert, diese Ebene der Assemblagen ist immer existent. Sie kommt übrigens dem, was Félix Guattari[29] im Gegensatz zur Ebene der „intrinsischen Regeln" „semiotische Ebene" nennt, sehr nahe. *Es schien mir, als ob die Fluktuation, die sich verstärkt, nicht aus einem singulären Element besteht, sondern aus Assemblagen mehrerer Singularitäten, die sowohl dem Therapeuten als auch der Familie eignen.*

---

[29] F. Guattari, *L'inconscient machinique. Essais de schizo-analyse*, Paris, Recherches, 1969; siehe auch „Les énergétiques sémiotiques", intervention de F. Guattari au colloque de Cerisy sur *Temps et Devenir à partir de l'œuvre de I. Prigogine*, Genf, Éditions Patino, 1988.

In meinen Augen sind es die Verstärkungen dieser Assemblagen, die es ermöglichen, die Blockierung oder den Wandel einer Situation zu verstehen. Welches Erklärungsraster auch immer vom Therapeuten angewendet wird, es ist, wie es mir scheint, die Verstärkung oder die Nichtverstärkung der durch die Singularitäten des therapeutischen Systems gebildeten Assemblagen, die es einer Situation erlaubt, oder auch nicht, sich zu verändern.

Da dieser Punkt ein wenig unklar erscheinen kann, werde ich ihn an einem besonders augenfälligen Beispiel illustrieren. Im unten beschriebenen Fall arbeitete ich sowohl auf der Ebene der intrinsischen Regeln, die dieses System mit dem Ziel lenkten, seine Evolutionsgesetze zu verändern, als auch auf der Ebene von Singularitäten.

Es handelte sich um eine jüdische Familie aus Nordafrika, mit der ich mich auf Bitten zweier meiner Schüler, die die drei Töchter wegen psychotischer Störungen behandelten, nur zweimal als Berater traf. Die Sitzung, aus der ich die hier wiedergegebenen Auszüge vorstellen werde, war die erste, an der ich teilnahm: anwesend waren die Mutter, der älteste Sohn (Albert, ungefähr dreißig Jahre alt) und zwei der Töchter (Rachelle und Susanne, sechsundzwanzig- und zweiundzwanzigjährig); der Vater war vor längerer Zeit gestorben.

Die Mutter [*auf eine an sie gerichtete Frage antwortend*]: Ich, das ist wie das Meer, es kommt, es geht ... Es wirft mich auf die eine Seite und dann wirft es mich auf die andere zurück, es schaukelt mich hin und her. [*Nachdem ich sie wiederholt aufforderte, über sich selbst zu sprechen*] Ich ... sie, sie sprechen von sich. Das ist besser als ich. Ich, das ist unwichtig. Ich bin jetzt alt. Ich zähle nicht mehr. Ich erwarte nur noch warmes Wasser.

Mony Elkaïm: Was ist das, warmes Wasser?

Die Mutter: Na, damit man mich wäscht.

M. E: Wie alt sind Sie?

Die Mutter [*sich an Albert wendend*]: Wie alt bin ich? Ich bin fast sechzig, Albert?

Albert: Ja, das stimmt.

Die Mutter: Welches Alter?

Albert: Ja, Ja, sechzig.

Die Mutter: Sie zählen, ich kann nicht zählen.

M. E.: Und mit sechzig denken Sie schon ans warme Wasser? Warum warmes Wasser?

Die Mutter: Ja, das ist das Leben.

Mir wurde klar, daß es sich um das warme Wasser handelt, das man in Nordafrika zum Waschen der Toten benutzt.

Nachdem ich sie fragte, was sie täte, wenn ihre Töchter und ihr Sohn heiraten würden, erklärt sie erneut: „Ich weiß nicht, was ich machen werde, Kinder hüten ... ich werde in einer Badeanstalt arbeiten, in einem türkischen Bad ... ich liebe das Wasser, ich liebe das Wasser, ich liebe es sehr, das Wasser." Diese Aussagen ermöglichten mir, eine Hypothese über die Funktion der Symptome der drei Mädchen zu äußern, deren psychische Probleme in dem Augenblick aufgetreten waren, als sie in Betracht zogen, das elterliche Heim zu verlassen; ihre Symptome konnten als ein Mittel verstanden werden, das durch ihr Alter in Gefahr gebrachte Gleichgewicht der Familie abzusichern: wenn sie nicht krank wären, müßten sie eine nach der anderen ihre Familie verlassen, wodurch die Familie Gefahr lief, eine neue, dramatische Situation heraufzubeschwören – wie die Bemerkung der Mutter über das Erwarten des „warmen Wassers" zeigte, das man in Nordafrika zum Waschen der Toten benutzt.

Außerhalb dieser klassisch systemischen Deutung, war ich mit dieser familienspezifischen „Singularität" konfrontiert, die das Wasser darzustellen schien, noch dazu, da die biblischen Vornamen von Rachelle und der des ältesten Sohnes zusätzlich auf das Thema Wasser verwiesen. So entschied ich mich dazu, die Singularität *Wasser* zu verstärken, um zu vermeiden, sie durch irgendeine Interpretation platt werden zu lassen.

Susanne spricht vom Wasser, als ob es ihr Element wäre, wie von einer Zärtlichkeit, wonach sie die Beziehung zu ihrem Vater und die Konflikte mit ihrer Mutter zur Sprache bringt. Und Rachelle, die ich ihrerseits über das Wasser befragte, antwortet: „Als ob es ... ich muß vom Wasser sprechen, als ob es ... jeder arbeitet mit seiner Materie."

M. E.: Und Ihre Materie, was ist das?
Rachelle: Das ist es ja, ich bin verdampft und habe keine Materie gefunden.

Rachelle löst sich in Tränen auf, ebenso Susanne. Der Bruder bricht in Schweiß aus. Ich setze mich auf einen niederen Stuhl neben Rachelle, und fange ebenfalls an zu schwitzen. Die Mutter weint und verteilt Papiertaschentücher an alle, dann stößt sie Rachelle gegenüber hervor: „Weine nicht. Nkoun kpara, es wird alles gut werden."
Nach drei Minuten Stille, während der die Mutter und die beiden Töchter weinen und die Therapeuten und der älteste Sohn schwitzen, sagt mir Rachelle: „Ich fühle mich wohler, ich werde aufstehen und meinen vorherigen Platz einnehmen." Die jüdisch-arabischen Begriffe, die die Mutter benutzte, bedeuteten: „Daß ich dein kapara sei" (das kapara ist ein Tier, meist Geflügel, das die Juden Nordafrikas am Vorabend der großen Vergebung als Sühneopfer darbringen).

Als ich wieder saß, erklärte ich: „Das ist gut"; dann fügte ich nach einem Seufzer hinzu: „Ich muß etwas sagen: neben Ihnen wurde ich von einem außergewöhnlichen Frieden ergriffen. Es ist lange her, daß ich mich so heiter fühlte. Das ist seltsam! Es ist, als ob Ihre Tränen den Menschen in Ihrer Nähe erlauben würden, sich mehr sich selbst zu fühlen, in sich zu ruhen. Das ist wirklich sehr verwunderlich! Normalerweise fühlt man sich in der Nähe Weinender nicht sehr wohl, man fühlt sich unwohl, man ist ... und in Ihrer Nähe, habe ich mich dorthin gesetzt, und ... es ist, als ob Sie mir auf diese Weise die Möglichkeit gegeben hätten, die Zeit verstreichen zu lassen. Sie war einfach stehengeblieben" (diese Intervention konnotierte das Symptom Rachelles positiv, indem ich betonte, daß es dazu dienen könnte, die Zeit der Familie in einer spezifischen Phase des Lebenszyklus anzuhalten). Ich fügte hinzu: „Haben sie nicht das Gefühl, ruhiger zu sein, wenn ein Mitglied Ihrer Familie in einer schwierigen Lage ist?"

Die Mutter: Ja, ja.
M. E.: Wie läuft das ab? Erklären Sie mir, wie das vor sich geht!
Die Mutter: Selbst wenn wir uns anschreien und all das, sind wir dennoch ruhig. Es gibt etwas, ... was uns vereint.

Ich machte Rachelle darauf aufmerksam, daß sie ihren Mantel anbehielt, obwohl ihr heiß zu sein schien; sie antwortete, den Mantel auszuziehen wäre, wie wenn sie sich entschleiern würde, dann sprach auch Albert vom Wasser.

M. E.: Albert, und was bedeutet das Wasser für Sie?
Albert: Das Meer ... ist ein wichtiges Element, weil wir am Strand aufgewachsen sind ... es ist ein natürliches Element, wie das Feuer.
M.E.: Was ist das Feuer?
Rachelle [*antwortet gleichzeitig mit Albert*]: Es ist kein natürliches Element.
Albert: Die Sonne.
Rachelle: Der Mensch braucht das Feuer.
M. E.: Was wollen Sie damit sagen?
Rachelle: Nein, weil man das Feuer, die Flamme schaffen muß, wenn man es braucht. Das Meer hingegen findet man oder man findet es nicht, man sucht es nicht. Für das Feuer muß man kleine Steine suchen. Man schafft die Flamme, und der Mensch braucht sie. Man braucht das Feuer, gut, da ist auch die Sonne, die wärmt, aber sie erwärmt eine zu große Oberfläche. Man braucht eine kleine Flamme ...
M. E.: Hätten Sie gerne eine kleine Flamme gehabt?
Rachelle: Ja, eine kleine Flamme.
M. E: Nicht eine große Flamme?

Rachelle: Suche kleine Flamme ...

M. E.: Das steht in *Libération*, das „Suche kleine Flamme"?

Rachelle: Nein, nein, das steht nicht in *Libération*.

M. E.: Die großen Flammen, die laufen Gefahr zu verrauchen, wirklich, die kleinen Flammen, die bestehen.

Rachelle: Das ist's! Kleine Flammen.

Darauf beginnt Albert wieder vom Wasser zu sprechen, und der Therapeut und er selbst entdecken die Verbindung, die zwischen seinem hebräischen Vornamen und dieser Flüssigkeit besteht. Susanne sagt: „Das ist schön."

M. E.: Ich, ich habe Lust mich auszuruhen, es ist als ob es ein Bad wäre, ein Bad, in dem man sich wohl, aber auch ein wenig müde fühlt. Ich werde mich also ein wenig ausruhen, mit meinen Kollegen sprechen und dann komme ich wieder.

Als ich zurückkam, einige Augenblicke später, stellte ich fest, daß die Mutter ihren Mantel wieder angezogen und Rachelle den ihren ausgezogen hatte. Nachdem ich den Vorfall kurz kommentiert hatte, erklärte ich: „Ich werde Ihnen sagen, was wir draußen besprochen haben. Was mich zunächst betroffen gemacht hat, ist, wie sehr Sie alle gerührt waren. Wir haben alle die außergewöhnliche Wärme gespürt, die von Ihnen ausstrahlt und wie sehr Sie einander nahe sind: Rachelle weint, Susanne weint, Albert schwitzt, selbst ich beginne zu schwitzen und Sie, Sie weinen und verteilen Ihre Taschentücher ... Wir haben uns gesagt: Das ist interessant, hier ist eine Familie, die das Schicksal nicht verschont hat ... Es scheint so, als ob Sie sich alle auf diese Weise umgruppiert haben."

Die Mutter: Ja.

M. E.: Um sich irgendwo zu halten.

Die Mutter: Ich tat Gutes, um auf diese Weise meine ... zu behalten, ich festige meine ... wie sagt man, wenn man festigt, man macht etwas Solides. Ich festige die Person, und ich weiß nicht, ob ... das weggeflogen ist, wie wenn mir jemand etwas entrissen hat, mir diesen Ast weggenommen hat, er hat ihn abgerissen.

M. E.: Was festigen Sie? Welche Person?

Die Mutter: Meine Familie.

M. E.: Man hat es gespürt. Diese Familie war eine Person. Man hat die große Schwierigkeit gespürt, beispielsweise ...

Die Mutter [*mich unterbrechend*]: Man hat gar nichts Schlechtes gespürt.

M. E.: Ja.

Die Mutter: Gar nichts Schlechtes. Ich habe immer gesagt: Das macht nichts, das geht vorbei. Alles. Aber nicht etwas einfach wegreißen.

M. E.: Sie haben in einem bestimmten Augenblick Rachelle ein arabisches Wort gesagt. Was war das?

Die Mutter: Nkoun kpara.

M. E.: Das macht mich betroffen, diese Geschichte einer Mutter, die sagt *Nkoun kpara*, daß ich dein *kapara* sei. Ich habe den Eindruck, in dieser Familie geht jeder für den anderen als *kapara*. Es ist, wie wenn jeder von Ihnen, da wir nun schon vom Wasser sprechen, taucht, um der erste zu sein, der das Schlechte auf sich nimmt, damit der Rest der Familie aufatmen kann. Wen haben wir da also? Wir haben eine Mutter, die sagt: „Für mich zählt nichts, wichtig ist, daß sie glücklich sind", wir haben Susanne, die – selbst wenn sie sagt: „Ich wünschte, ich wäre gegangen" – in dem Augenblick weint, in dem Rachelle weint, die seit Jahren ein Dauer-*kapara* ist, und da gibt es Albert: er arbeitet, er bringt Geld nach Hause, er versorgt seine Schwestern, er stellte sein Leben auf sie ein, damit alles beim alten bleibt, das ist seine Art sich zu opfern.

Die Mutter: Ja.

M. E.: Wenn ich Sie so sehe, sage ich mir: Hier ist eine Familie von Menschen, die sehr viel gelitten haben und die, jeder auf seine Weise, versuchen, sich zu opfern, damit die andern leben können.

Die Mutter: Ja.

M. E.: Und ich sage mir, daß es im Augenblick zu früh ist, irgend etwas zu unternehmen, weil man zunächst respektieren muß, wie Sie persönlich sich arrangiert haben, um diese Familie zu erhalten – wie Sie sagen.

Die Mutter: Ja, … befestigen.

M. E.: Ja, und in diesem Augenblick wollte ich Ihnen nur etwas zu Ihren Nöten sagen, Rachelle, zu Ihren Schwierigkeiten, Susanne, und zu der Last, die Sie, Madame, tragen, und auch Sie, Albert. Ich möchte Ihnen sagen, daß Sie in unseren Augen, jeder auf seine Weise, versucht haben, Retter der Familie zu sein. Und wie kann man seine eigene Familie retten? Sie haben nicht die Distanz zu ihr, um die Arbeit zu leisten, die wir beispielsweise machen; es ist eine Arbeit, bei der wir versuchen können zu helfen, ohne dabei die Distanz zu verlieren, um nicht selbst in diesen Prozeß einbezogen zu werden.

Die Mutter: Ja, das stimmt.

M. E.: Ich glaube, das, was besonders schwer auf Ihnen allen lastet, ist, daß Sie sich alle so nahestehen …, daß, wenn Susanne ihren Finger in den Mund steckt, ihre Schwester ebenfalls anfängt, an den Nägeln zu kauen. Als ob es sich um „eine Art einzige Person" handeln würde, wie Sie sagen.

Die Mutter: Ja, ja, ich glaube.

M. E.: Sie haben zu Ihrer Tochter gesagt, „daß ich dein *kapara* sein werde",
aber jeder von Ihnen tut das. Und ich sage, wie soll ich Ihnen helfen, sich
weiter zu lieben, ohne dabei das *kapara* der anderen zu sein ... Das *kapara*
wird am Ende des Kippurfestes gegessen; die Kinder gehen mit dem *kapara*
zur Synagoge. Sie essen dabei Hähnchenflügel oder Schenkel, kann man so
enden?

Während dieser Sitzung habe ich auf zwei verschiedenen Ebenen gearbeitet.
In erster Linie versetzte ich eine ganze Serie von Elementen in Schwingung,
indem ich die Singularität *Wasser* verstärkte; sie sind auf der Ebene der
Assemblage von Singularitäten anzusiedeln: so die Beziehung des Thera-
peuten und der Familie zu einer gemeinsamen Kultur, die Beziehung zur
Bibel, spezifische Ausdrucksweisen des Therapeuten und der Familien-
mitglieder, der Platzwechsel des Therapeuten, der sich schweigend neben
Rachelle setzt, als ob er an ihrer Trauer Anteil nehmen würde, die Tränen der
Familie und der Schweißausbruch des Therapeuten, usw. Diese Elemente
können im Innern unserer üblichen Erklärungsraster einen Sinn und eine
Funktion haben. Parallel dazu können sie auch heterogene Singularitäten
darstellen, die eine Existenz außerhalb unseres dominierenden Codes haben.
So kann das Element „Wasser" als eine Metapher betrachtet werden, die ei-
nen Sinn hat, und die im übrigen auch ein Eigenleben haben kann.
Bei diesem Beispiel ist es möglich, daß die beschriebenen Elemente wie der
Schweißausbruch des Therapeuten, die Tränen der Familienmitglieder, die
nonverbalen Regungen, die Anordnung der Plätze usw. einen Sinn und eine
Funktion haben. Aber sie können auch heterogene Singularitäten sein, deren
sich verstärkende Assemblagen das System ebensogut blockieren wie sie
ihm eine qualitative Veränderung erlauben könnten.
Mit diesen thermodynamischen Begriffen des Ungleichgewichts bestand
meine Intervention weder in einer Interpretation noch in einer Bewußt-
machung: Ich versuchte vielmehr, mich in ein System einzuschalten, um es
aus dem Gleichgewicht zu bringen und es seinen Fluktuationen zu ermöglichen, sich zu verstärken, bis sich die Funktionsregeln des Systems durch
eine Bifurkation verändern würden oder nicht. Die Fluktuationen, die sich
verstärkt haben, bestanden nicht aus einem Element, sondern aus mehreren
miteinander verknüpften Elementen, die sich nicht auf rein individuelle
Aspekte zurückführen ließen: neben genetischen, biologischen oder anderen Besonderheiten können auch an uns gebundene, aber nicht auf uns
zurückführbare Elemente, wie massenmediale, kulturelle oder soziale Elemente Anteil an diesen Assemblagen haben.
In zweiter Linie wollte ich damit auch den Kontext der Symptome der beiden anderen Mädchen, die während der Sitzung anwesend waren, positiv

umdeuten, ohne sie dabei von den anderen Familienmitgliedern zu isolieren. Ich hoffte eine Situation zu schaffen, die die Entwicklungsgesetze des Systems verändern sollte, denn seit dem Augenblick, in dem ein Familienmitglied jeweils das andere sich in symptomatischer Weise verhalten sah, würde es dieses nicht mehr als krank wahrnehmen: es würde es als einen Menschen wahrnehmen, der sich für ihn aufopfert, was eine völlig andere Reaktion seinerseits begünstigen müßte.

Ich habe auch versucht, einen therapeutischen Rahmen zu schaffen, in dem die Therapeuten, ganz mit der Familie verbunden, einen anderen Stellenwert einnehmen.

Fünf Wochen später kam die Familie zu einer zweiten und letzten Sitzung, an der ich im Einverständnis mit den anderen Therapeuten teilnahm. Ein zweiter Sohn, noch Schüler, war mitgekommen. Rachelle war gut angezogen, geschminkt, ganz anders: sie machte keinen verlorenen Eindruck mehr, wie beim ersten Mal. Die Mutter sagte: „Der Kleinen geht es Gott sei Dank besser, wenn es nur so weiterginge ... Ich kann dem lieben Gott danken, daß sie nicht mehr wie früher schreit. Früher stieß sie Schreie aus."

Bevor ich dieses Kapitel beende, möchte ich auf einen besonderen Punkt hinweisen, dem ich große Bedeutung beimesse.

Was mir wesentlich erscheint, sind die Assemblagen, die sich zwischen bestimmten, an das therapeutische System gebundenen Elementen bilden: Das Werden dieser Assemblagen entscheidet letztlich über eine Veränderung oder Nichtveränderung des Systems. Bleiben sie in Ruhe oder werden sie verstärkt? Verändern sie die Entwicklungsregeln des Systems?

Ausschlaggebend ist also nicht mehr das Individuum oder ein aus interagierenden Individuen bestehendes System, sondern die sich aus Elementen verschiedenster Natur bildenden Assemblagen. Diese Elemente sind weder auf offensichtliche Komponenten des in Frage stehenden Systems zurückzuführen noch auf biologisch determinierte Individuen.

Dieser Punkt trifft sich mit den Vorstellungen Félix Guattaris, der der Auffassung ist, daß die „Vorstellung einer individuellen Einheit [...] ein Trugbild sei. Es sei Illusion zu meinen, man könne ein System von Interaktionen zwischen relevanten Verhaltensweisen, das aus heterogenen Komponenten besteht, die nicht in eindeutiger Weise in einer Person lokalisiert werden können, von dieser individuellen Einheit aus zentrieren"[30].

---

[30] I. Prigogine, I. Stengers, J.-L. Deneubourg, F. Guattari und M. Elkaïm, „Ouvertures", in: *Cahiers critiques de thérapie familiale et de pratiques de réseaux*, Nr. 3, op. cit., S. 7–17.

Unter bestimmten Aspekten wird diese Position auch durch die Bemerkungen Batesons bestätigt, der hervorhebt, wie nutzlos es sei zu versuchen, die Grenze des mentalen Systems eines Individuums abzustecken. Bateson zitiert in dieser Hinsicht das Beispiel des Holzfällers, der einen Baum fällt, oder das des Blinden, der seine Umgebung mit Hilfe seines Stockes erforscht. Dabei betont er, daß es besonders wichtig sei, Kreisläufe in ihrer Gesamtheit zu untersuchen[31].

Varela wirft ein ähnliches Problem auf, wenn er daran erinnert, daß „der, der weiß, nicht das biologische Individuum ist", und er bemerkt, daß „die Autonomie des biologischen und sozialen Systems, in dem wir leben, über die Begrenzung unseres Schädels hinausgeht"[32].

Indem wir von einer auf das Individuum zentrierten Weltbetrachtung zu einer systemischen Betrachtungsweise übergegangen sind, haben wir einen qualitativ bedeutenden Schritt getan. Aber in welchem Maße fahren wir nicht dennoch fort, Humansysteme als Systeme interagierender Individuen zu denken?

Mein Vorhaben besteht nicht darin, die Einheiten, die Individuen darstellen, durch andere zu ersetzen, sondern vielmehr, mich für Interkonnexionen oder Anordnungen, wie Guattari sagen würde, von Elementen verschiedenster Natur zu interessieren, die sich von einem Moment zum anderen verändern können[33].

Vielleicht könnte sich der Begriff der Assemblage in diesem Kontext als besonders nützlich erweisen: Assemblagen, die sowohl aus genetischen und biologischen Elementen als auch aus Identifikationen, Phantasmen oder massenmedialen, kulturellen und sozialen Elementen bestehen; wir selbst bestünden aus solchen, die von verschiedensten Elementen gebildet wurden, deshalb jedoch noch lange nicht auf uns selbst zurückgeführt werden könnten. Dank der Überschneidung solcher Assemblagen könnte das entstehen, was wir „Humansysteme" nennen – Systeme, die mehr von Überschneidungen verschiedener Assemblagen abhängen als von interagierenden Individuen.

Diese Art von Analyse, die ich aufgrund dieser Befragungen vorschlage, ist sehr komplex; ihre Komplexität scheint mir jedoch kein unüberwindbares Hindernis darzustellen. Ich bin sogar der Meinung, daß gerade eine solche

---

[31] G. Bateson, „Forme, substance et différence", in: *Vers une écologie de l'esprit*, Bd. 2, Paris, Le Seuil, 1980, S. 205–222.

[32] F. J. Varela, *Principles of Biological Autonomy*, New York, Elsevier North Holland, 1979, S. 276.

[33] F. Guattari, *L'inconscient machinique* ..., op. cit.

Analyse es ermöglicht, die Erforschung von Systemen weiter zu betreiben, an denen wir selbst teilnehmen; wir müssen sie nur mit anderen Begriffen denken, nicht mehr mit den viel zu ausschließlichen Begriffen des Sinnes oder der Funktion.

III. Kapitel
Selbstreferenz und Familienpsychotherapie

I. OBJEKTIVITÄT UND SELBSTREFERENTIELLES PARADOXON

Der Beobachter wird bei der Betrachtung eines Systems im allgemeinen wohl damit beginnen, Hypothesen über die Art und Weise aufzustellen, wie dieses System funktioniert, und sie dann verifizieren, um eine möglichst adäquate Landkarte des Landstrichs zu erhalten, den er sich erschließen will. Man geht traditionsgemäß davon aus, daß der Beobachter sich außerhalb des Systems situiert, das er studiert, um die „Objektivität" seiner Beobachtung zu gewährleisten.

Dieser Ansatz weist also denjenigen, der eine Landkarte entwerfen will, auf die Notwendigkeit hin, sich dabei nicht selbst in die Karte des Gebiets mit einzuzeichnen, denn bei diesem Vorhaben droht ihm stets die Gefahr, in einem selbstreferentiellen Paradoxon unterzugehen. Denken wir noch einmal an die Erklärung „ich lüge": Wenn ich die Wahrheit sage, bin ich ein Lügner, wenn ich aber lüge, sage ich die Wahrheit. Wie Heinz von Foerster im Rahmen seiner Klarstellung des Objektivitätsbegriffs herausstellte[1], will eine Wissenschaft, die solide Fundamente braucht, nur mit wahren oder falschen Elementen zu tun haben; an paradoxe Situationen paßt sie sich nur sehr schlecht an.

Durch eine Art implizite Übereinstimmung verhalten wir uns, als ob außerhalb von uns selbst eine Welt existieren würde, deren Konturen wir in aller Gemütsruhe beschreiben, ein Gebiet, dessen kartographische Aufzeichnung wir ungestört vornehmen können.

Ich möchte an folgendem Beispiel verdeutlichen, daß diese Position des Beobachters sowohl in der psychotherapeutischen Praxis als auch in der Supervision unhaltbar ist; es handelt sich um eine Supervision während eines Paartherapie-Kongresses, den ich organisiert hatte.

Eine der Teilnehmerinnen, selbst Therapeutin, beschrieb mir den *Circulus vitiosus* eines Paares: die Frau klagte ständig, von ihrem Partner „überfallen" zu werden, wie ihre Eltern es getan hatten; der Ehemann bestätigte seinerseits die Tatsache, diese Ehe nur schwer ertragen zu können.

---

[1] H. von Foerster, „Disorder/order, discovery or invention", in: Paisley Livingston (Hg.), *Disorder and Order, Proceedings of the Stanford International Symposium*, Stanford, Anna Libri, 1984, S. 187.

Während ich den Ausführungen der Therapeutin zuhörte, fiel mir auf, daß ihre Art sich ausdrücken, mich immer mehr dazu veranlaßte, sie zu unterbrechen, um sie dazu zu bringen, ihre Ausführungen näher zu erläutern. Es schien mir, als ob die Therapeutin jedesmal, wenn ich sie unterbrach, mich mit nonverbalen Zeichen – besonders indem sie sich mir näherte – aufmunterte, sie immer wieder erneut zu unterbrechen. Ich verstärkte diesen Vorgang daraufhin solange, bis sie erklärte, daß es ihr in diesem Kontext nur darauf ankäme zu sprechen – das, was sie sagte, wäre unwichtig. Es schien mir, als ob eine Art Zirkelschluß eingetreten wäre: meine Fragen hinderten die Therapeutin daran, sich klarer auszudrücken, während sie mich durch ihre unklaren Formulierungen und ihre Annäherungen während meiner Unterbrechungen dazu animierte, weiter in sie „einzudringen"; hier begannen sich also Überschneidungen zwischen dem Funktionsmechanismus des Patientenpaares und dem System Supervisor/Therapeutin zu manifestieren, besonders hinsichtlich des „Überfallenwerdens" der Frau durch ihren Mann.

Daraufhin teilte mir die Therapeutin mit, daß ein anderer Mann der Frau Parfüm geschenkt habe; ihr Ehemann, so sagte sie, hätte das Präsent bemerkt und das Fläschchen zerbrochen. Ich fragte die Therapeutin, ob die Patientin das Geschenk vor ihrem Partner versteckt hätte, was sie verneinte. Nach wenigen Augenblicken korrigierte sie sich jedoch und erklärte, daß die Ehefrau das Parfüm tatsächlich verborgen hatte und der Mann es erst Monate später entdeckte, als er ihre Kommode durchstöberte; sie fügte hinzu, daß sie mir dieses Ereignis verschwiegen habe, weil ich sie ständig unterbrach. Erneut gaben sich also Überschneidungen zwischen den Funktionsmechanismen Ehefrau/Ehemann und Therapeut/Supervisor zu erkennen: die Therapeutin verheimlichte dem Supervisor ebenso etwas, wie die Ehefrau ihrem Gatten, während der Supervisor die Voraussetzungen für ein solches Verhalten begünstigte.

Es ist selten, daß im Rahmen einer Supervision eine Situation beobachtet werden kann, die in dieser Deutlichkeit bezeugt, daß das, was wir beschreiben, nicht von dem getrennt werden kann, was wir erleben. Unsere Wahrnehmung dessen, was sich in den Systemen, denen wir selbst angehören, abspielt, kann also nicht von den Assemblagen getrennt werden, in die wir verwickelt sind: unsere eigene Wirklichkeitskonstruktion hängt von der Überschneidung dieser Assemblagen ab.

Dieser selbstreferentielle Aspekt erweckte mein Interesse für die Forschungen der chilenischen Biologen Humberto R. Maturana und Francisco J. Varela sowie für die des aus Österreich stammenden amerikanischen Kybernetikers Heinz von Foerster.

2. VOM STUDIUM DES FARBENSEHENS ZUR ABGESCHLOSSENHEIT DES NERVENSYSTEMS

Als Humberto Maturana 1959[2] und 1960[3] gemeinsam mit Lettvin seine ersten Artikel über das Sehvermögen der Frösche veröffentlichte, gingen diese beiden Autoren von der Existenz einer objektiven, vom Tier unabhängigen Wirklichkeit aus; auf dieser Prämisse aufbauend, begann Maturana in Zusammenarbeit mit S. Frenk 1961, das Sehvermögen von Tauben zu beobachten. Die an diesen Ansatz gebundene Problematik stellte sich erst ab 1964, als G. Uribe zu Maturana und Frenk stieß und alle drei das Farbensehen untersuchten.

Es gelang ihnen jedoch nicht, eine Wechselbeziehung zwischen der Aktivität der Retina und den außerhalb des Organismus befindlichen physischen Reizen herzustellen; auch unter spezifischen Bedingungen konnten sie keine Übereinstimmung zwischen dem Lichtfluß verschiedener Wellenlängen und den Farben finden, die das Versuchssubjekt jeweils den Objekten zuordnete. Bevor ich beschreibe, wie die drei Autoren versuchten, dieses Problem zu lösen, und welche Konsequenzen dieser Versuch für ihre späteren Arbeiten hatte, möchte ich Auszüge aus einem Brief zitieren, in dem mir Heinz von Foerster die Bedeutung dieses Schrittes für Maturana erklärte.

Um die Ideen Humberto Maturanas besser verstehen zu können, ist es sehr wichtig, die Phänomenologie der elektromagnetischen Strahlenphysik in aller Deutlichkeit von unserer Farberfahrung zu unterscheiden.
Die Natur der elektromagnetischen Strahlung, die von Röntgenstrahlen über das Spektrum sichtbaren Lichts bis zu Radiowellen reicht, ist hinreichend bekannt.
Die Wellenlängen des sichtbaren Spektrums können mit einem Interferometer (und anderen Geräten) gemessen werden. Sie umfassen – um eine musikalische Metapher zu verwenden – ein Spektrum jenseits der „Oktave", das von 0,4 bis 0,8 Mikrometer reicht.
Die klassischen Versuchsbedingungen erlauben nur eine sehr unscharfe Unterscheidung von Wellenlängen des elektromagnetischen Spektrums und unserer Wahrnehmung verschiedener Farbnuancen.

[2] J. Y. Lettvin, H. R. Maturana, W. S. McCulloch und W. H. Pitts, „What the frog's eye tells the frog brain", *Proceedings of the IRE*, Nr. 11, 1959, S. 1940–1959.

[3] J. Y. Lettvin, H. R. Maturana, W. S. McCulloch und W. H. Pitts, „Anatomy and physiology of vision in the frog (*Rana pipines*)", *J. of Gen. Physiol*, 43, Nr. 6, Teil 2, 1960, S. 129–175.

So wird beispielsweise das weiße Licht in seine Spektralkomponenten zerteilt, wenn es in ein Prisma dringt.

Lassen Sie uns die Wellenlängen, die wir in verschiedenen Färbungen (von rot zu orange oder gelb, usw. bis zu violett) wahrnehmen, an verschiedenen Stellen messen.

Die Schlußfolgerung, die wir daraus ziehen, ist, daß die wahrgenommenen Farben eine exakte Übereinstimmung mit den Wellenlängen der elektromagnetischen Strahlung aufweisen.

Überlagern sich diese Wellenlängen, dann kann man die offensichtlich wechselseitige Übereinstimmung zwischen Wahrnehmung und Strahlung erneut feststellen. Möglich ist dies aufgrund der Tatsache, daß die drei Arten der konisch genannten Rezeptionszellen der Retina in drei verschiedenen Regionen des Spektrums senisibilisiert wurden, was durch eine Überlagerung der relativen Aktivität dieser Zellen erreicht wurde.

Johann Wolfgang von Goethe hatte in seiner *Farbenlehre* jedoch bereits gezeigt, wie auch mehrere Forscher nach ihm, daß sich die Wahrnehmung einer Farbe, die man an einem bestimmten Punkt des Gesichtsfeldes hat, das durch eine invariable spektrale Verteilung beleuchtet wird, radikal verändern kann, wenn die spektralen Bedingungen der Umgebung modifiziert werden. Mit anderen Worten, die Erfahrung der Farbe ist ein Phänomen, das nicht lokal, sondern global ist.

Sich dieser Tatsache bewußt zu sein, stellt für den experimentellen Physiologen, der versucht, auf „objektive Weise" Beziehungen zwischen Stimuli und Empfindungen herzustellen, ein unüberwindbares Problem dar, weil die globale Aktivität der Retina nicht mit Hilfe von Mikropipetten gemessen werden kann: er kann nur ihre Reaktionen auf externe Stimuli isolierter Neuronen oder benachbarter Faserbündel messen.

Nur das Subjekt könnte in vertrauenswürdiger Weise Rechenschaft darüber ablegen, was es an einem bestimmten Ort sieht. Wir würden jedoch niemals erfahren, was das Subjekt empfindet, wenn es uns diese Wahrnehmung nicht dank der Sprache beschreiben, d. h. „objektivieren" würde.

Unter diesem Aspekt taucht Maturanas Konzept der Farbemergenz auch im linguistischen Bereich auf.

Maturana und seine Kollegen kamen so auf die Idee, die Aktivität der Retina mit der subjektiven Erfahrung in Beziehung zu setzen. Dabei entdeckten sie, daß es zwar nicht möglich war, Wechselbeziehungen zwischen der Farbbenennung und der Wellenlänge herzustellen[4], jedoch zwischen dieser Be-

---

[4] H. R. Maturana und F. J. Varela, *Autopoiesis and Cognition*, D. Reidel Publishing Company (Niederlande), 1980, S. XIV–XV. Siehe auch: H. R. Maturana

nennung und den neuronalen Aktivitätszuständen. Diese Zustände werden nicht durch den Störfaktor determiniert, sondern durch die individuelle Struktur jeder Person. Diese Entdeckung brachte sie dazu, sich das Nervensystem als einen geschlossenen Kreislauf vorzustellen, dessen Aktivität durch das System selbst bestimmt wird. Die Außenwelt spielt für die Aktivität eines Systems, das seinen eigenen internen Parametern unterliegt, nur eine auslösende Rolle.

Diese Forschungen erlaubten den Autoren zu zeigen, wie die Gesamtheit des Farbraumes des Beobachters hervorgebracht wird. Die Resultate wurden 1968 in einem Artikel veröffentlicht, der zunächst nur wenig Echo fand[5]. Maturana und seine Mitarbeiter betonten darin, daß wir im allgemeinen davon ausgehen würden, daß alle Situationen, in denen wir diese chromatische Erfahrung machen, ein invariantes Element gemeinsam haben; sie regten an, diese Invarianten nicht als Elemente zu betrachten, die einer von uns getrennten physischen Welt angehören, sondern durch die Beziehung zwischen Auge und Umwelt hergestellt werden können: als solches wäre dieses Element „also von der anatomischen und funktionellen Organisation der Retina abhängig"[6].

Ihr fundamentalster Beitrag war, festzustellen, daß man sich eine Abgeschlossenheit des Nervensystems vorstellen muß, um seine Funktion verstehen zu können. Seitdem konnte Wahrnehmung nicht mehr als Prozeß einer Erfassung der äußeren Wirklichkeit verstanden werden. Sie war vielmehr als eine Spezifizierung von Wirklichkeit aufzufassen. In dem Augenblick, in dem man das Nervensystem als abgeschlossenes Netz von miteinander in Beziehung stehenden Neuronen betrachtete, wurde eine Unterscheidung zwischen Wahrnehmung und Illusion also unmöglich.

Diese Arbeiten brachten Maturana später dazu, sich als Biologe auch für Probleme des Bewußtseins zu interessieren.

und F.J. Varela, *El arbol de conocimiento: las bases biologicas del entendimiento humano*, OEA, Editorial Universitaria, Santiago (Chile), 1985, S. 10; und F.J. Varela, „Living ways of sense-making: a middle path for neuroscience", in: Paisley Livingston (Hg.), *Disorder and Order ...*, op. cit., S. 209.

5 H.R. Maturana, G. Uribe und S. Frenk, „A biological theory of relativistic colour coding in the primate retina", *Arch. biol. med. exp.*, supplem. Nr. 1, Santiago (Chile), 1968.

6 Ebd., S. 1.

3. Äussere Welt und Struktur des Nervensystems

Francisco Varela stützt sich ebenfalls auf ein Beispiel aus dem Bereich des Farbensehens, um die Behauptung zu kritisieren, daß die Wahrnehmung der Farbe mit einer lokalen Eigentümlichkeit des Farbobjekts verbunden sein müßte[7]. Er schlägt folgenden Versuch vor:

Stellen wir uns zwei wie in Abbildung 9 angeordnete Projektionen vor, eine, die mit einem Rotfilter ausgestattet ist, und eine ohne Filter. Wenn wir die Hand vor den Projektor ohne Filter halten, wird das Bild erscheinen, welches wir erwarten: Wir werden einen roten Schatten unserer Hand sehen, der sich vor einem rosafarbenen Grund abhebt; denn wir haben nichts anderes getan, als das weiße Licht des filterlosen Projektors zu verdunkeln.

Abbildung 9
(nach F. Varela[8])

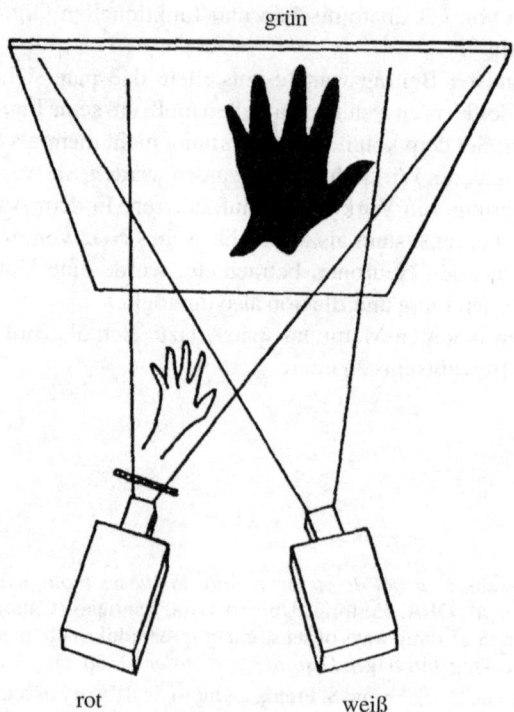

grün

rot   weiß

[7] F.J. Varela, „Living ways of sense-making…“, op. cit., S. 210.
[8] Ebd., S. 211.

Wiederholen wir den Versuch am Projektor mit Rotfilter: Wir schwächen durch diesen Filter das rote Licht ab und müßten dieses Mal den Schatten einer weißlichen Hand vor rosa Hintergrund erwarten. Es erscheint jedoch ein sehr scharf umrissener bläulicher Schatten, während das Photometer anzeigt, daß der Lichtfluß des blau-grünen Bereichs in seiner Zusammensetzung weiß ist.

Dieser erstmals 1672 (von Otto von Guericke) durchgeführte Versuch läßt die Rolle der Ränder oder der Diskontinuitäten auf der Aktivitätsebene der Neuronen der Retina sowie auf der Ebene ihrer Interkonnexionen deutlich werden. Varela folgert daraus, daß die Wahrnehmung einer Farbe nur verstanden werden kann, wenn das gesamte Gesichtsfeld berücksichtigt wird [9]; anders formuliert hieße dies, daß die Farbe nicht außerhalb des Beobachters existieren, sondern sich ihm über die internen Kohärenzen der Aktivität seines Nervensystems offenbaren würde.

Ein anderes Beispiel scheint mir besonders klärend: Maturana zitiert es in seiner Einleitung zur englischsprachigen Version seines Werkes *Maquinas y seres vivos*, das er gemeinsam mit Varela verfaßte [10]. Maturana weist in dieser Einführung in der Tat darauf hin, daß Frenk und er selbst bereits vor Uribe das Farbensehen erforschten und daß auch andere Arbeiten, die sich in den 40er Jahren mit der Augenrotation des Salamanders oder des Frosches befaßten, ihre Darstellung des Nervensystems als ein geschlossenes Netz von in Interaktion begriffenen Neuronen schon im Keime in sich trugen. Worum handelt es sich? Greifen wir auf die von Maturana [11] und Varela [12] beschriebene Wahrnehmung zurück.

Betrachten wir beispielsweise das Experiment mit einem Frosch. Sein Auge wurde, als er Kaulquappe war, um 180 Grad gedreht; verdeckt man das operierte Auge des erwachsenen Frosches und zeigt man ihm eine Fliege, so wird er seine Zunge herausschnellen lassen und die Beute fangen. Halten wir ihm eine weitere Beute hin, nachdem wir das normale Auge verdeckt haben; der Frosch wird seine Zunge in eine andere Richtung herausschnellen lassen. Der Abweichungswinkel der Zunge in Richtung der Beute entspricht genau dem Rotationswinkel des operierten Auges; die Zunge des Tieres weicht also um genau 180 Grad ab. Demnach hätte die Operation also eine „Rotation" der Welt des Frosches herbeigeführt: man kann feststellen, daß das Tier in seiner Außenwelt weder die Existenz von Oben und Unten noch

[9] Ebd., S. 211.

[10] H.R. Maturana und F.J. Varela, *Autopoiesis and Cognition*, op. cit., S. xv.

[11] H.R. Maturana, „What is it to see", *Arch. biol. med. exp.*, Nr. 16, Santiago (Chile), 1983, S. 256.

[12] H.R. Maturana und F.J. Varela, *El arbol de conocimiento …*, op. cit., S. 84.

von Vorne und Hinten kennt; allein die interne Korrelation zwischen jenem Teil der Retina, die die Abweichung wahrnimmt, und der Bewegung der Zunge zählt.

Der Bereich der visuellen Wahrnehmung erlaubte Maturana und Varela unsere bis dahin bestehende Vorstellung über die Wahrnehmung in Frage zu stellen; wir faßten sie als eine Operation auf, durch die Nachrichten „über eine Telefonleitung"[13] zum Gehirn geleitet werden. Varela bemerkte beispielsweise, daß für jede Nervenfaser, die aus einer Ganglienzelle der Retina hervortritt und durch den seitlichen Kniehöcker des Thalamus in den Kortex eintritt, im gleichen, zwischen kortikalen und subkortikalen Zonen gelegenen Bereich hundert andere Fasern zusammenlaufen[14]. Dieser seitliche Kniehöcker, der in klassischen Beschreibungen als „Relais zum Kortex" bezeichnet wird, empfängt außerdem für jede aus der Retina stammende Faser mindestens fünf andere Fasern verschiedenen Ursprungs. Es handelt sich hierbei um eine der Strukturen, die den seitlichen Kniehöcker, der übrigens selbst visueller Kortex ist[15], beeinflussen. Daraus folgt, daß der Zustand des seitlichen Kniehöckers nicht nur von der Aktivität der Retina abhängt, sondern auch von der gegenseitigen Beziehung zwischen den Verknüpfungen, die aus den verschiedenen Gehirnzonen hervorgehen.

Es stellt sich jedoch folgendes Problem: Wenn wir die Vorstellung aufgeben, daß das Nervensystem die Informationen unserer Umwelt auffängt, um ein Bild der Welt zu erarbeiten, ohne das wir nicht reagieren könnten, verfallen wir dann nicht einer solipsistischen Vision des Universums, in der es keine andere Wirklichkeit gäbe als die unserer eigenen Innerlichkeit?

Maturana und Varela schlagen vor, sich zwischen der „Scylla der Vorstellungswelt" und der „Charybdis des Solipsismus"[16] hindurchzuschlängeln. Dazu sollen wir den Organismus gleichzeitig sowohl als ein System betrachten, das mit seiner eigenen internen Logik ausgestattet ist, als auch als eine Einheit verschiedenster Interaktionen. Varela zitiert in diesem Zusammenhang ein Beispiel, das eine pragmatische Antwort auf dieses Dilemma bieten könnte[17].

---

[13] Ebd., S. 108.

[14] F. J. Varela, „Living ways of sense-making …", op. cit., S. 215; siehe auch: F. J. Varela, „L'auto-organisation: de l'apparence au mécanisme", in: Colloque de Cerisy: *L'Auto-organisation, De la physique au politique*, sous la direction de P. Dumouchel und J.-P. Dupuy, Paris, Le Seuil, 1983, S. 156.

[15] H. R. Maturana und F. J. Varela, *El arbol de conocimiento …*, op. cit., S. 108; und F. J. Varela, „L'auto-organisation …", op. cit., S. 156.

[16] H. R. Maturana und F. J. Varela, *El arbol de conocimiento …*, op. cit., S. 88; und F. J. Varela, „Living ways of sense-making …", op. cit., S. 217.

[17] F. J. Varela, „Living ways of sense-making …", op. cit. S. 218–219.

Visuelle Wahrnehmung, so schreibt er, kann es nicht ohne Interaktion mit dem Licht geben, welches sich aus Wellenlängen zusammensetzen muß, die von Rot bis Violett reichen. Innerhalb dieser Begrenzungen können die Prozesse, die das Licht durch eine Perturbation der visuellen Rezeptoren ausgelöst hat, jedoch mit den verschiedensten Möglichkeiten korrespondieren. In jedem Organismus wird die Struktur des Nervensystems folglich durch die Geschichte des Organismus determiniert. Die Unterscheidung der Farben existiert nicht ohne Interaktion mit dem Licht, sie sind deshalb aber noch lange nicht in den Wellenlängen des Lichtflusses anzusiedeln.

Für Prozesse wie die, die das Sehen ermöglichen, sind also nicht nur die Störungen von Bedeutung, die auf das Nervensystem einwirken, sondern auch die Art und Weise, wie das Nervensystem auf diese Störungen reagiert; seine Struktur wird modifiziert, um diese Veränderungen zu kompensieren; dabei erhält es die Integrität seines Milieus aufrecht. Das Nervensystem kann auf diese Weise angesichts der Perturbationen bestimmte invariante Beziehungen zwischen seinen Komponenten beibehalten, die sowohl seine interne Dynamik als auch seine Interaktionen mit dem Milieu hervorbringen.

4. Einige Definitionen

Für meine weiteren Ausführungen ist es nötig, kurz einige Konzepte Maturanas und Varelas klarzustellen: vor allem ihr Konzept der Objektivität „in Klammern" und ihre Unterscheidung zwischen Organisation und Struktur sowie ihre Definition des autopoietischen Systems, der Autonomie, der strukturellen Verknüpfung, der Ontogenese und der Adaptation.

In einem Artikel von 1983 mit dem Titel „Was ist zu sehen"[18] prüft Humberto Maturana die notwendigen Bedingungen für eine wissenschaftliche Erklärung. Es handelt sich um folgende Voraussetzungen:

1. Die Beschreibung des zu erklärenden Phänomens. Sie impliziert eine Spezifizierung des Phänomens durch eine Aufzählung der Bedingungen, die der Beobachter in seinem Wahrnehmungsbereich erfüllen muß, um es beobachten zu können; diese Beschreibung muß von allen anderen Beobachtern akzeptiert werden.

---

[18] H. R. Maturana, „What is it to see?", op. cit., S. 257. Siehe in diesem Zusammenhang auch H. R. Maturana und F. J. Varela, *El arbol de conocimiento ...*, op. cit., S. 14.

2. Die Aufstellung einer erklärenden Hypothese. Diese muß das Entstehen eines konzeptuellen Systems ermöglichen, mit dem das zu erklärende Phänomen im Wahrnehmungsbereich des Beobachters erzeugt werden kann.

3. Die von dieser erklärenden Deduktion ausgehende Hypothese, die das Erscheinen eines anderen Phänomens ermöglicht, und die Beschreibung der Bedingungen, die seine Beobachtung gestatten.

4. Die Betrachtung des Phänomens mit den Folgerungen des Beobachters, entsprechend den für seinen Wahrnehmungsbereich geforderten Bedingungen.

Maturana fügt hinzu, daß die Überprüfung dieser Validierungskriterien ein kohärentes System am Werk zeigt, das nicht der Objektivität bedarf, um zu funktionieren. Wirklich notwendig ist nicht eine Welt von Objekten, sondern eine Gemeinschaft von Beobachtern, deren Aussagen die oben dargelegten Bedingungen wahren. Die Tatsache, daß eine wissenschaftliche Erklärung unsere Wahrnehmung der Welt beschneiden könnte, erlaubt uns nicht, daraus zu folgern, daß die Objektivität eines Universums vom Beobachter abgetrennt werden könnte.

Das ist der Grund, warum Maturana nur von einer Objektivität „in Klammern" spricht. Für ihn ist der Basisakt, den wir als Beobachter leisten, ein Akt der *Distinktion*: durch ihn spezifizieren wir, daß eine Einheit sich von ihrem Kontext unterscheidet, und bestätigen damit ihre Abtrennbarkeit. Indem wir eine Distinktion treffen, setzen wir einen Bereich von koordinierten Handlungen voraus und können auf diese Weise Beschreibungen und Beschreibungen von Beschreibungen hervorbringen. Der Beobachter existiert also in der Distinktion, die wir treffen; er spezifiziert das, was durch den Akt der Distinktion behauptet wird. Sowohl der Beobachter als auch die beschriebenen Objekte tauchen in der Sprache auf, mit der die Distinktion etabliert wird: „Die Materie wird, metaphorisch formuliert, durch den Geist geschaffen (die Existenzweise des Beobachters im Bereich des Diskurses) und der Geist ist die Schöpfung der Materie, die er erzeugt."[19]

Als Beobachter unterscheiden wir andererseits zwei Typen von Einheiten: einfache Einheiten und zusammengesetzte Einheiten; erstere sind Einheiten, bei denen wir keine Komponenten unterscheiden können, die zweiten sind Einheiten, bei denen wir weitere Distinktionen vornehmen können. Die Eigentümlichkeiten einer zusammengesetzten Struktur hängen von ihrer Organisation und ihrer Struktur ab; so schreibt Maturana:

„Die Organisation eines Systems wird durch die Beziehungen seiner Komponenten zueinander definiert, die ihm seine Klassenidentität (Stuhl, Auto,

---

[19] H. R. Maturana und F. J. Varela, *Autopoiesis and Cognition*, op. cit., S. XVIII.

Kühlschrankfabrikat, Lebewesen usw.) verleihen. Der besondere Modus, nach dem sich die Organisation eines Systems (Komponentenklasse und konkrete Beziehungen, die sich zwischen ihnen herstellen) verwirklicht, konstituiert seine Struktur. Die Organisation eines Systems ist deshalb notwendigerweise invariabel, während seine Struktur sich durchaus verändern kann. Die Organisation, die ein System als Lebewesen definiert, ist eine autopoietische Organisation."[20] Maturana präzisiert, daß der Begriff „Organisation" sich vom Griechischen *organon* ableitet, was soviel wie „Werkzeug" bedeutet. Diese Vokabel bezieht sich auf die instrumentelle Partizipation der konstitutiven Komponenten einer Einheit; sie kann so auf die Beziehungen zwischen den Komponenten verweisen, die das System als Einheit definieren. Der Begriff „Struktur" hingegen kommt vom lateinischen Verb *struere*, das „errichten" bedeutet: Er wird auf konkrete Komponenten angewendet und auf effektive Beziehungen, die diese Komponenten unterhalten müssen, um eine Einheit bilden zu können. So verstanden, formt die Organisation eines zusammengesetzten Systems das System zu einer Einheit. Dabei legt es seine Eigentümlichkeiten fest, indem es einen inneren Bereich spezifiziert, von dem aus es als ein Ganzes interagieren kann. Ihre Struktur bestimmt den Raum, in dem das System existiert, wo es auch gestört werden kann, nicht aber seine als Einheit aufzufassenden Eigentümlichkeiten[21]; nach Maturana und Varela[22] kann diese Struktur vier Formen annehmen, die mit vier möglichen Bereichen korrespondieren:

1. mit dem Bereich der Zustandsänderungen: die Struktur wandelt sich, ohne dabei ihre Organisation zu verändern, sie behält ihre Klassenidentität bei;
2. mit dem Bereich der destruktiven Veränderungen: die Einheit verliert ihre Organisation und verschwindet als Einheit einer bestimmten Klasse;
3. mit dem Bereich der Störungen: dies ist der Bereich der Interaktionen, die die Zustandsveränderung veranlassen;
4. mit dem Bereich der destruktiven Interaktionen: dies ist der Bereich der Störfaktoren, die einen destruktiven Wandel herbeiführen.

Von den griechischen Wörtern ausgehend, die „sich" und „hervorbringen" bedeuten, haben die Autoren lebendige Systeme als *autopoietische Systeme*

[20] H.R. Maturana, „Biologie du phénomène social", erscheint in: *Cahiers critiques de thérapie familiale et de pratiques de réseaux* (Toulouse, Privat).

[21] H.R. Maturana, „The organization of the living: a theory of the living organization", in: *International Journal of Man-Machine Studies* (London, Academic Press Inc.), Bd. 7, 1975, S. 15.

[22] H.R. Maturana und F.J. Varela, *El arbol de conocimiento ...*, op. cit., S. 66.

bezeichnet[23]; sie betrachten sie als Systeme, die sich selbst erzeugen, indem sie sich ihre eigenen Grenzen setzen und spezifizieren. Ein autopoietisches System hat ihrer Meinung nach auch eine autopoietische Organisation: es handelt sich dabei um ein im Kern geschlossenes dynamisches System, dessen Phänomene seiner Autopoiese untergeordnet sind. Die *autopoietische Abgeschlossenheit* ist im übrigen eine notwendige Voraussetzung für die *Autonomie* autopoietischer Systeme: in lebendigen Systemen wird diese Abgeschlossenheit durch einen ständig stattfindenden strukturellen Wandel realisiert, der sich über einen Austausch zwischen Material und Milieu vollzieht; diese Systeme erzeugen ihre Autonomie also dadurch, daß sie ihre invariante Organisation in einem Zustand des ständigen strukturellen Wandels halten[24].

In Maturanas Augen ist das Nervensystem ein geschlossenes Netz interagierender Neuronen: ein im Zustand der relativen Aktivität bestimmter Komponenten stattfindender Wandel zieht einen Wandel des relativen Zustands der Aktivität anderer Komponenten nach sich; andererseits – was immer der Beobachter, der daran erinnert, daß es sensorielle Oberflächen gibt, auch sagt – in der Organisation des Neuronennetzes gibt es weder Eintritts- noch Austrittselemente.

Maturana erörtert bei dieser Gelegenheit die Position eines fiktiven Beobachters, den er in der Synapse ansiedelt. Dieser sehe das präsynaptische Element als aktive, das postsynaptische als sensorielle Oberfläche, während die ihn im Raum umgebenden Moleküle der Synapse seine Umwelt konstituieren. Nun ist das Nervensystem nicht für das empfänglich, was dieser Beobachter als seine Umwelt beschreiben würde: denn es richtet sich allein nach dem Fluß der wechselnden Aktivitätsbeziehungen, aus denen es besteht[25]. Maturana illustriert diesen Punkt an einem Beispiel: Stellen wir uns einen Flieger vor, so schreibt er, der durch schlechtes Wetter dazu gezwungen wird, ohne Sicht zu steuern. Dieser Pilot wäre von der Außenwelt abgeschnitten und dazu gezwungen, die Steuerung des Flugzeugs anhand der Anzeigen seiner Bordinstrumente vorzunehmen. Die Struktur des Flugzeugs und die des Piloten würden bestimmen, was sich im Flugzeug abspielt, während die internen dynamischen Zustände des Flugzeugs die Störungen

[23] H. R. Maturana und F. J. Varela, *De maquinas y seres vivos*, Editorial Universitaria, Santiago (Chile), 1973.

[24] H. R. Maturana, „Biology of language: the epistemology of reality", in: *Psychology and Biology of Language and Thought*, London, Academic Press Inc., 1978, S. 37.

[25] Ebd., S. 41.

des äußeren Milieus kompensieren würden. Zu fliegen oder zu landen würde für die interne Dynamik des Flugzeugs keinen Unterschied ausmachen, auch wenn der außenstehende Beobachter einen ganz anderen Eindruck gewinnen würde[26].

Eine zusammengesetzte Einheit, deren Struktur sich wandeln kann, während ihre Organisation sich nicht verändert, ist eine *plastische Einheit*. Die strukturellen Interaktionen, die erlauben, daß die Organisation invariant bleibt, sind *Perturbationen*. Die strukturelle Komplementarität, die zwischen einem durch seine Struktur determinierten System und seinem Umfeld notwendig ist, wird *strukturelle Verknüpfung* (couplage structurel) genannt[27]. Die *Ontogenese* (die individuelle Geschichte) eines lebendigen Systems ist die Geschichte seiner strukturellen Veränderungen und der Fortdauer seiner Organisation, die mit der Umwelt korrespondieren. Die strukturelle Kongruenz zwischen Lebewesen und Milieu schließlich nennt sich *Adaptation*. Bewahrt ein Lebewesen seine Adaptation, so bewahrt es auch seine Organisation[28].

5. KOMMUNIKATION UND SPRACHE

Laut Maturana und Varela ist Kommunikation also keine Übermittlung von Informationen. *Kommunikation* ist eine Koordinierung von Verhaltensweisen in einem Bereich, der aus strukturellen Verknüpfungen besteht[29]. Es gibt in der Tat keine Information, die von einer strukturellen Determination der sprechenden und der zuhörenden Person getrennt sein könnte; eine Information existiert nicht als solche: sie siedelt sich immer am Schnittpunkt zwischen Zuhörer und Botschaft an.

Die folgende Anekdote scheint mir in dieser Hinsicht besonders aufschlußreich: In einem Artikel mit dem Titel „Die geheime Presse und der Völkermord"[30] haben sich Adam Rayski und Stéphane Courtois gefragt, wie es möglich war, daß sonst gut informierte Menschen die Wirklichkeit der

---

[26] Ebd., S. 42; siehe auch H. R. Maturana und F. J. Varela, *El arbol de conocimiento ...*, op. cit., S. 91–92.

[27] H. R. Maturana, „What is it to see?", op. cit., S. 259.

[28] H. R. Maturana, „Biologie du phénomène social", op. cit.

[29] H. R. Maturana und F. J. Varela, *El arbol de conocimiento ...*, op. cit. S. 129–130.

[30] A. Rayski und S. Courtois, „La presse clandestine et le génocide", Le Monde, 9. Juni 1987.

Judenvernichtung von 1943 bezweifeln konnten; als Antwort auf ihre Frage zitierten sie einige Zeilen von Raymond Aron, der damals in London lebte: „Die Gaskammern, der industrialisierte Menschenmord, nein, ich muß gestehen, daß ich mir das alles nicht vorgestellt habe, und weil ich mir sie nicht vorstellen konnte, habe ich nichts von ihnen gewußt." Menschliche Wesen, so glauben Maturana und Varela, sind nicht vom Maschennetz struktureller Verknüpfungen zu trennen, die die Sprache webt[31]. In den Augen dieser beiden Autoren erfand deshalb das Individuum die Sprache nicht, um die Außenwelt zu erfassen. Wir sind *in* der Sprache: die Menschen siedeln sich im Innern einer gegenseitigen linguistischen Verknüpfung an, in deren Herzen sie die Welt erbauen und sich verwirklichen.

6. Das Auftauchen des Beobachters

Für Humberto Maturana sind *Determinismus* und *Vorhersehung* zwei völlig verschiedene Phänomene. Die Vorhersehbarkeit eines Systems ist kein Element dieses Systems; sie ist an die Beziehung zum Beobachter gebunden, der das System vorhersieht[32]. In gleicher Weise betont Heinz von Foerster, daß die Eigenheiten, von denen man annimmt, daß sie den Dingen innewohnen, sich viel eher zu erkennen geben, wenn sie an den Beobachter gebunden sind[33]. Notwendigkeit wie Zufall spiegeln also unser eigenes Vermögen und unser eigenes Unvermögen, nicht das der Natur.

Francisco Varela[34] beharrt auf der Rolle des Beobachters, der die Distinktionen nach eigenem Gutdünken vornimmt: diese lassen, wie er scharfsinnig feststellt, um so mehr die Position des Beobachters noch deutlicher erkennen als die beschriebene intrinsische Weltordnung. Indem er an die Auflage Heinz von Foersters erinnert, daß es wichtig sei, einen Beobachter in die Beschreibung mit einzubeziehen[35], schlägt er vor, die von von Foerster angenommene imperative Form der Reflexivität von dem zu unterscheiden, was er selbst die erzeugte Reflexivität nennt. In seinen Augen besteht das

---

[31] H. R. Maturana und F. J. Varela, *El arbol de conocimiento ...*, op. cit., S. 155.

[32] H. R. Maturana, „Biologie du changement", erscheint in: *Cahiers critiques de thérapie familiale et de pratiques de réseaux* (Toulouse, Privat).

[33] H. von Foerster, „Disorder/order: discovery or invention", op. cit., S. 186.

[34] F. J. Varela, „A calculus for self-reference", *Int. J. Gen. Systems*, 2, 1975, S. 22.

[35] F. J. Varela, „Les multiples figures de la circularité", in: *Cahiers critiques de thérapie familiale et de pratiques de réseaux* (Toulouse, Privat), Nr. 9, Oktober 1988.

grundlegende Problem nicht so sehr darin, den „Beobachter mit einzubeziehen" als darin, aufzuzeigen, wie dieser in Erscheinung treten kann. Schließt
man den Beobachter mit ein, so läuft man in der Tat Gefahr, den Glauben zu
erwecken, daß eine als „Beobachter" bezeichnete Entität unabhängig vom
beobachteten System existieren würde. Für Varela hingegen treten wir, ganz
im Gegenteil, aus dem Zentrum menschlicher Praxis heraus in Erscheinung,
also aus Formen menschlicher Interaktion, die sowohl linguistischer als
auch nichtlinguistischer Natur sein können und sich in Zeit und Raum situ-
ieren; er schreibt: „Das Auftauchen kohärenter Zustände in der Natur – eine
Zelle, ein Nervensystem – steht hier in einer Wechselbeziehung mit dem
Auftauchen kohärenter menschlicher Praxis; dadurch öffnet sich ein Raum,
der die Geburt eines Subjekts ermöglicht. Zuvor existierte es nicht, es entstand also innerhalb dieser Praxis."[36]

7. Paradoxa und Autonomie

Varela ist auch Autor eines Aufsatzes mit dem Titel „A calculus for self-
reference"[37]. Es ist wesentlich für Familientherapeuten, die gewohnt sind,
die Theorie der logischen Typen von Whitehead und Russell (siehe II. Kapitel) nur in eingeschränktem Maße gelten zu lassen. Varela stellt dort mathe-
matische Werkzeuge vor, mit denen autonomen selbstreferentiellen Situationen entgegengetreten werden kann; er präzisiert:
„Wir sehen die klassischen Paradoxa (wie die Russells) in einem neuen
Licht, nämlich als einen an ihrem scheinbar widersprüchlichen Verhalten
erkennbaren Bereich. Statt ad hoc nach Mitteln zu suchen, die ihr Auftreten
verhindern (wie es in der Typentheorie Russells geschieht), lassen wir ihnen
freien Lauf, indem wir ihre offensichtliche Anomalie als eines ihrer Charak-
teristika, das heißt als Autonomie betrachten. Wir finden sie in so vielen
unserer Beschreibungen, daß es nur wenig Wert zu haben scheint, sie vermeiden zu wollen; man sollte ihnen statt dessen kühn entgegentreten. Im
Rahmen dieser Betrachtung wäre Epimedes ein Lügner, weil er kein Lügner ist, das heißt der Satz des Epimedes wäre in (unserem) erweiterten
Kalkül autonom und nicht anormal [autonomous not anomalous]."[38]

---

[36] Ebd.
[37] F.J. Varela, „A calculus for self-reference", op. cit.
[38] Ebd., S. 21.

8. „HANDLE STETS SO, DASS SICH DIE ANZAHL DEINER AUSWAHLMÖGLICHKEITEN VERVIELFACHT"

Von Foerster beginnt einen seiner Artikel[39], indem er das folgende Experiment vorschlägt:

Abbildung 10
(nach von Foerster[40])

Nehmen Sie dieses Buch in die rechte Hand, schließen Sie das linke Auge und fixieren Sie den Stern. Bewegen Sie dann das Buch, bis der schwarze Kreis aus Ihrem Gesichtsfeld verschwindet (das Buch ist dann etwa dreißig Zentimeter von Ihrem Auge entfernt); schauen Sie dabei weiterhin den Stern an. In dieser Entfernung wird der schwarze Kreis unsichtbar bleiben, auch wenn Sie das Buch nach unten, nach rechts oder links verschieben. Diese lokale Blindheit ist an die Absenz der (konischen oder stabförmigen) Fotorezeptoren gebunden, die sich in dem Teil der Retina befinden, in dem sich der optische Nerv formiert: wenn sein Bild auf diese spezifische Zone fällt, die „blinder Fleck" genannt wird, kann der schwarze Kreis nicht gesehen werden.

Heinz von Foerster unterstreicht, daß wir nicht einmal einen dunklen Fleck in unserem Gesichtsfeld sehen: einen solchen Fleck zu sehen, würde voraussetzen, daß wir tatsächlich sehen, was wir nicht sehen; nun wird diese lokale Blindheit aber keinesfalls wahrgenommen. Es liegt nicht im Interesse dieses Versuches zu zeigen, daß wir nicht sehen, sondern daß wir nicht sehen, daß wir nicht sehen, wie Heinz von Foerster gerne wiederholt: er nennt es ein zweitrangiges Problem. Er schlägt außerdem vor, im Bereich der visuellen Wahrnehmung das amerikanische Sprichwort „Sehen ist glauben" durch die von ihm stammende Redensart „Glauben ist sehen" zu ersetzen.

Von Foerster greift auch einen Punkt auf, dem Maturana und Varela große Bedeutung beimessen. Er erinnert daran, daß unser Nervensystem etwa

---

[39] H. von Foerster, „La construction d'une réalité", in: P. Watzlawick (Hg.), *L'Invention de la réalité*, Paris, Le Seuil, 1988, S. 47.
[40] Ebd. S. 47.

hundert Milliarden sensorielle Rezeptoren zählt und etwa zehn Milliarden Synapsen, woraus er schließt, daß wir „folglich hunderttausendmal mehr sensibel sind für Veränderungen unserer internen Umwelt als für die, die in unserer externen Umwelt eintreten können"[41].

Er verwendet das Verb *computer*[42], um all jene Operationen zu bezeichnen, durch die beobachtete physische Entitäten („Objekte") oder ihre Darstellung („Symbole") umgeformt, verändert, neugeordnet werden usw.[43]. Er versteht Autopoiese als eine Organisation, die ihre eigene Organisation berechnet und autopoietische Systeme als thermodynamisch offene, jedoch organisatorisch geschlossene Systeme[44].

Indem er triviale Maschinen mit nichttrivialen Maschinen vergleicht, macht er sich zum enthusiastischen Verteidiger der Enttrivialisierung.

Abbildung 11
(nach von Foerster[45])

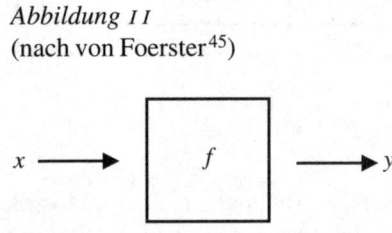

Diese Abbildung (Abbildung 11) zeigt die schematische Darstellung einer trivialen Maschine: y, x und f bezeichnen jeweils den Eingang, den Ausgang und die Funktion dieser Maschine. Stellen wir uns vor, x sei eine natürliche Zahl (1, 2, 3 ...) und diese Maschine hätte die Funktion x ins Quadrat zu setzen: wir könnten y dann immer vorhersehen, denn triviale Maschinen sind *vorhersehbar* und von der Geschichte *unabhängig*. Der grundlegende Unterschied zwischen einer trivialen Maschine und einer nichttrivialen Maschine ist, daß für letztere eine für einen spezifischen Stimulus beobachtete Reaktion sich verändern kann, während der Stimulus der gleiche bleibt.

---

[41] Ebd., S. 59.

[42] berechnen (Anmerkung der Übersetzerin).

[43] H. von Foerster, „La construction d'une réalité", op. cit., S. 52.

[44] H. von Foerster, „Disorder/order: discovery or invention", op. cit., S. 187.

[45] H. von Foerster, „Principles of self-organization in a managerial context", in: H. Ulrich und G. J. B. Probst (Hg.), *Self Organization and Management of Social Systems*, Berlin/Heidelberg/New York/Tokio, Springer-Verlag, 1984, S. 9.

Abbildung 12
(nach von Foerster[46])

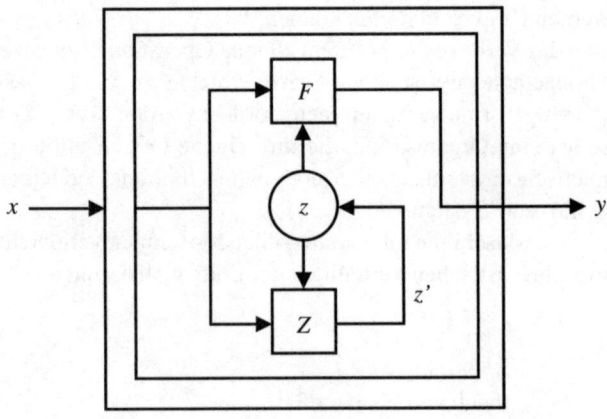

Die nichttriviale Maschine (Abbildung 12) ist für Modifikationen ihrer eigenen internen, von von Foerster z genannten Zustände empfänglich. Dieser interne Zustand z, der sich zum Eingang x hinzugesellt, liefert gleichzeitig einen Eintritt von F, einer trivialen Maschine, die den Ausgang der nichttrivialen Maschine berechnet, und von Z, einer weiteren trivialen Maschine, die den daraus resultierenden inneren Zustand z' berechnet: die nichttrivialen Maschinen sind gleichzeitig *von der Vergangenheit abhängig* und auf analytische Weise *unvorhersehbar*.
Es gibt eine Klasse nichttrivialer Maschinen, deren Funktionen nicht durch Versuche enthüllt werden können. Diese Maschinen sind unerforschbar. Für von Foerster verweisen sie auf einschränkende, limitative Theoreme: auf die Theoreme der Unvollständigkeit (Gödel), auf das Prinzip der Unsicherheit (Heisenberg), auf das Prinzip der Unbestimmbarkeit (Gill).
Der Prozeß der Trivialisierung reduziert die Anzahl der Auswahlmöglichkeiten; die Enttrivialisierung hingegen verweist auf den „ethischen Imperativ" von Foersters: „Handle immer so, daß sich die Anzahl deiner Auswahlmöglichkeiten vervielfacht."

---

[46] Ebd., S. 11.

9. ETHIK UND OBJEKTIVITÄT

In seinem Artikel „La construction d'une réalité"[47] schlägt Heinz von Foerster vor, die funktionelle Organisation eines lebenden Organismus in Form eines Torus darzustellen (Abbildung 13). Die Berechnungen, die im Innern dieses Torus ausgeführt werden, werden von nichttrivialen Widersprüchen gesteuert.

Abbildung 13
(nach von Foerster[48])

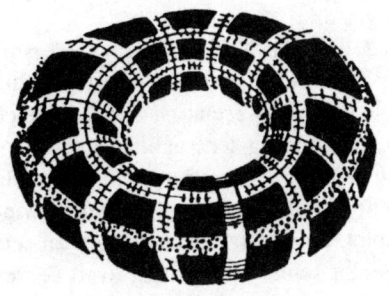

Abbildung 14
(nach von Foerster[49])

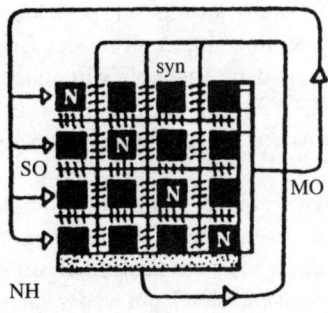

---

[47] H. von Foerster, „La construction d'une réalité", op. cit., S. 66.

[48] Ebd., S. 66.

[49] Ebd., S. 66.

In Abbildung 14 stellen die schwarzen, mit einem N markierten Quadrate Neuronengruppen dar; die synaptischen Zwischenräume werden durch den Raum zwischen den schwarzen Quadraten veranschaulicht. Die sensorielle Oberfläche des Organismus (SO) ist links zu sehen, die motorische Oberfläche (MO) rechts. Die Neurohypophyse (NH) steht in Verbindung mit der gepunkteten Zone, die sich unter den Quadraten befindet. Die Nervensignale, die horizontal (von links nach rechts) wandern, wirken auf die Neurohypophyse ein, deren Bewegungen durch die sensorielle Oberfläche wahrgenommen werden. Die vertikal (von oben nach unten) wandernden Signale wirken auf die Neurohypophyse ein, deren Aktivität Steroide in den synaptischen Raum entläßt; auf diese Weise wird die gesamte Funktion des Systems verändert: diese doppelte Abgeschlossenheit des Systems wird durch die Form des Torus dargestellt.

Der Autor behauptet, daß „das Nervensystem so organisiert wird (oder sich selbst organisiert), daß es eine gleichbleibende Realität berechnet"; diese Selbstregulierung jedes Lebewesens ist für ihn gleichbedeutend mit der „Autonomie", der „Regulierung der Regulierung".

Wie entkommt man in diesem Zusammenhang dem Solipsismus? Von Foerster schlägt eine sehr elegante Lösung vor. Stellen wir uns vor, sagt er, ein Individuum behauptet, die einzige Wirklichkeit zu sein, und gibt vor, daß alles andere nur Frucht seiner Vorstellungskraft sei; es kann jedoch nicht leugnen, daß sein imaginiertes Universum von Erscheinungen bevölkert wird, die ihm ähneln; es müßte folglich zugeben, daß diese Erscheinungen ebenfalls von sich behaupten können, einzige Realität zu sein und alles andere Produkt ihrer Vorstellungskräfte sei.

Das Prinzip der Realität verwirft nun aber eine Hypothese, wenn sie nicht in zwei Instanzen gleichzeitig funktioniert: beispielsweise können die Bewohner der Erde und die der Venus jeweils mit perfekter Kohärenz die Auffassung vertreten, ihr Planet liege im Zentrum des Universums. Diese Behauptung würde allerdings in dem Augenblick in sich zusammenbrechen, in dem sie sich begegnen. Der Solipsismus kann also in dem Moment nicht mehr verteidigt werden, in dem ein anderer autonomer Organismus an meiner Seite interveniert.

So wie das Realitätsprinzip keine logische Notwendigkeit ist und nicht bewiesen werden kann, steht es mir frei, es anzunehmen oder zu verwerfen; wenn ich es verwerfe, befinde ich mich tatsächlich im Zentrum des Universums; nehme ich es hingegen an, dann kann weder ich mich noch der andere sich im Zentrum des Universums befinden; man bedürfte eines dritten, der den anderen und mich selbst in Beziehung setzt: „diese Beziehung ist die *Identität*", woraus folgt, daß Realität und Gemeinschaft auf gleichem Fuße stehen.

In seiner Einleitung zu einem Artikel Francisco Varelas mit dem Titel „A calculus for self-reference", weist von Foerster nochmals darauf hin, daß Kant, indem er die Autonomie des Beobachters ins Zentrum seiner Philosophie rückte, „nicht eine Annäherung der Objektivität an die Subjektivität intendierte, sondern die Begründung einer Ethik. Denn er hatte in aller Deutlichkeit erkannt, daß er ohne Autonomie keine Verantwortlichkeit und folglich auch keine Ethik erreichen konnte"[50]. In diesem Zusammenhang bemerkt er im übrigen, daß Varela erstmalig Möglichkeiten eines wirklichen *Kalküls* der Verantwortlichkeit eröffnet hat.

10. Selbstreferenz und Familientherapie

Was bedeuten diese Theorien für die Familientherapie?
Die Familientherapeuten waren zunächst mit umfangreichen praktischen Erfahrungen und mit unterschiedlichen, sehr bescheidenen theoretischen Rationalisierungen konfrontiert. Erst die Arbeiten des Forschungsteams in Palo Alto, das die Verbindung zwischen allgemeiner Systemtheorie und Familientheorien erörterte, erlaubten es einer dominierenden Theorie, sich nach und nach durchzusetzen. Diese auf Isomorphismen gegründete Theorie versuchte die für offene Systeme verschiedenster Art allgemeingültigen Gesetze auf Familiensysteme auszudehnen.
Die Arbeiten, die einige von uns seit den Forschungen Ilya Prigogines und seines Teams ausführten, waren noch dieser Perspektive verpflichtet. Indem wir aus dem Reichtum der im Bereich nichtlinearer Systeme fernab vom Gleichgewicht entwickelten Konzepte schöpften, versuchten wir der Welt der systemischen Therapien mehr Freiheit zu verschaffen.
Auf diese Weise haben wir Stück für Stück die Bedeutung intrinsischer Regeln, die Wirksamkeit scheinbar unbedeutender, für Verstärkungen empfänglicher Fluktuationen und schließlich die Rolle des Zufalls und der Geschichte ins Licht gerückt; letztere wurde nicht als eine lineare, dem Gesetz von Ursache und Wirkung unterworfene Geschichte verstanden. Die Prozesse, auf die wir die Aufmerksamkeit lenkten, verliefen nicht nur im Herzen der Familie, sondern vollzogen sich innerhalb des therapeutischen Systems. Wie kann man nun aber von einem therapeutischen System sprechen, wenn man selbst Teil davon gewesen ist? Wie intervenieren? Das sind die Fragen,

---

[50] R. H. Howe und H. von Foerster, „Introductory comments to Francisco Varela's calculus für self-reference", *Int. J. Gen. Systems*, Bd. 2, 1975, S. 3.

die unsere Aufmerksamkeit auf Arbeiten von Forschern lenkten, die sich der Problematik der Selbstreferenz stellten.

Mein Interesse für die Theorien Maturanas, Varelas und von Foersters bezieht sich nicht auf die Frage, ob die Familie als ein autopoietisches System betrachtet werden kann oder nicht. Ich war nur durch die Qualität dieser unserer eigenen Fragestellung sehr nahestehenden Überlegungen fasziniert; ich betrachtete sie als Inspirationsquelle, die unsere eigene Kreativität anregen konnte.

Wenn ich alle Erkenntnisse, die ich mir durch diese Autoren erwarb, zusammenfassen müßte, würde ich die folgenden Elemente hervorheben; ich gehe dabei von ihren Arbeiten über die Selbstreferenz aus:

Ich konnte das Konzept der *strukturellen Verknüpfung* entwickeln. Das heißt, das, was geschieht, offenbart sich an der Schnittstelle eines durch seine Struktur und ein Milieu determinierten Systems; diese Verknüpfung ist zirkulärer Natur. Auf unseren Bereich übertragen bedeutet dies, daß es unmöglich ist, irgendeine therapeutische Situation zu beschreiben, ohne zu akzeptieren, daß man ihr selbst angehört; das, was in dieser Situation geschieht, ist immer zirkulär. und ich konstruiere das, was ich über eine Familie sage, im gleichen Augenblick, in dem die Familie sich ein Bild von mir entwirft.

Man braucht *keine Entsprechung* mehr zwischen einer zuvor festgelegten Landkarte und einem Landstrich zu suchen, der eine wiederzuerkennende Pathologie aufweisen würde. Nicht der Landstrich ist wichtig, sondern die Schnittstellen der Karten, sowohl der des Therapeuten als auch der des Patienten; denn die Psychotherapie findet an diesen Schnittstellen statt. Vielleicht sollte ich den Begriff der Karte im weiteren Verlauf des Buches deshalb aufgeben: denn wenn ich von Karten spreche, assoziiert man wohl tatsächlich ein Gebiet; woraus zu schließen wäre, daß es eine „objektive" Realität gibt, von der ich nichts weiter als eine inadäquate Karte entwerfe; ich möchte den Ausdruck der „Weltkarte" deshalb durch den vorteilhafteren Begriff der „Weltkonstruktion" ersetzen.

Im Rahmen der Psychotherapie ist nicht die Wahrheit oder die Wirklichkeit von Bedeutung, sondern die *gegenseitige Konstruktion von Wirklichkeit*, das „Multiversum" Maturanas und Varelas. Verschiedene Verknüpfungen lassen verschiedene und doch kompatible Welten erscheinen. Die an diese Konstruktionen gebundenen Lösungen sind immer operativer Natur. Eine gelungene Psychotherapie bedeutet nicht, daß der Psychotherapeut recht hat, sondern daß die Konstruktion, die er gemeinsam mit den Mitgliedern des therapeutischen Systems errichtet hat, wirksam ist.

Es gibt nicht eine einzige mögliche Lösung, sondern *viele Lösungen*, die an die Interrelationen der Mitglieder des therapeutischen Systems gebunden sind.

Die im II. Kapitel beschriebenen Elemente, denen eine Disposition zur Assemblage, Verstärkung und Veränderung des Familiensystems zugeordnet werden kann, sind immer *selbstbezogen*.

Das, was gesagt wird, wird immer von jemandem gesagt. – Diese Behauptung Maturanas bestätigt übrigens eine alte Tradition des Talmud: wie immer auch die Evidenz einer vorgebrachten Behauptung im Talmud lautet, diese Behauptung wird immer in jemandes Namen formuliert. In gleicher Weise verläuft die Veränderung der Regeln eines therapeutischen Systems über seine Mitglieder; wichtig ist dabei, daß die Mitglieder dieses Systems im therapeutischen Prozeß leben.

Es gibt keine Informationsvermittlung. Kommunikation vollzieht sich anhand eines Verknüpfungsprozesses, anhand von sich überschneidenden Wirklichkeitskonstruktionen.

Das ethische Problem, der Stellenwert der Verantwortlichkeit in einer Welt von Individuen, die auf mehreren Ebenen handeln, ist nicht aufgehoben. Die strukturelle Verknüpfung erhält die Bedeutung eines Individuums aufrecht, die ihm Rahmen seines Milieus erscheint.

Die Frage, die Varela zum *Phänomen des Beobachters* stellt, scheint mir grundlegend zu sein. Wir werden im VI. Kapitel, das sich den Assemblagen widmet, darauf zurückkommen.

Kommen wir abschließend zum *Paradoxon*. Es steht im Zentrum des Alltags. Es hat seine exotische Attraktion der schwefeligen Verführung verloren, vor der man sich zu hüten hat und der man aus dem Wege geht.

In dieser Hinsicht kann ich dem Vergnügen nicht widerstehen, einen hervorragenden Kommentar des Bibel- und Talmudexegeten Rachi (1040–1105) zu zitieren. Im Kommentar zum letzten Teil des Exodus (20,19), wo es heißt: „Gott sprach zu Moses: ‚So wirst du zu den Kindern Israels sprechen: Ihr habt selbst gesehen, daß ich aus dem Himmel mit euch sprach‘ ", bemerkt Rachi, „daß es in einem anderen Text hieß: ‚Und Gott stieg auf den Berg Sinai herab‘ [Exodus 20,19]".

Ich weiß nicht, ob Rachi ein Phänomenologe *avant la lettre* war, aber für ihn wie für eine ganze Überlieferungstradition, heute von Emanuel Levinas eklatant fortgeführt, war die Beziehung zwischen Transzendenz und Immanenz ein Problem von größter Bedeutung.

Wie wurde das Gesetz offenbart? Wurde es dem Menschen durch das Eindringen der Transzendenz weit außerhalb menschlicher Erfahrungshorizonte geoffenbart oder berief es sich auf einen Respekt vor der Immanenz, vor dem, was der menschlichen Erfahrung innewohnt?

Rachi schlug für diesen scheinbaren Widerspruch zwei Lösungen vor. Er schrieb: „Ein dritter Text wird kommen und die vorhandenen in Übereinstimmung bringen: ‚Aus den Höhen des Himmels hat er seine Stimme ertönen lassen und dir sein großes Feuer gezeigt' [Deuteronomium 4,36], ‚sein Ruhm im Himmel, und sein Feuer und seine Macht auf Erden' ". Diese erste Lösung erinnert in vieler Hinsicht an Batesons Theorie der Metaebenen: man entkommt einem double bind, indem man die beiden Begriffe, die es konstituieren, trennt und indem man einen dieser Begriffe dem anderen hierarchisch überordnet. Aber Rachi begnügt sich nicht mit dieser Interpretation, denn er behauptet auch: „Eine andere Erklärung: Er neigte den Himmel und die Himmel der Himmel zur Erde und breitete sie über den Bergen aus. So hieß es: ‚Er neigte die Himmel zur Erde und stieg herab' [Psalm 18,10]."[51] Hier sind wir nun mitten im Band des Moebius (Band mit nur einer Oberfläche), mitten in der Flasche Kleins! Rachi bietet uns die Lösung hier in Form eines topologischen Paradoxons: Gott ist nicht auf die Erde herabgestiegen und Moses ist nicht in den Himmel aufgestiegen, sondern Gott hat die Himmel so ausgebreitet, daß er auf der Erde sein konnte, ohne wirklich dort zu sein!

Für Rachi ist das Paradoxon kein Tand, den man einsetzt, um den einfältigen Gaffer zu zerstreuen, es steht im Zentrum eines Ereignisses, das die jüdische Tradition begründet, also im Herzen menschlicher Tradition.

---

[51] *Le Pentateuque* mit Kommentaren von Rachi (5 Bde.), hrsg. von Élie Munk, veröffentlicht durch die Stiftung Samuel und Odette Levy, 4 1980, Bd. II, L'Exode, S. 157.

IV. Kapitel
Rollenspiel: Simulation einer ersten familien-therapeutischen Sitzung – intrinsische Regeln und Besonderheiten

Eine der am meisten angewendeten Techniken in der familientherapeutischen Ausbildung ist das Rollenspiel: einige Teilnehmer „simulieren" dabei die Mitglieder einer Familie, die zum ersten Mal einen Psychotherapeuten aufsuchen; letzterer weiß im allgemeinen nicht, welche Situation die simulierenden Teilnehmer ihm schildern werden. Ein solches Gespräch ist nicht nur für denjenigen lehrreich, der die Rolle des Therapeuten übernommen hat, sondern auch für diejenigen, die die Familienmitglieder spielen, denn es erlaubt ihnen, eine große Spannweite von Situationen auszuleben, die für die eigene Entwicklung entscheidend sein können.

Einer der wichtigsten Aspekte solcher Simulationen ist die implizite Botschaft, die sie mit sich bringen: wir tun so, „als ob" es sich nicht um Psychotherapie handeln würde, obwohl diese Übung doch der Ausbildung von Psychotherapeuten dient. Und wenn die gesamte Psychotherapie nur Simulation wäre? Könnte man dann nicht jede Begegnung zwischen einem Patienten und einem Psychotherapeuten als Frucht eines impliziten Einverständnisses betrachten, an einem kodierten Spiel, Psychotherapie genannt, teilzunehmen – ein Spiel, das es sich zur Regel macht, sich selbst in Frage zu stellen? Die Simulation wäre dann jenseits aller Rationalisierungen, von denen sie getragen wird, ein metaphorischer Zustand der Psychotherapie par excellence: ein kodierter Zusammenhang, in dem das Wichtige sich nicht in der Realität, sondern an den Schnittstellen der Wirklichkeitskonstruktionen der jeweiligen Protagonisten vollzieht.

Ich möchte im folgenden eine Simulation vorstellen, die ich in einem Seminar in Frankreich durchgeführt habe, das ich zusammen mit dem amerikanischen Familientherapeuten Carl Whitaker leitete (eine Dolmetscherin sorgte für ständige Übersetzung).

Der Leser wird auf den folgenden Seiten die praktische Anwendung einiger Konzepte verfolgen können, die ich in den vorangehenden Kapiteln darlegte. So kann er beobachten, wie sich der Seminarleiter in beide Systeme einbringen kann, denen er angehört und die sich gegenseitig beeinflussen: das System der Personen, die die familientherapeutische Sitzung simulieren, sowie das weit umfangreichere System der Teilnehmer.

Auf diese Weise erscheint das gegenseitige Konstruieren von Wirklichkeit bald als ein grundlegender Vorgang therapeutischer Prozesse. Verknüpfungen singulärer Elemente zwischen Familienmitgliedern und Therapeut werden sichtbar (besonders die Wirkung, die der mit Pailletten besetzte Pullover der identifizierten Patientin auf den Therapeuten ausübt). Diese Schnittstellen bereichern sich mit Assemblagen intrinsischer Regeln, die dem Therapeuten und der Familie eigen sind (beispielsweise die Bedeutung des „Nicht-daran-Glaubens"). Man kann auch sehen, wie sich diese auf sich selbst bezogenen Assemblagen zunehmend verstärken; sie konstituieren sich sowohl aus scheinbar unbedeutenden Elementen als auch aus Regeln, die dem im Bereich der Familientherapie erfahrenen Therapeuten evident erscheinen.

Die Sitzung wird in dem Augenblick unterbrochen, in dem der erzeugte Prozeß sich auch in Abwesenheit des Therapeuten fortsetzen zu können scheint.

ROLLENSPIEL

Mony Elkaïm [*zu den Teilnehmern, die die Familienmitglieder simulieren*]: Guten Tag… Nehmen Sie Platz, wo Sie wollen.

Sitzordnung A

Teilnehmer 3	Teilnehmerin 4
Teilnehmerin 2	Teilnehmerin 5
Teilnehmer 1	Teilnehmerin 6
Mony Elkaïm	Übersetzerin

M. E.: Was kann ich für Sie tun?

Teilnehmer 3: Sie wissen, Joëlle ißt nicht…

M. E. [*zum Hörsaal*]: Ich möchte an dieser Stelle unterbrechen und Sie bitten, mir zu sagen, was Sie gesehen haben. Sie haben den Beginn von etwas gesehen, Sie haben Leute hereinkommen, sich hinsetzen sehen. Was halten Sie davon?

Teilnehmerin: Eine Art Gruppierung hat stattgefunden, die Leute sind hereingekommen und haben sich in einem Kreis gruppiert.

M. E.: Was haben Sie noch gesehen?

Teilnehmerin: Sie haben gefragt: „Was kann ich für Sie tun?" Sie haben die Dolmetscherin nicht übersetzen lassen. Der Mann hat begonnen zu antworten, und Sie haben ihn unterbrochen…

M. E.: Was Sie bemerkt haben, ist sehr wichtig. Eines der im Spiel befindlichen Systeme ist das System, das sich aus Therapeut, Übersetzerin und

Familie konstituiert. Der günstigste Platz für mich ist hier [*er zeigt den Teilnehmern seinen in Sitzordnung A angegebenen Platz*]. Aber wenn ich hier mit Judith [*der Übersetzerin*] an meiner Seite sitze, so sitze ich zwischen den Teilnehmern und Ihnen, und Sie können die Familienmitglieder nicht sehen. Wenn ich mich hierhin setze, damit Sie sie sehen können [*er zeigt auf einen Platz, der den Halbkreis verlängert*], fühle ich mich nicht wohl, ich muß zu jedem Familienmitglied jeweils die gleiche Distanz haben. Zur gleichen Zeit bemerkte ich, daß es nur ein Mikrophon gibt, und ich halte es für ungünstig, hin- und herzulaufen, um an das Mikrophon zu gelangen. Deshalb habe ich unterbrochen. Für mich sind Sie die wichtigste Person der Psychotherapie. Wenn Sie sich nicht wohl fühlen, ist es besser, gar nicht anzufangen. Und ich habe mich nicht wohl gefühlt. Jetzt möchte ich gerne, daß Sie mir helfen, eine Lösung zu finden, damit ich mit den Familienmitgliedern arbeiten kann. Setze ich mich ihnen gegenüber, so bilde ich eine Schranke zwischen den Familienmitgliedern und Ihnen. Ich muß also einen Platz suchen, auf dem ich mich wohl fühle. Lassen Sie mir eine Minute... [*M. E. plaziert seinen Stuhl an verschiedenen Orten.*] Nein... nein... Ja. Was werde ich also tun? Ich bin hin- und hergerissen. Der einzige Platz, auf dem ich mich wohl fühle, ist hier. Und hier bin ich zwischen Ihnen und den Teilnehmern, was soll ich tun? Helfen Sie mir doch ein wenig, bitte.

Teilnehmerin: Leg dich hin.

[*Allgemeines Lachen im Saal.*]

M. E.: Ich werde es versuchen. [*M. E. versucht, sich hinzulegen.*] Nein, so fühle ich mich nicht wohl. Was soll ich tun?

Teilnehmer: Sprich darüber.

M. E.: Aber ich mache ja nichts anderes als darüber sprechen.

Teilnehmerin: Sagen Sie ihnen, daß Sie sich an der Stelle, wo Sie sitzen, nicht wohl fühlen, und versuchen Sie, gemeinsam mit ihnen einen Platz zu finden, an dem Sie arbeiten können.

M. E. [*zu den Mitgliedern der Familie*]: Was halten Sie davon? Lassen Sie uns zusammen nach einem Platz suchen. Wie könnten wir uns setzen? [*Die Familienmitglieder stellen ihre Stühle um, ebenso M. E.*]

Sitzordnung B

Teilnehmerin 6
Teilnehmerin 5
Teilnehmer 4
Teilnehmer 3   Übersetzerin
Teilnehmerin 2   Mony Elkaïm
Teilnehmerin 1

M. E.: Das ist schon besser. [*Sich an die Teilnehmerin wendend, die den Vorschlag gemacht hatte.*] Vielen Dank. Die Dame hat mir etwas sehr Wichtiges gesagt; sie sagte mir: „Warum tust du so, als ob es sie nicht gäbe? Warum hast du so getan, als ob es nur uns und dich gäbe? Das aktuelle System ist nicht nur wir und du, es besteht aus uns, dir und ihnen." Dank Ihnen beginne ich freier zu atmen. Gut, einer sprach von Gruppierung... Wer sagte das? Können Sie uns noch mehr darüber sagen?

Teilnehmer: Selbst als sie die Plätze umgestellt haben, hat die linke Person versucht, einen Kreis zu bilden.

M. E.: Wenn der Herr bei mir studieren würde, würde ich danach fragen, in welcher Hinsicht die Regel, auf die er hingewiesen hat, eine intrinsische Regel des therapeutischen Systems ist und nicht nur eine intrinsische Regel der Familie. Ich würde ihm nicht a priori sagen: „Hüten Sie sich davor, das sind Ihre Probleme, Sie laufen Gefahr, Ihre eigenen Geschichten auf die der Leute zu projizieren". Ich würde vielmehr ausrufen: „Was für ein Glück haben wir, daß sich in bezug auf die Gruppierung etwas Einzigartiges zwischen Ihnen und ihnen bildet." Aber dazu muß ich erst prüfen, was an diesem Punkt, an dieser singulären Verbindung zwischen Ihnen und den Teilnehmern einzigartig ist. Meine Aufgabe als Ausbilder ist es, Ihnen zu helfen, diesen besonderen Weg auch benutzen zu können.

Zurück zur Simulation

M. E. [*zur Familie*]: Was kann ich für Sie tun?

Teilnehmer 3: Ich glaube, man hat Ihnen schon gesagt, daß wir hierherkommen, weil wir eine Tochter haben, die nicht mehr ißt.

M. E.: Ja?

Teilnehmerin 4: Das macht mir wirklich große Sorgen. Können Sie uns nicht helfen?

M. E. [*zum Saal*]: Was haben Sie gesehen?

Teilnehmer: Sie machen mit ihnen genau dasselbe, was Sie mit uns gemacht haben.

M. E.: Was habe ich mit Ihnen gemacht?

Teilnehmerin: Sie haben uns arbeiten lassen.

M. E.: Wie versuche ich, sie arbeiten zu lassen?

Teilnehmerin: Indem Sie nicht viel sagen.

M. E.: Als ob ich nur mit Ihnen sprechen würde, und nicht mit ihnen. Ich spreche hinter meinem Rücken zu ihnen.

Teilnehmer: Du läßt sie glauben, daß du etwas für sie tun kannst, weil du sagst: „Was kann ich für Sie tun?"

M. E.: Das verstehe ich so: „Lieber Elkaïm, du eröffnest die Sitzung, indem du sagst: ‚Ich bin für Sie da', du definierst also den Kontext und fragst: ‚Sagen

Sie mir, was kann ich tun?'" Die Art und Weise, in der wir eine Sitzung beginnen, ist je nach Therapeut sehr unterschiedlich. Wenn ich sage: „Was kann ich für Sie tun?" spreche ich nicht unbedingt von Krankheit oder Gesundheit, ich spreche von mir, der versucht, sich zu engagieren, sich für sie einzusetzen. Was haben Sie noch gesehen?

Teilnehmerin: Der Vater und die Mutter sitzen in der Mitte, die anderen jeweils an ihrer Seite. Das ist interessant, dieser fast symmetrische Aspekt.

Teilnehmerin: Der Vater schildert das Problem, er ergreift das Wort als erster und dann, als du eine Pause machst, fällt die Mutter ein, die weit emotionaler ist.

M. E.: Sie sehen die Situation so, als ob es eine Aufteilung der Rollen zwischen Vater und Mutter gäbe. Wenn Sie davon ausgehen, daß die Mutter emotional ist, so kann es sein, daß Sie mit ihr ein System schaffen, in dem sie tatsächlich emotional sein wird. Es ist schwer, einem Prozeß zu entkommen, in den wir selbst inbegriffen sind, um das hervorzubringen, was wir zu sehen meinen. Was haben Sie noch gesehen?

Teilnehmer: Was hat Sie dazu veranlaßt zu glauben, daß die Person, die gesprochen hat, die Mutter ist?

M. E.: Er hat recht. Nur weil eine Frau nach einem Mann das Wort ergreift und über ein Mädchen spricht, muß es nicht ihre Tochter sein. Wir konstruieren immer. Was haben Sie noch gesehen?

Teilnehmerin: Sie fangen zu schnell an, wir haben noch nicht einmal Zeit gehabt, diese Leute sprechen zu sehen, und Sie verlangen bereits von uns, daß wir Hypothesen ausarbeiten. Ich hätte mir gewünscht, daß wir damit warten, bis sich die Dinge klarer darstellen.

M. E.: Wenn ich Studenten betreue, die mir Videobänder ihrer Arbeit bringen, so kann ich immer beobachten, daß in den ersten Minuten der ersten Sitzung enorme Interaktionen zwischen Familie und Therapeut stattfinden. Diese scheinbar unbedeutenden Elemente entscheiden häufig den Verlauf der gesamten Sitzung. Sie haben vor allem auf die Worte geachtet; vernachlässigen Sie nicht die vielfältigen nonverbalen Ausdrucksformen, die bis jetzt zu sehen waren und meist ausschlaggebend dafür sind, was eintreten wird. Was die Klarheit betrifft: je klarer die Dinge sind, desto mehr verengt sich ihr Spielraum. Ich werde mich also immer klarer ausdrücken, damit Sie immer tiefer in Verwirrung geraten.

Zurück zur Simulation

Teilnehmerin 4: Joëlle ißt nicht, und das macht mir große Sorgen. Wir verstehen nicht, was geschieht, deshalb hat mein Mann beschlossen, Sie aufzusuchen.

M. E.: Würden Sie mir bitte die Anwesenden vorstellen?

Teilnehmerin 4 (die Mutter): Freda ist einundzwanzig, sie arbeitet. Joëlle, sie ist siebzehn, ist diejenige, mit der etwas nicht stimmt. Monique ist neunzehn, sie ist noch zu Hause. Und Paula ist sechzehn.

Paula
Monique
Mutter
Vater
Joëlle
Freda

Übersetzerin
M. E.

M. E. [*sich an den Hörsaal wendend*]: Was denken Sie darüber?

Teilnehmerin: Die Mutter hat die Patientin nicht als erste vorgestellt.

M. E.: Ja, das scheint mir in der Tat wichtig. Was noch?

Teilnehmer: Sie hat nur ihre Töchter vorgestellt.

M. E.: Das ist nicht uninteressant. Man könnte meinen, ihr Mann hätte sich selbst vorzustellen. Man könnte aber auch denken, daß sich der Ehemann bereits vorgestellt hat und daß sie mir nur die Mitglieder der Familie vorstellt, die noch nichts gesagt haben.

Teilnehmer: Das veranlaßt einen schon jetzt zu denken, daß der Vater sehr allein sein muß.

M. E.: Ich möchte Sie nochmals darauf aufmerksam machen, daß wir an dieser Stelle sehr deutlich sehen können, wie wir jeweils verschiedene Wege einschlagen. Ich habe, was mich betrifft, den Vater nicht als eine alleinstehende oder isolierte Person wahrgenommen. Jetzt schon also öffnen sich durch unsere persönlichen, spezifischen Wege verschiedene Türen.

Teilnehmerin: Was mir von Anfang an merkwürdig erscheint, ist das Benehmen des Vaters; er scheint so belastet zu sein, daß er alles in Ihre Hände legt.

M. E.: Nochmal also, wir haben hier eine Konstruktion, die mit einer Schnittstelle zwischen Ihnen und der simulierten Familie korrespondiert. Meine Schnittstellen sind ein wenig anders.

Teilnehmer: Die Mutter hat die Initiative so beschrieben, als ob sie vom Vater käme. Zu Beginn der Konsultation ist es übrigens auch er gewesen, der als erster gesprochen hat.

Teilnehmer: Im Innern der Familie scheint ein Wechsel zwischen Ehefrau und Ehemann stattgefunden zu haben, dann hat der Mann das Problem erläutert. Ein anderer Punkt ist, daß die Mutter zuerst ihre beiden einundzwanzigjährigen Töchter vorgestellt hat. [*Im Hörsaal: „Nein."*] Ich habe verstanden, daß sie beide einundzwanzig seien.

Die Mutter: Nein, einundzwanzig, siebzehn, neunzehn und sechzehn.

Teilnehmer: Ich hatte den Eindruck, daß die Mutter ihre Töchter in verzerrter Weise vorstellte, indem sie ihre Kinder nur über ihr Alter beschrieb und anhand der Tatsache, ob sie arbeiten oder nicht.

Teilnehmer: Während dieser Sequenz habe ich bemerkt, daß die Beine aller Familienmitglieder in der gleichen Weise übereinandergeschlagen waren. Der Vater und Joëlle hielten auch die Arme in der gleichen Stellung. In diesem Moment dachte ich, daß der Vater und Joëlle sich ziemlich nahestehen müssen.

M. E.: Sie beschreiben eine Bewegung, die tatsächlich sehr selten ist. Es ist ungewöhnlich, daß alle Mitglieder einer Familie die Beine in der gleichen Richtung übereinanderschlagen. Im übrigen sagen Sie: „Zwei von ihnen überkreuzen die Arme in gleicher Weise", und Sie schließen daraus, daß dies bedeuten könne, daß sich diese beiden Personen nahestehen. Sie sehen hier erneut, wie schnell der Prozeß des Konstruierens bereits zu Beginn der Sitzung wirksam wird.

Zurück zur Simulation

M. E. [*Sich an die identifizierte Patientin wendend*]: Wie heißen Sie, Mademoiselle?
Joëlle: Joëlle.
M. E. [*zu Joëlle*]: Sie tragen hübsche glänzende Sachen [*auf die Pailletten auf ihrem Pullover anspielend*].
Joëlle: Na, und?
M. E.: Ich weiß nicht, es fiel mir auf. Vielleicht, weil eine Seite glänzt und die andere nicht?
Joëlle: Man hat mir nicht gesagt, daß man mich hier von Kopf bis Fuß auseinandernehmen wird. Ich hatte sowieso keine Lust hierherzukommen, das ist alles ziemlich unerfreulich.
M. E.: Ich weiß nicht, ob das, was ich mit Ihnen mache, Sie von Kopf bis Fuß auseinandernehmen ist. Ich habe mir vielmehr selbst eine Frage gestellt. Ich sagte mir: Schau an, das ist seltsam, eine Seite glänzt, die andere nicht. Und weil ich ein großer Träumer bin ...
Joëlle: Die verdeckte Seite des Mondes, das ist's. Nun gut, Papa, ich bin ja zu allem bereit, aber ich finde, daß ...
M. E.: Einen Augenblick. Joëlle, kann ich fortfahren? Erlauben Sie mir fortzufahren?
Joëlle: Wir sind nun einmal hierhergekommen, also müssen wir Sie anhören, auch wenn ich nicht will.
M. E.: Oh, das muß nicht so sein. Joëlle, wenn Sie wollen, daß ich jetzt aufhöre, höre ich mit Vergnügen auf. Wollen Sie, daß ich fortfahre?

Joëlle: Ich weiß nicht, ich weiß wirklich nicht, was wir hier machen, aneinandergereiht wie die Hühner auf der Stange.

M. E.: Was meinen Sie, was wir hier machen?

Joëlle: Ich bin nicht allein hier, Sie können ja mit den anderen sprechen.

M. E.: Sehen Sie, das ist seltsam, im allgemeinen beginne ich eine Sitzung immer, indem ich mit den anderen spreche. Und dieses Mal, es ist nicht meine Schuld, oder vielmehr doch, es ist meine Schuld. Ich plädiere für schuldig. Es stimmt, diese Vögel auf Ihrem Pullover und dieser Glanzeffekt haben mich ganz in Bann gezogen.

Joëlle: Jetzt fangen wir an, Späße zu machen.

M. E.: Was amüsiert Sie denn so?

Joëlle: Man hat mir gesagt, wir gehen zu einem Arzt. Noch einer mehr, weil wir schon bei vielen waren. Wir werden ihm erklären und dann ... Zuerst haben wir etwas zu machen.

Der Vater: Mutter, willst du etwas sagen?

M. E.: Eine Sekunde, irritiert es Sie, wenn ich mit ihrer Tochter spreche?

Der Vater: Was mich irritiert, ist, daß ich den Eindruck habe, Sie verängstigen sie.

Die Mutter: Sie könnten vielleicht von etwas anderem reden als von ihrem Pullover? Ich weiß nicht so recht, ich finde das ein wenig seltsam.

M. E.: Wie soll ich das denn machen, nicht an den Pullover zu denken, wenn ich an ihn denke?

[*Joëlle wendet sich ihren Eltern zu und flüstert etwas.*]

M. E.: Was ist, Joëlle?

Die Mutter: Sie fragt, ob Sie wirklich Arzt sind. Ihre Art vorzugehen, ist ungewöhnlich. Wir waren schon bei anderen Ärzten, Sie sind der erste ... ich weiß nicht, wie ich sagen soll, ich will Sie nicht beleidigen.

M. E.: In manchen Augenblicken frage ich mich selbst, ob ich wirklich Arzt bin.

Die Mutter: Ich weiß nicht, Sie müssen schließlich wissen, was Sie tun.

M. E.: Ich würde gerne wissen, ob das, was ich tue, richtig ist. Aber ich bin nicht davon überzeugt.

Die Mutter: Die Kleine beginnt sich aufzuregen, ich weiß nicht, könnten Sie uns nicht sagen, was wir tun sollen?

M. E.: Joëlle, Ihre Eltern brauchen anscheinend eine Absicherung. Können Sie mir sagen, was ich machen soll, um ihnen das Gefühl der Sicherheit zu geben?

Joëlle: Man muß ihnen immer sagen, was sie machen sollen.

M. E.: Ja ...

Joëlle: Ich, ich weiß nicht, mir geht es eigentlich gut, zunächst einmal, und dann, gut, meine Eltern sind beunruhigt, und dann sind da meine Schwestern, und dann sind wir hierhergekommen, und wie lange dauert das noch? Dieses Affentheater?

Der Vater: Du kannst trotz allem höflich zu dem Herrn sein.

M. E.: Wenn Sie mir nicht helfen, bin ich ein wenig verloren, das stimmt, Joëlle.

Joëlle: Wobei muß ich Ihnen denn helfen? Dabei, daß, wenn ich mich tatsächlich anstrenge, wir die Sache vielleicht ein wenig beschleunigen, denn das nervt wirklich. Wobei muß ich Ihnen helfen? Sie sprechen mit mir über meinen Pullover und dann... Meine Eltern, sie sind nicht deswegen gekommen... Ich, gut, höchstens... Ich weiß es eigentlich nicht... Und dann, Sie machen mich nervös... und dann sehen Sie mich so aggressiv und dann... Nein, mit Ihnen so streiten, das ich kann ich ja tun, ich kann das auch weiter so machen, aber was tun wir hier überhaupt? Wir sind doch nicht hierhergekommen, um über solches Zeug zu reden.

M. E. [*zu den Eltern*]: Wissen Sie, ich habe da ein kleines Problem, ich weiß sehr wohl, daß Sie gekommen sind, um über die Eßstörungen Ihrer Tochter zu reden. Aber alles, was ich sehe, ist ein Pullover, der an manchen Stellen glänzt und an anderen nicht, und Vögel, die sich von diesem Pullover abheben. Und wenn Sie mir Vorwürfe machen, um mir zu sagen: „Arbeite ernsthaft", sehe ich nur das hübsche weiße Band in ihren Haaren [*sich an Joëlle wendend*]. Ich bin also in einer sehr peinlichen Situation.

Der Vater: Sehen Sie nicht, daß sie einen Meter und siebzig groß ist und nur vierzig Kilo wiegt?

M. E.: Joëlle, was sagen Sie dazu?

Joëlle: Ich [*Sie beginnt zu lachen.*]

M. E. [*sich an den Hörsaal richtend*]: Und Sie, was sagen Sie dazu?

Teilnehmerin: Die Patientin gab anfangs klar zu verstehen, daß sie nicht gern gekommen ist. Sie fauchte, sie zappelte mit den Füßen, sie schaute nach oben und nach unten. Sie war kratzbürstig, und dann haben Sie sie zum Lachen gebracht.

Teilnehmer: Zwei sehr banale Dinge. Sie haben gezeigt, daß zwischen dem, was die Familie erkennen läßt, und der Ernsthaftigkeit des Grundes, der sie herführte, etwas Paradoxes liegt.

Teilnehmerin: Indem Sie vom Pullover sprachen, haben Sie der Familie erlaubt, den Rahmen erneut zu präzisieren; nicht Sie haben den Rahmen des Gesprächs festgelegt, sondern die Familie bestimmt ihn näher...

Teilnehmerin: Ich finde interessant, daß Sie Joëlle ein wenig unter Druck setzen, indem Sie nicht über ihr Symptom sprechen... Sie versuchen sie zu zwingen, selbst das Problem aufzuwerfen, und auf diese Weise können Sie, glaube ich, einen Einblick in die Funktion des Symptoms bekommen.

Teilnehmerin: Ich bin sehr erstaunt über die Art und Weise, wie Sie, Mony

Elkaïm, sich einbringen. Sie sprechen von Ihren Eindrücken, von Ihren Gefühlen und welchen Eindruck der Pullover auf Sie macht.

Teilnehmer: Sie richten sich immer wieder an Joëlle, die Sie an ihre Schwestern, an die anderen verweist, und Sie fahren fort, sich an Sie zu wenden.

Teilnehmer: Mir schien es, daß sie sich zu entspannen begann, als Sie vom Pullover sprachen. Sie sagte zu Ihnen: „Wir fangen an zu scherzen", sie verlor ihre Ungeduld. In diesem Augenblick sagte Ihnen die Mutter: „Wir sind nicht zum Spaß hier und dazu, daß Sie über ihren Pullover sprechen." Dann war Joëlle wieder aggressiv, und die Mutter machte Sie darauf aufmerksam, daß sie aggressiv war, daß Sie sie aggressiv machten.

Teilnehmerin: Mir ist aufgefallen, daß in dem Maße, wie Joëlle sich entspannte, der Vater und die Mutter immer unruhiger wurden, als ob sie es wären, die das Problem hätten.

M. E.: Ich werde mein Verhalten kurz kommentieren. Ich arbeite sehr selten mit Familien, die ein magersüchtiges Mitglied haben. Im allgemeinen interessiere ich mich mehr für die Chronologie: wann ist das Symptom zum ersten Mal aufgetreten? Dann untersuche ich den Entstehungskontext des Symptoms und verifiziere die Hypothesen über seine möglichen Funktionen innerhalb des Familiensystems. Ich werte das Symptom durch einen paradoxen Kommentar als etwas Schützendes um. In diesem Fall wurde ich ganz von diesem Pulli in Bann gezogen. Wenn ich in meiner eigenen Vergangenheit suche, erinnert er mich an die erste Novelle, die ich geschrieben habe: sie handelte von einem Schüler, der zu träumen begann, indem er die glänzenden Punkte auf dem Rücken eines anderen Schülers fixierte, der vor ihm saß. In einem bestimmten Augenblick fand er sich, im Muster dieses Pullovers verloren, wieder. Die Geschichte war ein wenig verrückt, im Stile Cortazars. Hier hat eine Überschneidung zwischen meiner Novelle und dem Pulli Joëlles stattgefunden (ich bin mir dessen erst später bewußt geworden). Joëlle sagte sich offensichtlich: „Was versucht er an mir zu finden?" Es war, wie wenn ein Psychologe anhand der Art und Weise, wie Sie ihre Arme und Beine bewegen, versucht, etwas über Sie zu sagen. Und in dem Maße, in dem ich selbst sonderbar erschien, war ich der Patient, war ich es, der sagte: „Es tut mir leid, aber ich kann mich einfach nicht vom Anblick dieses Pullis lösen." Die Familie formiert sich plötzlich gegen mich, weil ich der Patient bin, außerdem ruft die Befreiung Joëlles von ihrer Rolle als identifizierter Patientin ein Unwohlsein der Eltern hervor. Wenn ich in diesem Moment nicht den Verrückten spielen würde, laufe ich Gefahr, mich dem System, das sie mir anbieten, zu widersetzen. Denn wenn ich mich nicht in die Art und Weise füge, in der sie das Symptom einschätzen, heißt das für sie, daß ich nicht auf sie höre und daß ich nicht die Funktion des Symptoms berücksichtige. Deswegen biete ich mich selbst als Patient an. Wenn es eines Patienten bedarf, kann ich das sein, nicht unbedingt das magersüchtige Mädchen. Ich habe Kraft genug, diese Rolle durchzuhalten! Haben Sie noch weitere Bemerkungen oder Fragen, bevor wir fortfahren?

Teilnehmer: Als der Vater Ihnen anfangs das Symptom nannte, bat er Sie irgendwie, seinen Platz einzunehmen, um seiner Tochter zu helfen. Ihr Eingreifen scheint den Vater irritiert zu haben, was er der Mutter zu verstehen gab.

Teilnehmer: Die Schwestern haben noch gar nichts gesagt.

Zurück zur Simulation

M. E. [*zum Vater*]: Wie finden Sie mich?

Der Vater: Nun, ich muß überlegen. [*Zu seiner Frau*] Und du?

Die Mutter: Ich weiß nicht so recht, worauf er hinaus will. Ich finde, er versteht nicht recht, um was es eigentlich geht.

M. E.: Wenn Sie sich so vorbeugen, machen Sie den Eindruck, sehr betroffen zu sein. Sie haben ein großes Verlangen zu helfen ... Ich fühle mich gar nicht wohl in dieser Lage, in der ich Ihnen sichtlich nicht helfe und in der auch ich den Eindruck habe, Ihnen nicht helfen zu können.

Die Mutter: Ich auch, ich habe ebenfalls diesen Eindruck, ich glaube, wir sind auf dem Holzweg.

Der Vater: Vielleicht.

M. E. [*zu Freda*]: Sie sind sehr unruhig, wie heißen Sie doch gleich noch?

Freda: Freda.

M. E.: Freda, können Sie mir vielleicht ein wenig helfen? Ich bin ganz verloren.

Freda: Ich glaube, es würde uns helfen, wenn Sie uns erklären würden, wie Sie arbeiten.

M. E.: Um die Wahrheit zu sagen, ich weiß nicht recht, wie ich arbeite.

Freda: Ich dachte eigentlich, daß wir mit einer Bitte gekommen sind; und ich denke, daß es an Ihnen ist, uns zu sagen, was Sie für uns tun können.

M. E.: Können Sie mir helfen zu verstehen, welche Bitte Sie herführt und was Sie von mir erwarten?

Joëlle [*zu Freda*]: Willst du ihm sagen, was wir tun sollen?

Freda: Ich denke, ich kann sagen, was ich denke, oder? Meine Eltern sind wegen Joëlle in Sorge. Das ist es, was uns bedrängt.

M. E. [*zum Hörsaal*]: Sehen Sie jetzt, wie Freda das Problem umdefiniert? Freda betrachtet nicht die Magersucht ihrer Schwester als das eigentliche Problem, sie sieht es in der Beunruhigung ihrer Eltern. Freda drückt sich ziemlich zweideutig aus, damit man verstehen kann, daß sowohl die Unruhe der Eltern als auch die Tatsache, daß Joëlle nicht ißt, das Problem darstellen.

M. E.: Und was wäre, wenn wir auf diese Weise fortfahren, von einem zum anderen, damit ich verstehen kann, was Sie von mir erwarten?

Paula: Ich bin sehr froh, sprechen zu können, weil ich die Nase voll habe. Wenn sie nicht mehr ißt, fange ich an, Hunger zu haben, und ich frage mich, was wir eigentlich hier sollen.

Joëlle: Wenn es dir nicht paßt, kannst du ja gehen.

Monique: Mir wird es auch langsam langweilig. Ich finde, daß zu sehr an Joëlle herumgemäkelt wird, sie fühlt sich doch wohl in ihrer Haut. Ich fände es gut, wenn man sie ein wenig in Ruhe ließe. Wir sagen ihr immer alle: „Iß, iß, iß", und dann, nun gut, eigentlich geht es ihr gar nicht schlecht.

Der Vater: Der Hausarzt hat gesagt, wenn sie noch zwei Kilo abnimmt, müßte sie sofort ins Krankenhaus. Das darf nicht vergessen werden. Es besteht immerhin Lebensgefahr.

M. E. [zu Paula]: Wie heißen Sie?

Paula: Paula.

M. E. [zu Monique]: Und Sie, wie heißen Sie?

Monique: Monique.

M. E.: Ich bin wirklich in einer peinlichen Lage. Ich fühle mich bedrängt, weil ich verstehe, daß es sich um ein schwerwiegendes Problem handelt. Noch dazu, weil vor mir anscheinend niemand in der Lage war, Ihnen zu helfen. Ich verstehe auch nicht ganz, was ich anderen voraus haben soll.

Die Mutter: Das stimmt.

Der Vater: Ich habe eine Frage. Ist Ihnen der Tod unserer Tochter gleichgültig?

M. E.: Mir, überhaupt nicht … Sie tun so, als ob die Tatsache, daß ich dem, was Ihrer Tochter zustoßen könnte, nicht gleichgültig gegenüberstehe, bedeuten würde, daß ich Ihnen helfen kann. Es ist auch in Betracht zu ziehen, ob ich dazu überhaupt ausreichend kompetent bin. Vielleicht bin ich nicht kompetent genug, Ihnen zu helfen …

Der Vater [zu seiner Frau]: Haben uns die Ärzte nicht gesagt, daß nur Herr Elkaïm uns weiterhelfen kann?

M. E. [zum Hörsaal]: Sehen Sie, das ist faszinierend. Wir haben hier also eine Familie, die, wie man mir anfangs sagte, zahlreiche Ärzte ohne jeglichen Erfolg konsultierte. Und von Anfang an war deutlich zu sehen, daß sie auch mir nur wenig Chancen einräumen, Erfolg zu haben … Je mehr ich meine Inkompetenz herausstelle, um so kompetenter werden sie selbst und um so mehr fordern sie von mir Kompetenz. Es ist, als ob folgende Forderung im Raum stünde: „Wir wollen, daß uns geholfen wird, aber wir wollen keinen kompetenten Arzt." Das läßt mich an die Position denken, die der

Vater einnimmt: die Position eines Menschen, dem es trotz privilegierter Stellung nicht gelingt, seiner Tochter zu helfen. Wenn ich den Platz einnehme, den mir die Familie anzubieten scheint, entsteht die Gefahr, daß die Position des Vaters noch weiter geschwächt wird. Erst in dem Augenblick, in dem ich beiden Ebenen ihrer Forderung entspreche, schaffe ich ihnen Möglichkeiten, flexibler zu sein. Das heißt, ich muß mich als jemand anbieten, der helfen will, selbst aber daran zweifelt, daß er helfen kann. Kompetent zu sein, würde eine Gefahr bedeuten, weil ich dann nur einem Teil ihrer Erwartungen entsprechen würde. Ich werde also versuchen, ihnen zu helfen, ohne kompetent sein.

Zurück zur Simulation

M. E. [*zu Joëlle*]: Joëlle, guten Tag. Papa hat mich sehr berührt.
Joëlle: Wie der Pulli?
M. E.: Nein, sehr, sehr viel mehr. Er hat mir in Erinnerung gerufen, daß sich hinter Ihrem Lächeln, hinter Ihrer Liebenswürdigkeit dramatische Dinge abspielen. Können Sie mir diese dramatischen Dinge sagen?
Joëlle: Ich, ich weiß nichts davon. Ich sehe keine dramatischen Dinge. Meine Schwester hat es Ihnen ja schon gesagt: sie sagte, daß gar nichts Besonderes geschehen ist.
M. E.: Ich sehe, daß Sie den Kopf schütteln.
Der Vater: Ich bin niedergeschmettert!
M. E.: Niedergeschmettert, ja. Fahren Sie bitte fort.
Der Vater: Was soll man sagen, wenn Joëlle sagt, daß es keine Probleme gibt, wo doch jede Mahlzeit ein einziger Kampf ist?
M. E.: Und Sie?
Die Mutter: Ja.
M. E.: Sie sagen „Ja", als ob Sie sagen würden: „Aber wozu ist das alles nutze?" Nicht wahr?
Die Mutter: Ja, das frage ich mich, ich bin ein wenig enttäuscht von der Art und Weise, wie Sie mit uns umgehen. Ich glaubte, Sie würden viel aktiver sein.
M. E.: Wie?
Die Mutter: Ich weiß es nicht, ich bin zu Ihnen gekommen, weil mein Mann sich viel von Ihnen versprach; ich selbst habe mir nicht viel davon versprochen.
M. E. [*zum Hörsaal*]: Sehen Sie, dieser Satz ist sehr wichtig. Sie sagt: „Meine Tochter ist in Lebensgefahr", aber auch: „Ich glaube nicht, daß man ihr helfen kann." Dieser Satz kann folgendermaßen verstanden werden: „Meine Tochter ist in Lebensgefahr, und ich wage nicht zu hoffen, daß man das ändern kann", oder auch, noch einfacher ausgedrückt: „Ich glaube nicht, daß

etwas daran zu ändern ist." Wenn der Therapeut diesen Satz aufgreift, würde das nicht viel bringen, er würde sich höchstens den Zorn der Mutter zuziehen. Mich macht die Tatsache, daß die Mutter nicht daran glauben kann, daß die Situation verändert werden kann, darauf aufmerksam, daß das Symptom eine Funktion hat, daß es nützlich und wichtig ist.

Zurück zur Simulation

M. E.: Ich fühle mich betroffen von dem, was Ihre Frau gerade sagte. Was ich verstand, ist: „Wie gerne würde ich sehen, daß es meinem Kind besser geht, aber ich wage nicht zu glauben, daß das möglich ist, so sehr habe ich Angst, das es nicht geschieht." [*Die Mutter nickt zustimmend.*] Oder aber: „Ich habe so sehr Angst zu glauben, daß es geschehen könnte und daß es nicht geschieht, daß ich nicht einmal mehr wage zu glauben, daß es wirklich passieren könnte." Sie nicken, Madame.

Die Mutter: Ja, ich sehe, Sie sind wie ich, wirklich.

Der Vater: Sie haben unsere Gefühle sehr gut verstanden.

M. E.: Ziehen Sie es vor zu glauben, daß etwas, das Sie sich wünschen, nicht geschieht, aus Angst, im Falle des Mißerfolgs enttäuscht zu sein?

Die Mutter: Ja, immer.

M. E.: Schildern Sie mir ein Beispiel.

Die Mutter: Ich weiß nicht, wenn sie zur Schule gehen, habe ich immer Angst, daß sie versagen, ich denke lieber gleich, daß sie versagen werden …

M. E.: Ja, und was noch?

Die Mutter: Mein Mann sollte eine Stellung bekommen. Gut, er hat sie bekommen, aber ich hatte immer Angst, daß er sie nicht bekommen könnte, ich dachte lieber bis zum letzten Moment, daß er sie nicht bekommen würde.

M. E.: Was sagen Sie dazu? Zu dem, was Ihre Frau gerade sagt.

Der Vater: Es ist genau so, wie sie sagt. Wenn wir Gäste haben, sagt sie immer, das Essen wird ihr nicht gelingen, und dann ist es köstlich.

M. E.: Joëlle, wie denken Sie über das, was Ihr Papa und Ihre Mama sagen?

Joëlle: Oh, meine Mutter kocht sehr gut.

M. E.: Ich habe sehr gut verstanden, was Sie gesagt haben. Und was halten Sie von dem, was Ihr Vater und Ihre Mutter über ihre Angst sagen, daß die Dinge, die sie sich wünschen, nicht eintreten könnten?

Joëlle: Sie haben von Drama gesprochen, vorhin. Das ist es, das Drama. Mama ist immer davon überzeugt, daß eine Katastrophe eintritt. Immer. Nicht ich bin das Drama, es ist immer so, sie hat es Ihnen ja gerade selbst gesagt.

M. E. [*zum Hörsaal*]: Wir sind jetzt an einem Punkt angelangt, an dem man mir folgende Möglichkeit anbietet: „Mony Elkaïm, bist du bereit, dich mit uns zu verbinden und auch immer das Schlimmste anzunehmen?" Das heißt, daß auch ich mich so verhalten muß, als ob ich bezweifeln würde, Erfolg zu haben. Doch wie kann man aus dieser Verknüpfung etwas machen, was für alle annehmbar ist? Helfen Sie mir. Wie kann ich da wieder herauskommen?

Teilnehmer: Könntest du ihnen nicht die Schwierigkeit zu verstehen geben, die du hättest, wenn du bei ihnen zum Essen eingeladen wärst, mit dieser Frau, die Angst hat, das Essen zu verderben, und dir, der ebenfalls Angst hat zu scheitern, und wie das trotzdem gut werden könnte?

M. E.: Zunächst einmal, ich gehe nicht gerne zu meinen Patienten zum Essen; außerdem, wenn ich tatsächlich hingehen würde, würde das Essen wirklich sehr schlecht werden. Es würde so schlecht sein, daß ich Bauchweh bekommen und krank werden würde.

Teilnehmer: Könnten Sie sie nicht dazu anregen, eine Mahlzeit zu spielen?

M. E.: In unserem Fach gibt es einen Herrn namens Salvador Minuchin, dessen Sekretärin den Familienmitgliedern vorschlägt, ein Essen zu bestellen. Die Verabredungen finden im allgemeinen mittags statt. Er arbeitet anhand der Ereignisse, die sich während des Essens abspielen. Aber, das ist Sal Minuchin und nicht Mony Elkaïm.

Teilnehmerin: Können Sie und auch die Familie mit dem arbeiten, was Sie als Schlimmstes befürchten?

M. E.: Jeder Ihrer Ratschläge ist wichtig und nützlich, aber einige davon kommen dem, was ich machen kann, sehr nahe, wie das, was Sie gerade gesagt haben; andere Vorschläge sehe ich mich nicht ausprobieren. Das ist ebenso wichtig in der Ausbildung. Es genügt nicht, einem Studenten zu sagen: „Das könnte man machen." Der Student muß auch selbst etwas damit anfangen können, damit er Geschmack daran findet. Sie sagen mir also: „Wie soll ich mit dem, was ich am meisten fürchte, umgehen?"

Teilnehmerin: Ja, mit dem arbeiten, was Sie und die Familie gemeinsam am meisten befürchten.

M. E.: Danke, wer noch?

Teilnehmerin: Ich würde gerne über meine Befürchtungen sprechen, daß die Therapie nicht gelingen könnte.

Teilnehmerin: Warum nicht mit der Mutter arbeiten, mit ihren Ängsten; vielleicht ist sie die identifizierte Patientin?

M. E.: Das könnte man machen, wenn man eine entsprechende Situation dafür schafft. Wenn ich einer Familie begegne, denke ich in Begriffen, die das ausdrücken, was die ganze Familie macht, und nicht das, was eines ihrer Mitglieder macht. Wenn ein Patient benötigt wird, ziehe ich es vor, diese Rolle selbst zu übernehmen.

Teilnehmer: Warum setzt du dich nicht auf ihren Platz?

M. E.: Wenn ich ihren Platz einnehme, entsteht folgendes Problem, ich werde so tun, als ob ich an ihrer Stelle wäre, was unmöglich ist, denn wir sind niemals an der Stelle eines anderen. Ich schaffe mir einen Platz in unserem System. Ich kann an meinem eigenen Platz Patient sein. Das wird die Rollenverteilung unseres Systems verschieben, aber mein Platz ist dann der meine und nicht der ihre.

Zurück zur Simulation

M. E.: Sie sehen, Ihre Tochter sagt mir: „Ich bin sehr empfänglich für das, was meine Eltern erleben, meine Eltern sind Menschen, die so sehr das Beste für uns wollen, daß sie es nicht wagen, daran zu glauben, und immer nur das Schlimmste befürchten." Als Therapeut höre ich dabei heraus, daß sie damit auch sagt: „Sie brauchen das Schlimmste nicht zu befürchten, es ist bereits da. Ich bin das Schlimmste. Ihr braucht gar nicht erschrocken darüber zu sein, es ist bereits da." Aber ich bin sehr darüber erschrocken, weil es sich um eine sehr leidvolle und sehr gefährliche Situation handelt. Es ist fast so, als ob Joëlle Ihnen zu sagen versucht: „Hört auf, Angst zu haben. Was kann denn Schlimmeres geschehen, als das, was mir geschieht?" Und ich sage mir: „Wie kann man ein junges Mädchen in diesem Alter einen solchen Platz einnehmen lassen?" Ich sehe darin ihre Art und Weise, Ihnen ihre Zuneigung zu zeigen, so zum Beispiel darin, daß sie sagt: „Es gibt keinen Grund mehr, Angst zu haben, ich werde diesen Raum so sehr ausfüllen, daß es etwas geben wird, weshalb man Angst haben muß, morgens, mittags und abends." Und wenn meine vielleicht ein wenig verrückte Idee nicht ganz falsch ist, dann ist ihre Nahrungsverweigerung vielleicht als ihre Art zu betrachten, Sie zu lieben. Aber welch seltsame Weise zu lieben! Was meinen Sie dazu, Joëlle?

Joëlle: Ich habe bereits alles gesagt...

M. E.: Sie haben recht, und was denken Sie?

Der Vater: Soll das heißen, daß wir sie ängstigen, indem wir sie zu schützen versuchen?

M. E.: Sehen Sie, was mich verwundert, ist, daß Sie bereits sagen: „Lieber bin ich der Schuldige, so kann meine Tochter aufatmen; ich bin die Ursache des Unwohlseins meiner Tochter." Das ist, als ob Sie sagen würden: „Wenn es einen Schuldigen geben muß, werde ich das sein." Was sagen Sie dazu?

Die Mutter: Es ist schon ein wenig so, wie Sie sagen: es ist unsere Schuld, wenn Joëlle dieses Problem hat.

M. E.: Sie haben recht, das zu sagen. Es zeigt mir sehr deutlich, wie schlecht ich mich ausdrücke. Es zeigt mir auch, wie sehr ich an das Schlimmste denke. Denn stellen Sie sich vor, ich habe gar nicht an das gedacht, was Sie gerade gesagt haben. Es ist mir aber bewußt geworden, daß ich mich so unklar ausdrücke, daß man meinen könnte, ich hätte das gesagt. Wie soll ich eine Psychotherapie durchführen, wenn ich mich nicht klar ausdrücken kann? Wenn ich nicht nur Dummheiten sage, sondern auch sinnlose Dinge, Dinge, die weh tun und die sehr tief gehen.

Joëlle: Er ist schlimmer als du, Mama.

Die Mutter: Es scheint so, tatsächlich ...

Der Vater: Ich weiß nicht, Herr Doktor, ich finde, Sie sagen da Dinge, die eigentlich gar nicht so dumm sind.

[*M. E. schweigt und seufzt.*]

Joëlle: Um endlich zum Schluß zu kommen, wovor haben Sie Angst? Wir sind zu Hause daran gewöhnt. Mama hat vor allem Angst, vor dem, was geschieht, vor dem, was nicht geschieht, vor dem, was geschehen könnte, morgens, mittags, abends, die ganze Zeit. Und wovor haben Sie Angst?

M. E.: Ich habe zunächst einmal Angst um Sie, und ich habe Angst, Ihnen nicht helfen zu können. Auch könnte ich es mir selbst nicht verzeihen, wenn ich bei Ihren Eltern und bei Ihrer Familie Hoffnungen wecken würde, wo ich doch gar nicht in der Lage bin, Ihnen zu helfen. Das ist es, wovor ich Angst habe.

Der Vater: Ich bin nicht einverstanden damit, was über meine Frau gesagt wird. Sie ist warmherzig, sie hat ihre Kinder mit Liebe aufgezogen, nicht in Angst. Gut, es ist wahr, daß du Ängste in dir trägst, aber ich finde, daß du immer Ruhe ausgestrahlt hast.

Die Mutter: Aber, das ist doch wohl nicht ernst gemeint? Glauben Sie wirklich, daß es so schlimm ist? Ich fange an, mich das zu fragen.

M. E.: Ich persönlich glaube, daß Ihre Tochter in einer körperlichen Verfassung ist, die gefährlich sein kann, und ich frage mich, wie ich Ihnen helfen kann. Ich habe Angst, Ihnen nicht helfen zu können.

Die Mutter: Halten Sie es wirklich für seriös, uns hier zu haben, ohne uns helfen zu können und ohne sicher zu sein, es jemals zu können, wie ernst die Lage auch ist oder nicht?

M. E.: Sie haben sehr recht: Ich bin so seriös, daß ich nur mit Ihnen arbeiten kann, wenn ich Ihnen sage: „Ich bin nicht sicher, Ihnen helfen zu können, und vielleicht sollten Sie sich ständig fragen, ob Sie nicht den Psychotherapeuten wechseln sollten."

Joëlle: Nein, jetzt reicht es aber.

Der Vater: Sie sind wie wir. Sie sehen das Schlimmste voraus, damit es nicht eintritt.

M. E.: Mir wäre es lieber, es tritt nicht ein. Deshalb möchte ich Ihnen einen Vorschlag machen. Wie Joëlle sehr schön erkannt hat, bin ich jemand, der ständig um Hilfe bittet. Es stimmt auch, daß ich den Eindruck habe, ohne Ihre Hilfe nichts erreichen zu können. Im übrigen wage ich nicht anzufangen. Ich weiß nicht. Ich weiß nicht einmal, was ich Ihnen sagen könnte.

Joëlle: Ich fange jetzt an, Hunger zu haben.

M. E.: Entschuldigen Sie, ich habe vergessen zu sagen, daß ich auch befürchte, die Lage könnte sich zu schnell verändern. Wenn Sie plötzlich sagen, daß Sie Hunger haben, habe ich ein wenig Bedenken ... Entschuldigen Sie, Sie wollen etwas sagen?

Der Vater: Ich sagte meiner Frau, daß Sie sehr witzig sind.

M. E.: Wenn Sie mich also trotz allem wiedersehen möchten, sehe ich Sie sehr gerne wieder, allerdings ohne Ihnen das mindeste zu versprechen. Auf Wiedersehen.

[*Mony Elkaïm verabschiedet sich und reicht jedem der Familienmitglieder die Hand.*]

M. E.: Ich werde jetzt die Familienmitglieder bitten, uns mitzuteilen, was sie erlebt haben, bevor wir uns umfassender damit auseinandergesetzt hatten. [*Sich an Paula wendend*] Wollen Sie vielleicht beginnen?

Paula: Es ist schwer zu sagen, weil ich das, was Sie sagten, manchmal befolgte, meine Rolle also spielte, und andere Male spielte ich sie nicht mehr. Ich wollte die Rolle eines Menschen spielen, der sich nicht besonders um die Anorexie seiner Schwester sorgt. Anfangs tat ich so, als würde ich mich gar nicht für die Geschehnisse interessieren. Aber selbst wenn ich diese Haltung vortäuschte, fühlte ich mich in den Verlauf des Geschehens verstrickt. Trotz der Rolle, die ich spielen wollte, ist also etwas passiert. Je weiter die Sitzung fortschritt, um so mehr glaubte ich, daß sich etwas ereignen würde. Und jetzt, nachdem die Sitzung beendet ist, habe ich als Mitglied der Familie noch eine Frage, die Sie betrifft. Ich möchte Sie bitten, in dieser Art und Weise weiterzumachen, das ist alles, was ich sagen wollte.

Monique: Zu Beginn hatte ich den Eindruck, daß ich mich mehr einmischen sollte, und dann habe ich schließlich doch alles einfach nur ablaufen lassen. Ich hatte den Eindruck, daß sich das Ganze hauptsächlich zwischen meiner Schwester und meinen Eltern abspielte. Ich habe mich deshalb ein wenig zurückgezogen. Wenn wir weitermachen sollten, würde ich trotzdem gern zur nächsten Sitzung wiederkommen.

Die Mutter: Ich war anfangs sehr unruhig, weil ich meinte, eine bedeutende Rolle spielen zu müssen, und dann fühlte ich mich, durch die Art und Weise wie die Sitzung verlief, immer unwichtiger werden. Je weiter die Sitzung fortschritt, desto leichter wurde meine Bürde. Gleichzeitig störte mich das aber auch irgendwie. Ich hätte das Problem gern noch ein wenig ausgedehnt. Meine Bedeutsamkeit innerhalb der Familie wurde vom Problem Joëlles erzeugt. Sie nahm in dem Maße ab, in dem sich Lösungswege für das Problem Joëlles abzeichneten.

Der Vater: So wie ich diese Sitzung erlebte, zerfiel sie, so glaube ich, in zwei Phasen. Zunächst in eine Phase, in der ich wütend war, weil Joëlle nicht als Patientin im Mittelpunkt stand. In der zweiten Phase geschahen Dinge, die mich ärgerten, und Dinge, die mich freuten. Ich war über meine Töchter verärgert, die zu sagen schienen, daß wir das Problem verursachen würden. Sie hintergingen uns einfach. Ich war auch verärgert darüber, daß meiner Frau Vorwürfe gemacht wurden, sie saß sehr unglücklich neben mir. Andererseits war ich ungeheuer erleichtert, daß Mony seine Inkompetenz betonte. Ich hatte anfangs große Angst vor ihm gehabt, doch dann fühlte ich mich nicht mehr von ihm bedroht und schließlich eröffnete er mir Perspektiven, an die ich gar nicht gedacht hatte, und ich bekam Lust weiterzumachen.

Joëlle: Ich werde sagen, wie ich diese Sitzung empfunden habe, und auch das, was ich daraus folgern konnte. Zu Beginn versuchte ich, um Joëlle zu spielen, mir das in Erinnerung zu rufen, was ich meinte, an anorektischen Patientinnen wahrgenommen zu haben. Dabei hatte ich nur eine fiktive Vorstellung von dem Familiensystem. Als wir fortfuhren, fand ich mich auf einem Platz wieder, den mir das Spiel zuwies, und es war kein Spiel mehr. Das heißt, es schien mir mehrmals, als ob mein Vater, meine Mutter und ich selbst versuchen würden, die Bemühungen Monys zu vereiteln – wegen meiner Berufserfahrung, ich bin Psychiaterin. Und dann nach einiger Zeit war dies plötzlich nicht mehr möglich. Denn es formierte sich, soweit ich verstanden habe, ein neues System zwischen Therapeut und Familie. Das erschien mir für meine eigene Praxis sehr, sehr wichtig. So ein neues System, das auch das therapeutische ist, entsteht nicht gleich. Aber früher oder später muß es zustandekommen, selbst im Rahmen einer Simulation.

Freda: Ich war zuerst einmal irritiert, daß über den Pullover gesprochen wurde und nicht über das Problem. Auch erstaunte mich, daß der Therapeut seine eigenen Gefühle zur Sprache brachte, die ich ihm nicht glaubte. Danach langweilte ich mich ein wenig, war aber gleichzeitig erleichtert, daß sich der Therapeut mit den Eltern beschäftigte. Daher war ich am Schluß auch dazu bereit, die Therapie fortzusetzen, aber eigentlich ohne irgendwelche Hoffnungen.

M. E.: Gut, ich schlage vor, wir dehnen die Diskussion jetzt auf die Zuhörer aus. Wer will das Wort ergreifen? Wer will etwas dazu sagen?

Teilnehmer: Ich möchte gerne wissen, was Joëlle empfand, als Mony Elkaïm über ihren Pulli sprach.

Joëlle: Das war sehr komplex, ich genierte mich als Patientin und amüsierte mich gleichzeitig. Ich war noch in der ersten Phase der Sitzung, in der ich mich noch nicht betroffen fühlte. Aber die Provokation war zu gravierend, ich konnte mich selbst nicht länger heraushalten, und so bin ich sehr schnell in die Haut der anorektischen Patientin geschlüpft.

M. E.: So wie ich es verstanden habe, formulierte ich mit diesem Pulli völlig unabsichtlich eine Metapher: glänzende Flächen und solche, die nicht glänzten. Ich sah diese Vögel, die im Aufflug begriffen waren, und fühlte sehr wohl, daß auch etwas anderes zur Sprache kommen würde, was ich erklären müßte.

Teilnehmerin: Ich bin erstaunt, daß Sie den Eltern gegenüber einen unterlegenen Platz eingenommen haben. Ich würde gerne wissen, ob Sie das immer tun, ob Sie ihnen für gewöhnlich eine höhere Position zuweisen und sie auffordern, für das, was sich gerade innerhalb der Familie abspielt, selbst eine Lösung zu finden?

M. E.: Interessant ist, daß ich mich vor allem im Rahmen von Simulationen mit großen Gruppen dieser Stellung bediene. Warum wohl? Weil Sie hierhergekommen sind, um Menschen zu hören, die offensichtlich langjährige Erfahrungen gesammelt haben; darin verbirgt sich die Gefahr, daß Sie sich vorstellen, diese Menschen würden besser wissen, was zu tun ist, als Sie selbst. Für mich ist viel wichtiger, daß Sie hier Ihre eigenen Fähigkeiten entdecken, nicht die meinen. Was kann ich machen, um Ihnen Ihre eigenen Möglichkeiten vor Augen zu führen? Zum Beispiel, indem ich Ihnen einen Therapeuten demonstriere, der so wenig Raum als möglich beanspruchen will. Was kann man daraus schließen? Daß ich, je weniger Raume ich einnehme, um so mehr Gewicht habe. Und so entsteht eine unmögliche Situation. Man sagt mir: „Nimm doch deinen Platz ein! Nimm den Platz ein, den man von dir als Therapeut oder Seminarleiter erwartet." Und ich antworte: „Wollt Ihr wirklich, daß ich einen Platz einnehme? Seit wann kann ein Mensch einen anderen heilen? Seit wann kann ein Mensch einen anderen Neues lehren? Ich kann Euch nur helfen, das, was Ihr bereits wißt, in Euch selbst zu finden. Ich kann Euch nur helfen zu begreifen, was Euch selbst naheliegt." Das vor allem veranlaßt mich, bei der Leitung großer Gruppen möglichst viel Platz zu beanspruchen, dabei aber nur sehr wenig Raum einzunehmen. Wer will das Wort ergreifen?

Teilnehmerin: Ich möchte auf einige Bemerkungen zurückkommen, die ganz am Anfang gemacht wurden, das heißt, über die Vorstellung der „Konstruktion von Wirklichkeit". Ich sagte mir, daß es sich hier um eine simulierte Familie handelt, daß ihre Mitglieder bereits mit einer Art Raster hergekommen sind, daß sie bereits ein wenig planten, wer sie sein würden. Durch das, was vorfiel, ist dann etwas ganz anderes herausgekommen als das, was sie herführte. Ich würde gerne auf Familien zurückkommen, die nicht simuliert sind, und auf diesen Aspekt der Konstruktion, vielleicht sogar Kreation, der durch die Beziehung zur Familie entstehen kann.

M. E.: Simulierte Familien sind im allgemeinen weit widerspenstiger gegenüber Veränderungen als nicht simulierte Familien. Die Mitglieder simulierter Familien versuchen die Inszenierung, die sie konstruiert haben, aufrechtzuerhalten. Aber weil das Spiel „Psychotherapie" heißt, entdecken sie sich selbst irgendwann in einem Wandlungsprozeß. Selbstverständlich sehe ich

Unterschiede zwischen einer simulierten und einer nichtsimulierten Familie; eine Veränderung vollzieht sich in beiden Fällen. Und in beiden Fällen hüte ich mich vor einem solchen Wandel. Man spricht nicht von Seilen im Hause eines Erhängten. Man spricht auch nicht von Veränderungen zu Menschen, die keine Veränderungen ertragen. Außerdem liebe ich die außergewöhnliche Schönheit der Architekturen, die Familien und Paare manchmal erbauen, und deshalb wage ich es auch nicht, diese bemerkenswerten Gebäude zu verändern. Ich sage mir vielmehr: „Wie wäre es, wenn wir lernen, mit dieser Situation zu leben?", oder: „Warum soll ich mich einmischen?" Wenn das Symptom ein leidvolles und gefährliches ist, wie in diesem Fall, fühle ich mich zwischen diesem „In was mische ich mich denn da ein?" und der Gefahr, daß das Symptom den Patienten und die Familie belastet, völlig hin- und hergerissen. In der gegenwärtigen Situation habe ich versucht, das in mir existierende Gleichgewicht zu respektieren, indem ich mich selbst als Symptom anbot. Dadurch wurde das Gleichgewicht sichtbar verändert und neue Wege öffneten sich.

Besten Dank an die Mitglieder der simulierten Familie und auch an die Teilnehmer, Ihnen allen vielen Dank.

V. Kapitel
Therapeuten und Paare – zwei Supervisionen

Die hier wiedergegebenen Supervisionen wurden während eines Kongresses über Paartherapien in Rom durchgeführt. Die erste wurde in französisch abgehalten und von einer italienischen Psychotherapeutin geleitet, die zweite in englisch mit einem amerikanischen Psychotherapeuten. Am ersten Beispiel wird der Leser in aller Deutlichkeit erkennen können, so hoffe ich wenigstens, wie mein Modell der Paartherapie in einem Kontext angewandt werden kann, der verschiedene Teilnehmer eines therapeutischen Systems miteinbezieht. Am zweiten Beispiel kann ich mein Modell nur teilweise anwenden, um unmittelbarer mit der Psychotherapeutin zusammenarbeiten zu können; die Blockierung des therapeutischen Systems wird erst am Ende der Supervision sichtbar werden.

Dieses Kapitel will, wie das vorangehende, die in den drei ersten Kapiteln eingeführten Konzepte veranschaulichen. Die Supervision mit dem Titel „Ein paradoxer Knoten" wird deutlich zeigen, daß *kein* Modell der supervisorischen oder therapeutischen Arbeit gerecht werden kann. So flexibel sie auch immer sein mag, sie überschreitet die Grenzen eines jeden Modells.

1. VOM PAARSYSTEM ZUM THERAPEUTISCHEN SYSTEM

Mony Elkaïm: Ich schlage vor, wir beginnen unsere Supervision heute morgen damit, daß einer von Ihnen über eine Paartherapie berichtet. Die Supervision wird mir erlauben, Ihnen mein Modell der Paartherapie vorzuführen. Wer von Ihnen stellt sich freiwillig zur Verfügung?
[Eine Teilnehmerin hebt die Hand.]
M. E.: Guten Tag, wie heißt du?
Teilnehmerin: Bianca.
M. E.: Laß hören.
Bianca: Das Paar, das mich aufsuchte, war verheiratet und der Ehemann hatte einen stark entwickelten Sexualtrieb.
M. E.: Was ist ein stark entwickelter Sexualtrieb, Bianca?
Bianca: Das heißt, er hatte nicht nur mit seiner Frau Geschlechtsverkehr, sondern auch mit anderen Frauen.

M. E.: Wo ist das Problem?

Bianca: Seine Frau wollte ihn wegen seiner Untreue verlassen.

M. E.: Welche Untreue?

Bianca: Die Untreue des Mannes, der mehrere Liebesabenteuer hatte.

M. E.: Untreue in welcher Hinsicht?

Bianca: Hinsichtlich der Ehe, die absolute Monogamie erfordert. Sie sagte auch, er hätte ihr in der Kirche die Treue geschworen.

M. E.: Die Frau sagt: „Der Mann ist untreu." Gibt es noch andere Vorwürfe?

Bianca: Natürlich gibt es noch andere Vorwürfe: Der Mann verbraucht sehr viel Geld mit anderen Frauen, er widmet ihnen auch sehr viel Zeit.

M. E.: Alles, was ich Ihnen jetzt erzählen werde, hat nichts mit der Wahrheit zu tun, alles, was ich Ihnen erzählen werde, hat vielleicht auch nichts mit dem zu tun, was geschieht. Es handelt sich um den Entwurf eines Modells, das mir ermöglichen soll, eine Situation zu verstehen und den Betroffenen dabei zu helfen, diese Situation zu verändern. Man kann den beschriebenen Fall also folgendermaßen skizzieren:

Abbildung 15

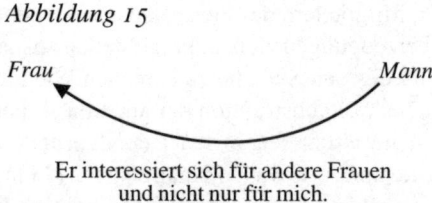

Frau   Mann

Er interessiert sich für andere Frauen
und nicht nur für mich.

M. E.: Ist dir diese Frau sympathisch, Bianca?

Bianca: Ja, ich mag sie ganz gern.

M. E.: Was gefällt dir an ihr?

Bianca: Ich mag sie, weil sie sich, im Unterschied zu vielen anderen Frauen, nicht alles gefallen läßt.

M. E.: Das, was wir hier hören werden, ist die Geschichte von dieser Frau, ihrem Mann, Bianca und Mony. Es ist klar, daß ich nur das über das Paar erfahre werde, was Bianca für wichtig hält. Wenn Bianca mir sagt: „Im Unterschied zu vielen Frauen, läßt sich diese Frau nicht alles gefallen", so ist das für mich außerordentlich wichtig. Warum? Weil, unabhängig davon, ob es sich um eine Paar- oder Familientherapie handelt, alles, was Sie sehen und beschreiben, dem entspricht, was Sie im gleichen Prozeß konstruieren. Das heißt, das, was Sie über die Leute sagen, sagt ebensoviel über diese aus wie über Sie selbst.

Jede Situation im Leben ist selbstreferentiell, die Psychotherapie mit einbegriffen. Es ist unmöglich, sich eine nichtselbstreferentielle Psychotherapie überhaupt nur vorzustellen. Das, was Bianca empfindet, wird also eine einmalige Verbindung zwischen Bianca und dem Paar herstellen. Das, was Bianca fühlt, macht aus dieser Psychotherapie eine Therapie mit der Handschrift Biancas. Bianca sagt uns: „Wir haben eine Frau, die im Unterschied zu vielen Frauen sich nicht alles gefallen läßt." Wir haben hier also etwas, was sich zwischen der leiblichen Familie Biancas, der leiblichen Familie dieser Frau, diesem Paar und Mony Elkaïm aufbaut, etwas Nützliches, das man beginnt zu benutzen. Ich würde als erste Regel formulieren: Wenn Sie ein Paar oder eine Familie sehen, so achten Sie auf die Empfindungen, die dabei in Ihnen wach werden, hören Sie auf sie. Zweite Regel: Benutzen Sie sie aber nicht so, wie Sie sie gerade fühlen, weil das, was Sie in dem Augenblick empfinden, Sie, wenn Sie es verfolgen, meist in eine noch größere Homöostase des therapeutischen Systems hineinzieht. Im allgemeinen ist das Erste, was Ihnen einfällt, besonders wichtig, weil es einen Berührungspunkt zwischen Ihren Patienten und Ihnen selbst anzeigt. Wenn Sie es so verfolgen, wie Sie es erleben, bringt es Sie aber gleichzeitig auch in die Gefahr, daß Sie den Mitgliedern des therapeutischen Systems dazu verhelfen, ihre tiefsten Überzeugungen nicht in Frage stellen zu müssen. Das heißt, um wieder in meiner eigenen Sprache zu sprechen, Sie laufen Gefahr, sowohl Ihre als auch die Weltkonstruktion der anderen zu bestätigen und ein therapeutisches System zu schaffen, in dem jeder dem anderen dazu verhilft, sich nicht verändern zu müssen. Was soll man also tun? Man muß sich sagen: Das, was ich fühle, ist wichtig; das, was ich fühle, hat eine Funktion und für sie wie für mich innerhalb dieses Kontexts einen bestimmten Sinn, aber ich muß es anders benutzen. Wie, werden wir bald sehen. Unsere Arbeit besteht außerhalb der Supervision einer Paartherapie darin, über die folgende Frage nachzudenken: wie kann der Therapeut arbeiten, wenn er sich selbst im Herzen der Selbstreferenz befindet?

Kommen wir zu meinem Modell der Paartherapie zurück. Die Frau sagt, wenn ich richtig verstanden habe: „Mein Mann kümmert sich nicht um mich."

Bianca: Der Mann behauptet, sie sehr zu lieben, und glaubt, sie nicht zu verletzen, wenn er zu anderen Frauen geht.

M. E.: Dann sagt die Frau also: „Mein Mann interessiert sich für andere Frauen und nicht nur für mich."

Bianca: Ja.

M. E.: Sagt sie auch: „Mein Mann interessiert sich für andere Menschen, Männer und Frauen, und nicht nur für mich", oder spricht sie nur von Frauen?

Bianca: Sie spricht nur von Frauen.

M. E.: Ausgezeichnet. Wir haben hier den Circulus vitiosus eines Mannes, der sich mit anderen Frauen, nicht nur mit seiner eigenen befaßt. Ich stelle also folgende Hypothese auf: Wenn sie so lange zusammengeblieben sind, dann deshalb, weil dieses Verhalten einen Nutzen hat, sonst hätte sie ihn bereits verlassen.

Bianca: Sie hat ihn mehrmals verlassen, aber er ist immer wieder zu ihr zurückgekommen und hat sie auf Knien darum gebeten, wieder mit ihm zusammenzuleben.

M. E.: Warum kehrt sie zu ihrem Mann zurück, nur weil er sie auf den Knien liegend darum bittet? Sie könnte ihm sagen: „Ich liebe dich sehr, Liebster, wenn du vor mir niederkniest, aber laß uns unsere eigenen Wege gehen." Warum also kehrt sie zu ihm zurück?

Bianca: Sie haben kleine Kinder.

M. E.: Aber warum trennen sich dann andere Paare, und dieses nicht? Meine Hypothese ist, daß, wenn diese Frau regelmäßig zu diesem Mann zurückkehrt, dies vielleicht auf ihre Lebensgeschichte zurückgeht, daß sie als Kind ähnliche Erfahrungen gemacht hat und Situationen erlebte, in denen andere Frauen, die wichtiger waren als sie, den Vorrang hatten. Meine Hypothese ist daher, daß das „offizielle Programm" der Frau lautet: „Ich will die einzige Frau sein, die für ihn zählt"; das, was ich „Weltkonstruktion" nenne, sähe bei diesem Menschen folgendermaßen aus: „Andere Frauen haben den Vorrang"; meine Hypothese würde also lauten, daß der Ehemann sein Verhalten so ausgerichtet hat, daß er die Weltkonstruktion seiner Frau bestätigt, wenn er sich so verhält, wie er es tut (Abbildung 16).

Abbildung 16

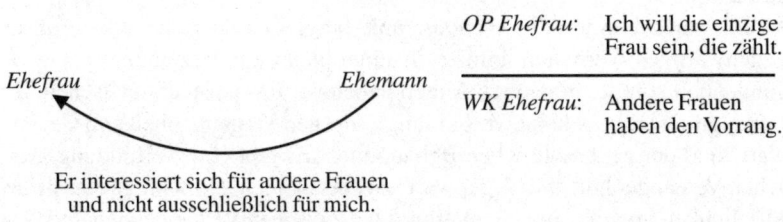

Ehefrau

Ehemann

Er interessiert sich für andere Frauen und nicht ausschließlich für mich.

OP Ehefrau: Ich will die einzige Frau sein, die zählt.

WK Ehefrau: Andere Frauen haben den Vorrang.

OP = offizielles Programm
WK = Weltkarte

M. E.: Diese Hypothese muß ich jetzt verifizieren; man kann fragen: „Können Sie mir eine vergleichbare Situation schildern, in der Sie den Eindruck hatten, daß andere Frauen Ihnen vorgezogen wurden?"

Bianca: Ich glaube, sie hatte einen solchen Eindruck.

M. E.: Berichte darüber.

Bianca: Sie hat zwei Schwestern. Der Vater war oft nicht zu Hause, und sie war die Zweitälteste. Die Erst- und die Letztgeborene wurden vom Vater und von der Mutter bevorzugt.

M. E.: Sie werden sagen: „Mony Elkaïm, wir haben im Rahmen des systemischen Ansatzes gelernt, einen direkten Kausalbezug zwischen Vergangenheit und Gegenwart immer in Frage zu stellen. Und jetzt scheinst gerade du uns diese Vorsicht zu verbieten. Bist du nicht dabei, wieder der alten Leier zu verfallen: ‚Die Eltern trinken und die Kinder stoßen an?' Schon bei den Propheten wurde das Sprichwort ‚Die Väter haben unreife Trauben gegessen und die Zähne der Kinder wurden faul' (Hesekiel 18,2) nur zitiert, um es zu bekämpfen." Darauf antworte ich: Ich glaube nicht, daß es eine direkte Kausalverknüpfung zwischen Vergangenheit und Gegenwart gibt, aber ich denke, es gibt eine Art Cocktail, der sehr komplex ist und aus Elementen besteht, die gleichzeitig an die Vergangenheit und an die Gegenwart gebunden sind. Die in die Gegenwart hineinreichenden historischen Elemente dürfen nicht unterschätzt werden, sie spielen jedoch trotzdem keine kausale Rolle. Mein Interesse für die Arbeiten Ilya Prigogines und seines Forscherteams über Systeme fernab vom Gleichgewicht galt übrigens vor allem der Bedeutung des Zufalls, der Verstärkung und der Bifurkationen dieser spezifischen Systeme, in denen die Geschichte keine lineare Entwicklung nimmt. Sie hat zwar ein gewisses Gewicht, aber es handelt sich um eine nichtkausale Geschichte; es ist eine Geschichte, in der die Elemente der Vergangenheit wirken, ohne unbedingt Ursache eines gegenwärtigen Verhaltens zu sein. Ist das so verständlich?

Teilnehmerin: Können Sie diesen speziellen Punkt noch ein wenig genauer ausführen?

M. E.: Wir haben in der Psychotherapie lange Zeit so getan, als ob unser gegenwärtiges Verhalten immer in einer kausalen Beziehung zur Vergangenheit stünde. In meinen Augen haben wir uns gar nicht zwischen der Behauptung „Es gibt keine Verbindung zwischen Vergangenheit und Gegenwart" und der gegensätzlichen Behauptung „Es gibt eine Verbindung zwischen Vergangenheit und Gegenwart" zu entscheiden. Ich schlage eine dritte Möglichkeit vor: „Es gibt eine Verbindung zwischen Vergangenheit und Gegenwart, aber sie wirkt nicht kausal." Diese Verbindung kann man mit den verschiedenen Zutaten eines Cocktails vergleichen. Jede Zutat spielt eine Rolle, aber keine verursacht den Geschmack des Cocktails.

Wenn ich, davon ausgehend, daß ein Partner dem anderen wegen seines gegenwärtigen Lebens Vorwürfe macht, eine Frage nach der Vergangenheit stelle, dann tue ich das nicht, weil ich denke, daß es eine mechanische, automatische Verbindung zwischen Vergangenheit und Gegenwart gibt. Ich halte die an unsere Vergangenheit gebundenen Elemente für notwendig, aber nicht für ausreichend. Es bedarf eines besonderen zusätzlichen Kontexts, damit sich diese Elemente so sehr verstärken, daß sie unter bestimmten Bedingungen dominieren können. Im Rahmen des einen Kontextes verhalten sich diese Elemente ruhig; im Rahmen eines anderen können sie im Zentrum des Systems eine Funktion annehmen, durch die sie sich verstärken und das System von da an determinieren. Damit eine Saite in uns schwingt, muß es nicht nur unsere eigene sein, es bedarf auch eines adäquaten Kontexts, der sie in Schwingungen versetzt.

Der systemische Ansatz hütete sich immer vor einer linearkausalen Logik, indem er sich auf das Prinzip der Äquifinalität berief; es besagt, daß ähnliche Elemente mit verschiedenen Initialelementen verbunden sein können. Dies widerspricht nicht der Tatsache, daß die Vergangenheit Bedeutung haben kann, sondern weist lediglich darauf hin, daß ein gegenwärtiges Ereignis mehrere Ursachen haben kann. Die Elemente der Vergangenheit stellen dabei nur einen der möglichen wirksamen Faktoren dar, sie sind nicht als alleinige Ursache zu betrachten. Sehen Sie den Unterschied? Der Cocktail kann anders schmecken, wenn wir eine seiner Zutaten austauschen; eine therapeutische Situation kann sich verändern, ohne daß wir uns in unserem Handeln unbedingt auf Vergangenes stützen müßten.

Kommen wir auf die beschriebene Situation zurück. Die Frau sagt: „Mein Mann bevorzugt andere Frauen." Ich habe gefragt: „Hat diese Frau vielleicht im Verlauf ihrer Vergangenheit ähnliche Situationen mit anderen Frauen erlebt, die ihr vorgezogen wurden?" Bianca hat mir darauf geantwortet: „Ja, Mony, ihre beiden Schwestern wurden von den Eltern bevorzugt." Wende ich mein reziprokes double-bind-Modell an, so ist es möglich, daß die Frau verlangt: „Liebe mich, entscheide dich für mich, deine Frau, du hast vor Gott geschworen, daß du mich lieben wirst, warum hast du andere Frauen lieber?" Aber im übrigen sagt sie sich: „Selbst wenn er sich so verhält, als ob er mich lieben würde, wird er mich verlassen, und ich werde wieder dieses tiefe Leid empfinden, das ich mit meiner Mutter und mit meinem Vater wegen meiner Schwestern erlebte." Als Opfer zweier Ebenen, die sie zerreißen, ist sie sich nicht bewußt, daß sie auch sagt: „Entscheide dich für mich", und: „Wenn du dich für mich entscheidest, werde ich Angst haben, weil ich nicht glauben kann, daß dies möglich ist." Dieses Modell kann also erklären, warum sie, wenn „er auf Knien zu ihr zurückkommt", zu ihm zurückkehrt.

Teilnehmerin: Sie meinen also, daß es zwischen der Vergangenheit der Frau und der Handlungsweise des Mannes eine determinierende Beziehung gibt?

M. E.: Man könnte sich sagen, jedesmal, wenn der Mann sich für seine Ehefrau entscheidet, rät ihm diese mehr oder weniger ausdrücklich davon ab. So kann sich zunehmend ein Verhalten abzeichnen, in dem er ihr nicht mehr zeigt, daß er sie eigentlich lieber hat. Aber, um dies nochmals zu betonen, es gibt dabei kein einziges kausales Element. Denn damit der Mann eine Verstärkung dieser Reaktion akzeptiert, muß sie auch seinem eigenen Glauben entsprechen, der an die Regeln des Systems gebunden ist, in dem sich beide entwickeln.

Ich möchte gern noch eine andere Antwort vorschlagen, die den pragmatischen Aspekt meines Modells noch deutlicher hervortreten läßt. Dazu muß ich eine Geschichte erzählen. Ich habe in meinem Leben auch einmal im Süden der Bronx gearbeitet. Die südliche Bronx ist ein sehr armes Viertel in New York, in dem fast nur puertoricanische und schwarze Einwohner leben. Ich war Direktor eines Zentrums für seelische Gesundheit. Eines Tages kam ein puertoricanischer Patient. Ich fragte ihn: „Was kann ich für Sie tun?"; er antwortete mir: „Was Sie für mich tun können?" Ich fügte hinzu: „Wenn Sie mir sagen, was ich für Sie tun kann, werde ich mein möglichstes tun." Er war erstaunt: „Wollen Sie sagen, Sie wüßten nicht, was ich habe?" Ich entgegnete ihm: „Wie sollte ich das wissen?", und er warf ein: „Sie wollen mir helfen, und Sie wissen nicht, was ich habe?" Ich konnte nur erneut feststellen: „Ich bin bereit, alles zu tun, was ich kann, aber ich weiß nicht, was Sie haben." Er konnte es einfach nicht fassen: „Wissen Sie ehrlich nicht, was ich habe?" Ich antwortete: „Nein." Daraufhin stand er auf und stieß hervor: „Wie können Sie mir dann helfen?", und ging. Ich glaubte zuerst, es wäre ein Scherz, den die Mitglieder meines Instituts mit mir inszenierten, und ich erinnerte mich an eine Geschichte, die in Palo Alto geschah; man hatte Jackson, der Psychiater war, darum gebeten, sich mit einem delirierenden Psychotiker zu unterhalten, der sich für einen Psychiater hielt; ich muß wohl nicht hinzufügen, daß letzterer selbst Psychiater war und man ihn um dasselbe gebeten hatte wie Jackson. Da wurde mir klar, daß die ganze Sache eigentlich gar nicht schwierig war. Ich fand heraus, daß einige Puertoricaner im Süden der Bronx der Pfingstkirche angehörten. Sie sind gewohnt, daß Medien in Trance ihnen das Problem beschreiben, das sie bedrückt. Erst dann wird mit dem Exorzismus begonnen. Wenn ich also nicht wußte, was er hatte, wie konnte ich dann behaupten, ihm helfen zu wollen? Damit er zu mir zurückkam, mußte ihm der ehrwürdige Vater der Pfingstkirche erklären: „Elkaïm befaßt sich mit den materiellen Ursachen von Problemen, und ich mit spirituellen"; seitdem konnte er es mit sich vereinbaren, zu mir zu kommen, selbst wenn ich unfähig war, zu erraten, was er hatte.

Was hat diese Geschichte mit Ihrer Frage zu tun? Es besteht folgende Verbindung. Ich weiß sehr wohl, daß das Verhalten des Ehemannes nicht unbedingt etwas mit der Vergangenheit der Ehefrau zu tun haben muß. Ich weiß es, werte aber sein Verhalten in bezug auf die Spaltung der Ehefrau als beschirmend um; dadurch verändere ich ihre Art, die Dinge zu sehen. Wenn sie mir sagt: „Wirklich, ich habe als Kind nie die Erfahrung gemacht, jemand zu sein, der Bedeutung hat, der an erster Stelle steht; ich galt immer nur in zweiter oder dritter, nicht in erster Linie", wenn sie mir das sagt, sage ich: „Hat dieser Ehemann nicht, ohne es zu beabsichtigen, eine originelle, wenn auch leidvolle Weise gefunden, seine Liebe zu zeigen, indem er sich in unerträglicher Weise verhält, die ihn ins Unrecht setzt, sie aber schützt?" Wenn ich in dieser Weise eingreife, fallen beide Beteiligten aus allen Wolken, sie können die Verbindung, die ich ziehe, aber auch nicht völlig abstreiten. Das läßt sie ihr Drama anders erleben. Verstehen Sie, was ich sagen will? Meine Arbeit ist willkürlich und erhebt keinen Anspruch auf Wahrheit. Ich versuche, Schnittstellen zwischen Wirklichkeitskonstruktionen herzustellen, die den Menschen helfen können, ihre Lage zu verändern. Im übrigen frage ich mich, ob nicht jede Psychotherapie auf diese Weise funktioniert, wie immer auch ihr theoretischer Ansatz lautet.

Kommen wir nun zu den Vorwürfen des Ehemannes?

Bianca: Der Mann hat seiner Frau nicht viel vorzuwerfen. Er beklagt sich, daß sie ihm wegen dieser Situation das Leben schwer macht und nicht mit der großen Liebe, die er für sie hegt, zufrieden ist. Er sagt ihr: „Ich liebe dich sehr und werde ich dich nie verlassen, aber du mußt mir meine Abenteuer lassen, weil ich ohne sie nicht leben kann." Er ist aufrichtig, aber ich möchte noch etwas hinzufügen: er sagt auch, daß er sie als Mutter betrachtet.

M. E.: Das ist interessant. Ich frage Bianca nach dem, was der Ehemann der Frau vorzuwerfen hat, und sie antwortet, daß er ihr ihre Vorwürfe vorwirft.

Bianca: Der Mann hat auch eine Geschichte, er hatte in seiner Kindheit ein schreckliches Erlebnis. Seine Mutter hat Selbstmord begangen, sie stürzte sich aus dem Fenster, als er fünf Jahre alt war.

M. E.: Verrate nicht zu viel, sonst nimmst du mir die Freude am Suchen. Das ist wie ein Kriminalroman, in dem der Schlüssel des Geheimnisses bereits auf den ersten Seiten zu suchen ist. Wer liest solch einen Kriminalroman? Laß mir das Vergnügen, es selbst zu entdecken, indem ich von den Klagen ausgehe, die jeder der beiden formuliert. Was wirft der Mann seiner Frau noch vor?

Bianca: Der Mann wirft der Frau vor, sich nicht genügend um den Haushalt zu kümmern. Er sagt ihr: „Du kümmerst dich nicht besonders viel um deinen Haushalt, du kümmerst dich nur um dein Geschäft", das ist das einzige, was er ihr vorwerfen kann.

M. E.: Der Beobachter kann nicht vom beobachteten System getrennt werden. Er taucht im System auf, das er beobachtet. Ich möchte mit Ihnen und Bianca deshalb untersuchen, wie Bianca im therapeutischen System auftaucht, das sie beschreibt. Im Augenblick wollen wir uns zunächst vor allem auf die beiden Eheleute konzentrieren, aber wir müssen unsere Arbeit bald auch auf Bianca und mich ausdehnen, um die Resonanzen, die uns bei der Arbeit helfen können, besser zu erfassen... Dieser Mann sagt also: „Meine Frau kümmert sich nicht um den Haushalt, nur um ihr Geschäft."

Bianca: Weil sie ein Kindermädchen haben, das auch den Haushalt besorgt. Er sagt auch, sie kümmere sich nicht ausreichend um die Kinder.

M. E.: Was noch?

Bianca: Daß sie ein wenig unordentlich ist.

M. E.: Was noch?

Bianca: Sexuell ist er halbwegs zufrieden.

M. E.: Bianca hört nicht auf, Vorwürfe zu zitieren, die der Mann seiner Frau macht, und Sie sehen, ich frage beharrlich weiter danach. Ich tue das, weil ich, um ein Modell zu entwerfen, etwas fühlen muß, was mich berührt. Was ich finden werde, wird an der Schnittstelle dessen liegen, was nicht nur Bianca und den beiden Eheleuten wichtig erscheint, sondern auch mir. Das heißt, es ist auch möglich, daß Sie einen Ehemann haben, der antwortet: „Ich habe meiner Ehefrau nichts vorzuwerfen, sie ist perfekt." Es kann sogar sein, daß er darauf beharrt und erklärt: „Sie ist perfekt, ich allein trage die Schuld." Also suchen Sie nach einem Grund, der ihm nützlich sein könnte, unrecht zu haben. Wie sieht die Weltkonstruktion des Mannes aus, die bewirkt, daß er sich nur als Bösewicht verstehen kann? Und in welcher Hinsicht kann die Tatsache, daß seine Frau ihn als Bösewicht behandelt, dem Paar von Nutzen sein?

Welche Vorwürfe macht der Mann noch?

Bianca: Er wirft ihr vor, nicht zu sparen und viel Geld für Kleidung auszugeben. Sie antwortet darauf, daß sie viel ausgibt, weil er auch nicht spart, denn seine anderen Frauen kosten ihn viel Geld. Er gibt sein Geld in Bars, Restaurants, für Hotelzimmer usw. aus.

Teilnehmerin: Ist nicht hervorzuheben, daß sie sich nicht mit seiner Liebe begnügt, daß es ihr nicht genügt, was er ihr bietet, daß sie nicht mit dem Geld zufrieden ist, das sie hat, so, als ob dies einer der Vorwürfe des Ehemannes wäre? Sie gibt sich mit nichts zufrieden, sie ist nie zufrieden, sie hat nie genug.

M. E.: Was Sie sehr richtig bemängeln, ist, daß selbst wenn sämtliche Tatsachen, die der Mann seiner Frau vorwirft, nur zweitrangig erscheinen, sie doch einen sehr wichtigen gemeinsamen Aspekt haben. Er lautet: „Sie ist nie zufrieden. Ich kann sie nicht zufriedenstellen." Warum kann man deshalb als Hypothese nicht folgendes double bind konstruieren: „Ich habe nicht die Erfahrung gemacht, diejenigen, die mir etwas bedeuten, zufriedenzustellen." Wir können dies wie in Abbildung 17 skizzieren.

Abbildung 17

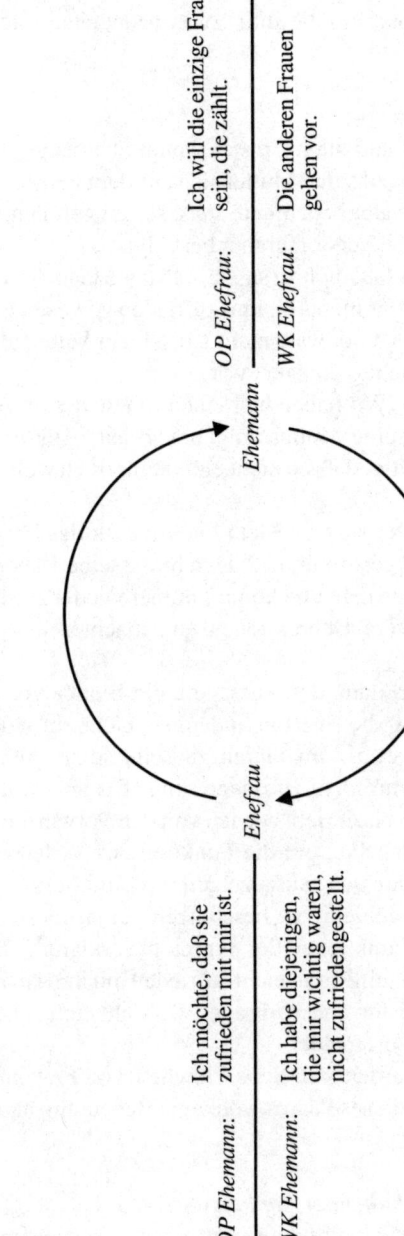

Sie ist nicht mit mir zufrieden.

OP Ehefrau: Ich will die einzige Frau
sein, die zählt.

WK Ehefrau: Die anderen Frauen
gehen vor.

Ehemann

Ehefrau

OP Ehemann: Ich möchte, daß sie
zufrieden mit mir ist.

WK Ehemann: Ich habe diejenigen,
die mir wichtig waren,
nicht zufriedengestellt.

Er interessiert sich für andere Frauen
und nicht nur für mich.

OP = offizielles Programm
WK = Weltkarte

Was hältst du von dieser Hypothese, Bianca? Daß der Ehemann in seiner Vergangenheit die Menschen, die ihm etwas bedeuteten, nicht zufriedenstellen konnte?

Bianca: Ja.

M. E.: Erzähle darüber.

Bianca: Er war zutiefst und allen Ernstes davon überzeugt, daß man nicht zufrieden mit ihm war, weil seine Mutter sich aus dem Fenster stürzte, als er fünf Jahre alt war. Der Vater behauptete stets, sie sei gefallen, und auch der Rest der Familie hat diese Version immer bestätigt.

M. E.: Bianca, was veranlaßt dich zu sagen, daß der Mann dieses Unglück so erlebte, als ob seine Mutter nicht mit ihm zufrieden gewesen wäre?

Bianca: Er denkt, seine Mutter wäre nicht mit seinem Vater zufrieden gewesen, der ebenfalls ein „Schürzenjäger" war.

M. E.: Bianca sagt uns: „Wir haben hier einen Mann, der im Alter von fünf Jahren hörte, daß sich seine Mutter umgebracht hat." Hat er sich gefragt: „Bin ich ihr so gleichgültig, daß sie nicht einmal für mich weiterleben will?"

Bianca: Ja.

M. E.: Im übrigen kann er sagen: „Mein Vater hat ihr das Leben so schwer gemacht, daß sie daran gestorben ist." Er lebt dasselbe Leben. Aber seine Frau stirbt nicht daran, sie geht und kommt immer wieder zurück.

Bianca: Sie hatte schwere Depressionen und machte einen Selbstmordversuch.

M. E.: Jetzt können wir, dank der Aussagen, die Bianca uns mitteilte, die Hypothese erstellen, daß die Ehefrau, indem sie nicht zufrieden mit ihrem Mann ist, ohne sich darüber im klaren zu sein, seine Weltkonstruktion festigt: „Man kann mit mir nicht zufrieden sein." Bis jetzt war das, was ich mache, sehr einfach. Ich beschrieb, wie ich von den Vorwürfen ausging, den der eine dem anderen machte, um die Funktion des Verhaltens, das beim anderen verändert werden soll, aufzuzeigen, und um herauszufinden, wie dieses Verhalten gerade denjenigen „beschützen" kann, der sich beklagt. Ich möchte Ihnen jetzt die Funktionen der Symptome erklären. Für ihn besteht das Symptom darin, daß seine Frau nicht zufrieden mit ihm ist, für sie besteht es darin, daß ihr Mann ihr andere Frauen vorzieht. Ich sehe dort hinten jemanden, der sich zu Wort meldet.

Teilnehmer: Bis jetzt wurden sämtliche Einwürfe von Frauen vorgebracht. Das dürfte für die Lage dieses Paares wohl eine Bedeutung haben.

M. E.: Wie heißen Sie?

Teilnehmer: Fidel.

[Lachen im Saal und anhaltender Applaus]

M. E.: Zu Beginn dieser Arbeit gingen wir von den Vorwürfen einer ersten Person hinsichtlich einer zweiten aus, um Hypothesen zu erstellen, die eine

Verbindung mit der Weltsicht dieser ersten Person hatten. Dann sahen wir unsere Hypothesen tatsächlich bestätigt. Jetzt müssen wir gemeinsam mit Therapeutin und Supervisor fortfahren, um deren eigene Resonanzen hinsichtlich der selektierten Themen verstehen zu können. Bianca, sag mir, was du bei diesem Satz denkst: „Andere Frauen gehen vor." Betrifft dich das?

Bianca: Ja, das betrifft mich, das betrifft mich sehr.

M. E.: Sag nur das, was du darüber sagen willst. Wenn wir in einer klassischen Ausbildungsgruppe wären, könnten wir tiefer gehen. Aber wir haben hier ein Seminar mit einer ganz anderen Zielsetzung. Sag uns also nur das, was du darüber sagen willst.

Bianca: Ich kann deshalb wohl trotzdem sagen, daß mein Vater starb, als ich sechs Jahre alt war, daß ich eine Schwester hatte, und daß meine Mutter nicht wieder geheiratet hat.

M. E.: Was berührt dich an dieser Bevorzugungsthematik?

Bianca: Mein Vater nahm viel Rücksicht auf mich, weil ich ihm sehr ähnlich war. Ich war wie er, und er liebte mich sehr, ich stand an erster Stelle und wurde bevorzugt. Aber plötzlich starb mein Vater, ich war sechs und meine Schwester fünf.

M. E.: Was ich hier heraushöre, ist (wenn ich mich irre, unterbrich mich bitte): „Erlebt zu haben, daß man bevorzugt wird und auserwählt ist, kann gefährlich sein." Ist es das, was du sagen willst?

Bianca: Ja.

M. E.: Bianca könnte also folgende Weltkonstruktion haben: „Wenn man bevorzugt wird, ist man in sehr großer Gefahr." Es könnte sich also etwas Interessantes zwischen der Ehefrau und Bianca abspielen. Die Frau kann befürchten, daß ihr Mann sie bevorzugt, obwohl sie es sich gleichzeitig wünscht. Bianca fürchtet, daß, wenn sie bevorzugt wird, etwas Schlimmes geschehen könnte. Man sieht hier, wie sich die Weltkonstruktion Biancas mit der der Frau verzahnen kann und eine Homöostase des therapeutischen, nicht nur des Paarsystems erzeugt. Ist das allen klar? Dann wollen wir jetzt also den anderen Aspekt untersuchen. Der Mann sagt: „Ich kann die, die ich gerne zufriedenstellen möchte, nicht zufriedenstellen." Betrifft dich das?

Bianca: Das berührt mich wegen seiner Vergangenheit. Wenn er nicht die Vergangenheit hätte, die er hat…

M. E.: Willst du damit sagen: „Dieser Mann hat einen Elternteil in jungen Jahren verloren, wie ich, und ich fühle mich mit ihm verbunden? Der Gedanke, daß man den Elternteil nicht am Leben erhalten konnte, berührt mich."?

Bianca: Ja, das ist es.

M. E.: In diesem Augenblick können wir uns fragen, ob das, was Bianca empfindet, nicht in Resonanz zur Weltkonstruktion des Mannes treten kann, um das therapeutische System in einem homöostatischen Zustand zu erhalten. Unser Schema verschiebt sich also, wie in Abbildung 18 zu verfolgen ist.

Abbildung 18

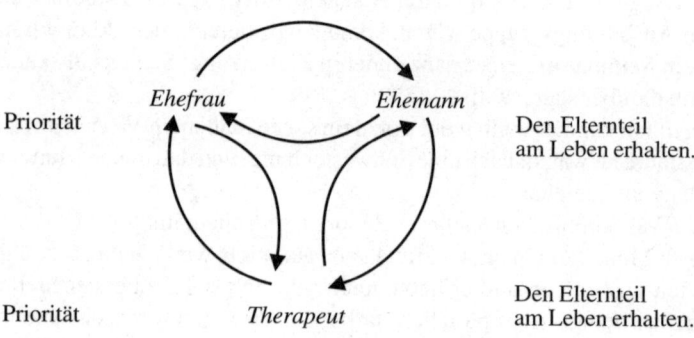

Priorität · Ehefrau · Ehemann · Den Elternteil am Leben erhalten.

Priorität · Therapeut · Den Elternteil am Leben erhalten.

Wir haben gesehen, daß Bianca diese spezifischen Punkte nur mit meiner Hilfe herausbekam, und auch nur, weil sie auch sie selbst betrafen. Im Rahmen der Supervision würde meine Aufgabe darin bestehen, diese Resonanzpunkte bei Bianca zu flexibilisieren, damit sie sie als Zugänge benutzen kann, die ihr erlauben, die Möglichkeiten aller am therapeutischen System Beteiligten zu erweitern – sowohl die des Paares wie auch ihre eigenen. Sie werden mir jetzt sagen: „Mony, könnte man all das, was du heute mit Bianca erarbeitet hast, denn nicht mit Begriffen der Gegenübertragung beschreiben?" Das, was wir Übertragung und Gegenübertragung nennen, ist in meinen Augen nur die sichtbare Spitze eines Eisberges, dessen nichtsichtbarer Teil weit wichtiger ist. Was sich in der Supervision abspielt, ist beispielsweise eine Überschneidung zwischen Elementen, die mit dem Therapeuten, mit dem Paar, aber auch mit dem Supervisor, mit den Regeln der Institution, in der die Therapie stattfindet, mit den Regeln der Supervisionsgruppe usw. verbunden sind. Der Begriff „erwählt" kann hier über die rein familiären Elemente hinaus auf andere Referenzen verweisen.

Die Schnittstelle zwischen der Wirklichkeitskonstruktion des Therapeuten und der der Familienmitglieder ist selbstverständlich mit Elementen verbunden, die diesen Personen eigen sind. Diese Schnittstelle kann jedoch in keiner Weise auf diese Teilnehmer reduziert werden (für tiefergehende Ausführungen dieses Punktes siehe das VI. Kapitel mit dem Titel „Vom therapeutischen System zur Assemblage"). In bestimmten Situationen muß man mehr auf der Verbindung mit den Regeln der Institution insistieren, in anderen Situationen handelt es sich um eine Schnittstelle mit anderen Kontexten. In diesem Fall habe ich beispielsweise Punkte gefunden, die Bianca mit diesen Leuten verbinden und die natürlich auch mich berühren, sonst hätte ich nichts darüber aussagen können. Wir können verschiedene Dinge erleben. Was mich interessiert, ist folgende Frage: Was bringt mich dazu, daß ich eine bestimmte Sache in einem ganz bestimmten Augenblick erlebe? Was für eine Funktion hat das, nicht nur für mich, sondern auch für den Kontext, dem ich zugehöre? Und welchen Nutzen kann ich daraus ziehen? Die Zeit verfliegt und wir werden uns erst einmal trennen müssen. Vielen Dank, Bianca, und Ihnen allen. Danke.

2. EIN PARADOXER KNOTEN

Mony Elkaïm: Wer ist so freundlich, nach vorne zu kommen und eine Paartherapie vorzustellen?
[*Eine Teilnehmerin meldet sich.*]
M. E.: Wie heißt du?
Joan: Joan ... Ich habe Angst, das zu machen.
M. E.: Dann mach' es nicht; warum mußt du es machen?
Joan: Weil es gut für mich ist.
M. E.: Joan sagt mir gleichzeitig: „Ich habe Angst, das zu tun", und „Es ist gut für mich." Das ist sehr wichtig. Wir sind bereits bei der Arbeit. Ich muß in Erinnerung behalten, daß das, was sie sagt, sich eventuell auf eine mögliche Schnittstelle zwischen der Situation des Paares, das sie uns vorstellen wird, und ihr selbst anwenden läßt. Ich habe nicht die geringste Vorstellung, wie eine solche Verbindung aussehen könnte, die zwischen einer Situation besteht, in der das, was gut für einen selbst ist, gerade dem entspricht, was Angst macht, und zwischen dem therapeutischen System, das sie uns schildern wird. Aber wir werden ja sehen ... Kannst du uns nun die Lage des Paares vorstellen?
Joan: Es handelt sich um ein Paar, dessen Partner aus zwei verschiedenen Kulturen stammen. Der Mann ist Vietnamese und vierundvierzig Jahre alt. Die Frau ist Chinesin, sie wurde aber in den Vereinigten Staaten geboren. Sie haben drei Kinder. Ich habe sie viermal gesehen.
M. E.: Welche Klagen brachten die beiden vor, als sie dich das erste Mal aufsuchten?
Joan: Der Mann war deprimiert und wütend auf seine Frau. Sie stritten sich. Sie waren sich einig über die Tatsache, daß sie nicht miteinander kommunizieren könnten.

M. E.: Kannst du mir konkretere Beispiele für die Ursachen ihres Konflikts geben?

Joan: Er sagte, sie höre ihm nicht zu.

M. E.: Wenn ich mein Modell anwende, würde ich sagen, das offizielle Programm des Mannes lautet: „Ich will, daß sie mir zuhört ..."

Joan: Und daß sie mich respektiert.

M. E.: Das könnte Teil eines zweiten Zyklus sein. Aber einverstanden, arbeiten wir mit „zuhören und respektieren". Verfolge ich mein Modell, so würde ich diesem Mann eine Frage stellen, mit der ich meine Hypothese über seine Weltkonstruktion verifizieren könnte. Ich würde ihm sagen: „Erzählen Sie mir etwas über Ihre Erfahrungen, gehört zu werden. Wer hörte Ihnen in Ihrer Herkunftsfamilie zu?" Weißt du das?

Joan [*die glaubte, die Frage richtete sich an sie selbst, nicht an ihren Patienten*]: Besonders meine Mutter.

M. E.: Hörst du mir zu, hast du ihm diese Frage gestellt?

Joan: Nein.

M. E.: Weißt du, ob er sich in seiner Vergangenheit Gehör und Respekt verschaffen konnte?

Joan: Bei seiner Schwester und seiner Mutter.

M. E.: Was taten sie?

Joan: Sie hörten ihm zu.

M. E.: Hat er dir das gesagt?

Joan: Ja.

M. E.: Er hat also gesagt, daß seine Schwester und seine Mutter ihm zuhörten, aber daß seine Frau ihm nicht zuhört.

Joan: Ja.

M. E.: Hörst du ihm zu?

Joan: Ja. Ich muß mich dabei wirklich sehr anstrengen. Er spricht nicht sehr gut Englisch. Wenn wir uns unterhalten, sprechen wir sehr langsam. Auch ich muß sehr langsam sprechen und ihn ständig bitten zu wiederholen, so schlecht ist seine Aussprache.

M. E.: Er sagt also: „Als ich jung war, wurde ich respektiert, als ich jung war, hörte man mir zu, aber meine Frau respektiert mich nicht und hört mir nicht zu."

Joan: Ja. Er wurde in Vietnam auch deshalb respektiert, weil er Polizist war.

M. E.: Ich versuche jetzt, ein Modell zu entwerfen, das mir erlaubt, den beiden Partnern dazu zu verhelfen, daß sie das, was mit ihnen geschieht, selbst mit anderen Augen sehen können. Joan erzählt mir, was sie über das, was geschieht, denkt, ohne daß sie den Mitgliedern des Paares dazu genaue Fragen gestellt hätte. Du nimmst beispielsweise an, daß der Mann respektiert wurde, weil er Polizist war. Für mich ist das nicht evident. Denn warum werde ich Polizist? Weil ich auf diese Weise respektiert werden müßte? Wie steht es also um dieses Problem des Respekts? Da das Paar nicht anwesend ist, und ich Joan nicht wegschicken kann, um diese Hypothese zu überprüfen, ist es besser, wenn wir zu einem anderen Vorwurf übergehen.

Joan: Er sagt, seine Frau würde andere Männer anschauen, und daß er sich bedroht fühle.

M. E.: Ich möchte an dieser Stelle wieder betonen, daß ich, wenn ich mein Modell anwende, des besseren Verständnisses wegen nach einem Erlebnis suchen muß, bei dem sich dieser Mann bedroht fühlte. Hast du danach geforscht?

Joan: Nein.

M. E.: Gut, du bist deinen eigenen Weg mit diesem Paar gegangen, und mein Modell ist in diesem Augenblick offensichtlich nicht von Nutzen. Lassen wir es also weg. Ich werde mein Modell vergessen, mich mit Joan treiben lassen und ihr zuhören, was sie mit diesem Paar gemacht hat. Erzähle weiter.

Joan: Stört dich das nicht?

M. E.: Mein Modell ist dazu gemacht, vergessen zu werden. Es ist nur ein vorübergehendes Werkzeug. Mach so [*er bläst in die Luft*], und es verliert sich im Wind. Ich ziehe es also vor, dir zu folgen. Erzähle mir eine Geschichte. Sprich über dieses Paar, so wie es dir in den Sinn kommt.

Joan: Ich bin mir nicht über die Art und Weise schlüssig, wie ich es vorstellen soll.

M. E.: Wie du Lust hast, wie du willst...

Joan: Einer der Aspekte, den ich vor allem sehe und den ich mit diesem Paar erlebe, ist ihre kulturelle Verschiedenheit. Die Frau wuchs in einer chinesischen Familie auf, von der sie völlig abhängig war. Ihre Familie betrieb ein Restaurant, dort lebte sie, bis sie ihren Mann kennenlernte. Sie haben geheiratet. Ihre Familie hatte bis dahin nie englisch gesprochen; sie sprachen alle nur chinesisch. Dieser Mann sprach ausschließlich vietnamesisch und besaß nur geringe Englischkenntnisse. Als sie heirateten, wollte ihn die chinesische Familie nicht akzeptieren – sie verlangte, er solle zusätzlich zu seiner eigenen Arbeit ohne Bezahlung auch im Restaurant der Familie mithelfen. Die Ehefrau fühlte sich zwischen der Loyalität gegenüber ihrer Familie, von der sie niemals getrennt war, und der neuen Allianz mit ihrem Mann hin- und hergerissen.

M. E.: Warum kamen sie zu dir?

Joan: Weil sie dauernd Streit miteinander hatten und weil sie meinten, daß es nicht gut sei, sich vor den Kindern zu streiten. Aber sie wußten auch nicht, wie sie dies vermeiden sollten. Als sie in das Institut kamen, in dem ich arbeite, lebten sie nicht mehr bei ihren Eltern, sondern hatten eine eigene Wohnung.

M. E.: Sie kamen also zu dir, weil sie sich stritten und meinten, daß es nicht gut sei, dies vor den Kindern zu tun.

Joan: Ja.

M. E.: Warum streiten sie sich nicht, wenn die Kinder nicht da sind?

Joan: Weil die Kinder immer da sind.

M. E.: Warum bringen sie den Kindern nicht bei, daß Streit zum Leben gehört? Wem nutzt es, ein Paar zu verändern, das streitet?

Joan: Die Kinder sind während der Sitzung anwesend und sehen, was sich zwischen ihren Eltern abspielt.

M. E.: Warum läßt du die Kinder mit den Eltern in die Sitzung kommen?

Joan: Aus praktischen Gründen ... Ich empfange die Familien zusammen, ich schließe die Kinder nicht aus. Wo ich arbeite, ist außerdem kein Raum, in dem man die Kinder während der Sitzung lassen könnte, auch niemand, der sie beaufsichtigen würde.

M. E.: Wir haben also eine Familie mit einem Partnerproblem, und es gibt keinen Raum für das Paar.

Joan: Ja.

M. E.: Warum mußt du mit ihnen eine Paar- oder Familientherapie machen?

Joan: Warum?

M. E.: Ja.

Joan: Ich bin nicht sicher, ob ich dich verstehe. Sie sind gekommen und haben um Hilfe gebeten.

M. E.: Dann höre ihnen zu, aber warum willst du ihnen helfen? Was nutzt es, den Leuten zu helfen?

Joan: Was es bringt, den Leuten zu helfen?

M. E.: Ja. Sobald es ihnen besser geht, verlassen sie euch. Wer hat etwas davon, wenn er den Leuten hilft, ihre Probleme zu bewältigen? Ich denke, es wäre eine gute Idee, wenn man die Leute nur soweit zufriedenstellen würde, daß sie bei uns bleiben, aber nicht so gesund machen würde, daß sie von uns gehen. Wem nutzt es, wenn ihn seine Kinder verlassen? Das ist das Drama dieser Familie. Die Mutter versucht, ihre Eltern zu verlassen, aber glücklicherweise verlassen ihre gemeinsamen Kinder sie nicht. Die Kinder gehen sogar mit ihnen zur Therapie. Aber sie haben keinen Raum, wo sie bleiben können. Man kann sie nicht im Wartezimmer lassen. Sie müssen selbst beim Therapeuten bei ihren Eltern bleiben. Ich glaube, du solltest ihnen nicht helfen, du solltest sie vielmehr bei dir behalten. Du solltest sehr viel Zeit mit ihnen verbringen, ihnen so viel als möglich zuhören, ihnen nicht helfen und sogar versuchen, dem, was sie sagen, einen Sinn zu geben. Wenn du anfängst, sie zu verstehen, würden auch sie eines Tages einen Sinn darin sehen, dann würde es ihnen vielleicht besser gehen und sie würden es wagen, dich zu verlassen.

Joan: Das stört mich nicht.

M. E.: Stört es dich nicht, wenn dich die Leute verlassen?

Joan: Nein.

M. E.: Wie schaffst du das?

Joan: Sie würden ja sonst immer bleiben und niemals erwachsen werden.

M. E.: Wer muß erwachsen werden? Willst du wirklich erwachsen werden?

Joan: Du willst also, daß sie für immer Heranwachsende bleiben und ihre Eltern nie verlassen?

M. E.: Es ist so sehr viel angenehmer, wenn euch die Leute nicht verlassen. Na ja … Warum übst du diesen Beruf aus?

Joan: Es macht mir Freude, mit Menschen zu arbeiten.

M. E.: Dann arbeite mit ihnen und heile sie nicht.

Joan: Ich heile sie nicht, sie heilen sich selbst.

M. E.: Gegen dich?

Joan: Gegen mich?

M. E.: Oder mit dir?

Joan: Ein bißchen von beidem.

M. E.: Erkläre mir, wie du ihnen hilfst, dich zu verlassen.

Joan: Das weiß ich nicht. Das ist eine gute Frage … Ich bin nicht sicher, ob sie eines Tages erwachsen werden.

M. E.: Wenn du nicht glaubst, daß sie eines Tages erwachsen werden, gibt es keine Probleme mehr. Warum willst du dann von diesem Fall sprechen?

Joan: Sie werden nicht schnell genug erwachsen.

M. E.: Warum suchen sie dich auf?

Joan: Weil sie zusammenbleiben wollen.

M. E.: Was hast du gegen Streit?

Joan: Nichts, wenn es loyal zugeht.

M. E.: Bist du immer loyal, wenn du streitest?

Joan: Nicht immer.

M. E.: Was ist das, ein loyaler Streit?

Joan: Ich weiß nicht. Wenn ich mit dir kämpfen müßte, beispielsweise, dürftest du nicht die Hände auf den Rücken gebunden haben.

M. E.: Wenn du mit mir kämpfen müßtest, würdest du mich schlagen?

Joan: Nicht physisch. Aber ich könnte es mit Worten tun.

M. E.: Wo würden mich deine Worte treffen?

Joan: Dort, wo du verletzlich bist. Vielleicht im Herzen?

M. E.: Im Herzen, und wo noch?

Joan: In den Augen?

M. E.: An welchem Auge, dem rechten oder dem linken?

Joan: An beiden.

M. E.: An beiden Augen … Wo noch?

Joan: Wahrscheinlich am Geschlechtsorgan.

M. E.: Mein Gott! Zum Glück kämpfe ich nicht mit dir. Das Herz, die Augen, die Geschlechtsorgane, wo noch?

[*Lachen im Saal*]

Joan: Genügt das nicht?

M. E.: Streit kann also unglaublich gefährlich sein. Ja. Vielleicht sollten wir den Leuten helfen, sich nicht zu streiten.

Joan: Wir müssen ihnen helfen, sich zu schlagen.

M. E.: Sich nicht zu schlagen oder sich zu schlagen?

Joan: Oder sich nicht zu schlagen?

M. E.: Das frage ich dich.

Joan: [*Schweigen*] Ich glaube, um ihnen zu helfen … Wenn du mich fragst, was ein loyaler Kampf ist, fühle ich mich wirklich in die Enge getrieben.

M. E.: Weil es keinen loyalen Kampf gibt?

Joan: Ich denke gerade daran, wie ich mit dem Mann, der mir sehr viel bedeutet, kämpfe. Heute morgen habe ich versucht, eine Auseinandersetzung per Telefon, zehntausend Meilen von hier zu führen, und ich frage mich, ob es ein loyaler Kampf war oder nicht.

M. E.: Zehntausend Meilen? Ich glaube, er hat Glück.

[*Lachen*]

Joan: Ich glaube, er würde mit dir übereinstimmen.

M. E.: Ich bin entzückt, auf diese Weise sind wir wenigstens zwei.

Joan: Er hat aber dennoch nicht aufgelegt.

M. E.: Hast du aufgelegt?

Joan: Nein, keiner von uns beiden.

M. E.: Dann kann Streit also auch gut sein?

Joan: Ich glaube, Mony, wenn ich von loyalem Kampf spreche, meine ich damit, daß, egal wie groß die Wut auch immer ist, es wichtig ist, daß dir der andere zuhören kann. Es ist nicht wichtig, daß sie sich akzeptieren oder verstehen, sondern nur, daß sie dieser Wut zuhören. Und bei diesem Paar geschieht das nicht.

M. E.: Wenn du meine Augen, mein Herz und meine Geschlechtsteile triffst, was bleibt mir dann noch? Ohren, die in der Luft schweben?

[*Zum Hörsaal*] Was mache ich hier eigentlich? Etwas ganz Einfaches. In der Supervision spricht man nicht über ein Paar oder über eine Familie, man spricht von Schnittstellen zwischen mindestens drei Systemen: dem des Paares, dem des Therapeuten und dem des Supervisors. Wir sind also auf der Suche nach solchen Schnittstellen und Resonanzpunkten. Joan sagt mir: „Diese Leute kommen zu mir und beklagen sich über ihren Streit." Sie sagt übrigens nicht: „Ich habe mich dazu entschlossen, diese Leute als Familie zu betrachten", sondern: „Ich betrachte sie als Familie, weil ich das gewöhnlich immer so mache und ich außerdem niemanden habe, der auf die Kinder aufpassen würde." Ich versuche also, mit ihr zu arbeiten, indem ich bestimmte Aspekte verstärke, und indem ich sie ein wenig provoziere; das tue ich, indem ich auf dem Thema des Konflikts und dem Thema der Trennung beharre. Wir werden später sehen, was wir machen können.

[*Zu Joan*] Kommen wir auf unsere Diskussion über den Streit zurück. Ihr habt heute morgen eine Auseinandersetzung gehabt. Hat er überlebt?

Joan: Ja.

M. E.: Hast auch du überlebt?

Joan: Ja.

M. E.: Dann war es also ein guter, loyaler Kampf. Glaubst du, daß ihr dieselbe Art von Auseinandersetzung geführt hättet, wenn er hier gewesen wäre?

Joan: [*Schweigen*] Ich glaube kaum, daß er zustandegekommen wäre.

M. E.: Ich sehe. Es ist also die Distanz, die Streit schafft.

Joan: In diesem Fall, ja.

M. E.: Aber in anderen Situationen, kann man da Streit vermeiden, indem man sich nicht trennt?

Joan: Ja.

M. E.: Und du willst ihnen helfen zu lernen, wie man sich ohne Streit trennen kann.

Joan: Sich von mir zu trennen …

M. E.: Ich weiß nicht.

Joan: … und dennoch, indem sie in der Lage sind, sich zu schlagen.

M. E.: Willst du, daß sie sich von dir trennen und daß sie sich schlagen können?

Joan: Ich erwarte nicht, daß sie jemals völlig aufhören, sich zu streiten.

M. E.: Aber wenn sie sich streiten und sich gegenseitig schwer verletzen?

Joan: Aber, Mony, nicht zu streiten bedeutet in dieser Familie, daß einer nachgeben muß.

M. E.: Kannst du nachgeben?

Joan: Ob ich nachgeben kann?

M. E.: Ja.

Joan: [*Schweigen*] Nicht so leicht. Ich gab gewöhnlich immer nach, aber heute nicht mehr.

M. E.: Hast du entdeckt, wie schmerzhaft es ist, nachzugeben?

Joan: Ja.

M. E.: Dann dürftest du nie nachgeben.

Joan: Das ist mir in meiner eigenen Familie passiert.

M. E.: Was ist dir passiert?

Joan: Daß die Frauen immer nachgeben mußten und die Männer immer gewannen.

M. E.: Und daran glaubst du nicht?

Joan: Nein, weil ich meine Mutter nachgeben sah.

M. E.: Und?

Joan: Das, was sie nicht sagte, machte sie passiv aggressiv, deshalb war sie immer krank.

M. E.: Dank dieser Erfahrung kann dein Ehe ..., dein Vater sagen: „Ich habe eine aggressive Frau." Dies erlaubt ihm, sich wohl zu fühlen, und beschützt ihn vor der Angst, entthront zu werden.

Joan: Entthront?

M. E.: Wenn ich richtig verstanden habe, gab deine Mutter nach, so konnte dein Vater den Sieg davontragen. Außerdem war sie passiv-aggressiv, was bedeutet, daß sie ihm das Leben schwermachte. Auf diese Weise konnte er unzufrieden sein, weil sie ihm das Leben schwermachte, ohne sich dabei aber bewußt zu werden, daß sie für ihn sorgte, indem sie ihn gewinnen ließ. Auf diese Weise konnte er seinen Kuchen gleichzeitig behalten und aufessen. Deine Mutter litt, um ihn zu beschützen. Welch wunderbare Frau! Vielleicht müßte man den Mädchen in der Schule beibringen, die Jungen auf diese Weise zu beschützen?

Joan: Das ist es, was mein Vater von mir erwartete.

M. E.: Was?

Joan: Das. Ich sollte meinem Mann dienen und mich glücklich schätzen, all das für ihn tun zu dürfen, was ihm erlauben würde, Karriere zu machen.

M. E.: Und macht er erfolgreich Karriere?

Joan: Ja.

M. E.: Nicht dank deiner Mithilfe?

Joan: Bitte?

M. E.: Nicht dank deiner Mithilfe?

Joan: Nein, er ist selbst erfolgreich. Er arbeitet in einem ganz anderen Bereich als ich.

M. E.: Wenn Frauen nicht nachgeben dürfen, was sollen sie dann tun?

Joan: [*Schweigen*] Ich glaube, sie müssen für ihr eigenes Leben kämpfen und es schaffen, gehört, verstanden und respektiert zu werden.

M. E.: Die Frauen müssen also dafür kämpfen, gehört und respektiert zu werden. Du verwendest dieselben Worte wie dein Patient, der verlangt, gehört und respektiert zu werden, und der den Eindruck hat, daß ihn seine Frau nicht hört und nicht respektiert.

Joan: Weil sie sonst auf sich selbst verzichten müßte.

M. E.: Eine Sekunde. Glaubst du, daß es möglich ist, gehört und respektiert zu werden?

Joan: Ja.

M. E.: Ohne nachzugeben?

Joan: [*Schweigen*] Ich bin nicht sicher, was ich mit „nachgeben" meine. Darauf verzichten, was man ist, auf das Gefühl verzichten, man selbst zu sein.

M. E.: Konntest du in deiner Familie gehört und respektiert werden, ohne nachzugeben?

Joan: Nicht in der Familie, in der ich aufwuchs.

M. E.: Der Mann sagt: „Sie hört mir nicht zu. Sie respektiert mich nicht. Ich will, daß sie mir zuhört und mich respektiert." Die Therapeutin sagt ihrerseits: „In meiner Weltkonstruktion, die sich in meiner Herkunftsfamilie gebildet hat, kann man weder gehört noch respektiert werden, wenn man nicht nachgibt." Andererseits: „Nach meinem offiziellen Programm müßten wir gehört und respektiert werden, ohne nachgeben zu müssen." Die Therapeutin kann also nicht akzeptieren, daß dieser Mann nachgibt, um gehört und respektiert zu werden. Sie kann es auch nicht akzeptieren, daß diese Frau der Forderung des Mannes nachgibt, denn dann wäre sie eine Frau, die nachgibt, um gehört und respektiert zu werden. Solange es also anscheinend keine Alternative zum Kämpfen oder Nachgeben gibt, scheint dieses Paar zu einem lebenslänglichen Kampf verdammt zu sein, wenn beide Partner sich weigern nachzugeben. Das zeigt uns, daß man nicht von einem Paar und dessen Weltkonstruktionen sprechen kann, ohne die Weltkonstruktionen der Therapeutin und des Supervisors mit einzubeziehen. All das, was uns die Therapeutin erzählt, ist nur Ergebnis einer strukturellen Verknüpfung – um den Begriff Humberto Maturanas aufzugreifen – zwischen ihr selbst, dem Paar, das sie glaubt, uns zu beschreiben, usw. usw.

Ist Ihnen klar geworden, wie vergeblich meine Versuche waren, das Paar zu ergründen, als ich vom Material ausging, das mir die Therapeutin lieferte? Erst als ich einen anderen Weg einschlug, tauchte etwas auf. Dieser Weg führte über die Beziehung zwischen der Therapeutin und mir und bestand darin, daß ich die Therapeutin mit pfiffigem Ton provozierte und Positionen verstärkte, die absurd erschienen. Dabei tauchte folgendes auf: „Wir haben das Recht, gehört und respektiert zu werden, aber aufgrund meiner Erfahrungen als kleines Mädchen, als Heranwachsende und als junge Frau scheint es mir, daß man dafür einen sehr hohen Preis bezahlen muß. Das bedeutet eigentlich soviel wie, daß man niemals gehört und respektiert werden kann. Wenn ich nachgeben muß, um respektiert zu werden, ist evident, daß ich nicht respektiert werde. Was für eine Art von Respekt ist ein Respekt, der sich nicht spontan anbietet, sondern der gekauft werden muß? Außerdem, wenn ich dafür zahle, respektiert zu werden, wie kann ich von dem, dem ich den Respekt abkaufe, respektiert werden?"

Die Elemente, die das double bind strukturieren, sind klar erkennbar:

– Ich will gehört und respektiert werden, dafür muß ich aber nachgeben.

– Nachgeben bedeutet, daß ich weder gehört noch respektiert werde.

Das double bind taucht also in seiner nicht nachvollziehbaren Logik auf: „Ich will gehört und respektiert werden, aber es ist nicht möglich, gehört und respektiert zu werden." Das offizielle Programm der Therapeutin lautet also: „Ich will gehört und respektiert werden"; ihre Weltkonstruktion lautet: „Es ist nicht möglich, gehört und respektiert zu werden." Wenn sich die Weltkonstruktion der Therapeutin mit der der Partner verzahnt, genügt dies, um alle Beteiligten des therapeutischen Systems vor einer Veränderung zu bewahren. Wir können die Schwierigkeit, der die drei Teilnehmer des therapeutischen Systems gegenüberstehen, also besser verstehen. Wir können auch besser verstehen, daß es wegen dieses paradoxen Knotens keinen erkennbaren Ausweg aus dem dargelegten Dilemma gibt.

Es ist klar, daß mich die Themen, die ich herausschäle, ebenso betreffen wie das Paar und die Therapeutin, sonst hätte ich ihnen keinen Sinn verleihen können. Es handelt sich nicht nur um das Wiedererkennen von etwas Bekanntem, sondern auch um die Konstruktion einer strukturellen Verknüpfung meiner Erfahrung mit dem mich umgebenden Milieu. Wir leben beständig in einer selbstreferentiellen und paradoxen Welt – das ist die einzige, die wir besitzen. Alles, was ich in diesem Kontext mit Joan machen kann, ist, ihr zu zeigen, daß sie mir die Elemente, die sie geschildert hat, nicht zufällig berichtet hat. Und ich kann demonstrieren, daß es sowohl für sie als auch für das Paar von Nutzen sein kann, wenn keine Veränderung eintritt.

[Zu Joan] Du kannst dich also ruhig treiben lassen, mit ein bißchen Glück wirst du vielleicht nachgeben; du wirst weder gehört noch respektiert werden, aber das ist der Preis, den wir alle vielleicht für das Leben, das wir führen, bezahlen müssen. Außerdem, hört uns denn jemand? Wenn wir Gott anrufen, hört er uns? Wir altern unaufhaltsam, wir müssen sterben; glaubst du, daß Gott uns deshalb respektiert? ... Willst du eines Tages sterben?

Joan: Ja.

M. E.: Für mich ist das nicht ganz so einfach, eines Tages abtreten zu müssen.

Joan: Aber du mußt.

M. E.: Aber ich muß abtreten ... Was mir hier interessant erscheint, ist festzustellen, daß das, was wir über menschliche Bedingungen sagen können, nicht viel anders ist als das, was wir über Paare sagen können. Auf der einen Seite haben wir diese Art von Märchen: wir suchen uns einen Partner, um glücklich zu sein. Ein Paar müßte also glücklich sein, nicht unglücklich. Dann beginnt die Streiterei: „Du mußt mich glücklich machen, warum machst du das nicht?" Wenn ich allein lebe, bin ich Gefangener und Kerkermeister, ich habe nur mich selbst zum Streiten. Aber wenn wir zusammen sind, bist du meine Kerkermeisterin, und ich bin dein Gefangener. Je mehr ich leide, desto mehr streite ich mich mit dir: „Geh doch endlich, damit ich endlich glücklich sein kann!" Kaum aber, daß du weg bist, mein Gott! Welche Angst, ich bin allein, ich komme zu dir zurück und bitte dich: „Verzeihe mir, komm zurück zu mir." Und ich sage mir: „Ich bin ja völlig verrückt, warum bitte ich sie zurückzukommen?" Und du kommst zurück, und wir fangen wieder an, uns zu zerfetzen … Vielleicht wurde die Zweierbeziehung dazu geschaffen, um uns zu helfen, die menschlichen Lebensbedingungen besser zu ertragen, um jemanden zu haben, dem wir Vorwürfe machen können, jemanden, der verantwortlich für unsere Leiden ist. Wenn wir allein wären, könnten wir nur Gott anklagen. Aber Gott ist ein Partner, mit dem man nur sehr schwer streiten kann. Das ist um vieles einfacher mit einer Ehefrau oder einem Ehemann! Wer weiß also, vielleicht wurden die Paare dazu geschaffen, um uns zu helfen, die Beschwernisse unserer Existenz besser zu überstehen. Joan, willst du noch etwas hinzufügen?

Joan: Vielen Dank, Mony.

M. E.: Vielen Dank, Joan, vielen Dank Ihnen allen.

VI. Kapitel
Vom therapeutischen System zur Assemblage

Im vorangehenden Kapitel habe ich die Bedeutung und Nützlichkeit der persönlichen Erlebnisse des Therapeuten für die Partner einer Ehe oder Zweierbeziehung hervorgehoben. Dieselbe Analyse hätte man natürlich auch anhand der Empfindungen der dem therapeutischen System angehörenden Mitglieder betreiben können.
Was Partner während einer Sitzung erleben, hat nicht nur hinsichtlich des Ehemannes oder der Ehefrau eine Funktion, sondern auch hinsichtlich der Weltkonstruktion des Therapeuten. Die Gefühle, die bei dem einen oder anderen Mitglied des therapeutischen Systems geweckt werden, verweisen nicht nur auf die Geschichte dieser Person: es handelt sich natürlich um ein singuläres Erleben, das aber durch einen Kontext verstärkt und aufrechterhalten wird, so daß das, was einer der Protagonisten des therapeutischen Systems erlebt, gleichzeitig an ihn gebunden und doch nicht auf ihn zurückzuführen ist. Man reduziert dieses Erleben infolgedessen weit weniger, wenn man nach seiner Funktion und nach seinem Sinn hinsichtlich des gesamten therapeutischen Systems fragt, als wenn man die eigenen Hypothesen auf eine rein persönliche Ökonomie beschränkt.

1. Einige Begebenheiten

Ich möchte dieses Kapitel mit einer Beschreibung von vier Ereignissen beginnen, die mir erlauben, ein Konzept einzuführen, das ich „Resonanz" genannt habe; dieses Konzept hilft mir dabei, in aller Deutlichkeit herausstellen zu können, wie wichtig die an die Mitglieder des therapeutischen Systems gebundenen, jedoch nicht auf sie rückführbaren Kontexte sind.

1.1. Zwischen zwei Stühlen

Zunächst ist mir daran gelegen, eine Supervision darzustellen, die mich dazu brachte, mein Konzept der Resonanz auszuarbeiten. Der Student, den ich betreute, kam von einem anderen Kontinent; er war Erzieher in einer Sonderschule – in diesem Falle ein Internat für fünfzehn- bis neunzehnjährige Mädchen.

Der Direktor dieses Internats bat meinen Studenten, sich zusammen mit der Institutspsychologin um eine spezielle Angelegenheit zu kümmern: er hatte einen Telefonanruf der Großmutter mütterlicherseits einer seiner Pensionärinnen erhalten, die ihn um Hilfe bat, weil das Mädchen seine Mutter schlug, wenn es am Wochenende nach Hause kam.

Diese Mutter schien stark von ihrer eigenen Mutter abhängig zu sein: beispielsweise fuhr die Großmutter sie zum Internat, wenn sie ihre Tochter besuchen wollte. Nach den Auskünften, über die mein Student verfügte, war der persönliche Freiraum der Mutter extrem eingeschränkt: sie wurde beständig von ihrer Tochter und von ihrer eigenen Mutter unterdrückt, sie befand sich immer zwischen zwei Stühlen.

Mein Student beschrieb mir detailliert, wie er, indem er versuchte, sich um diese Familie zu kümmern, selbst von dem Direktor und den Erziehern, letzteren und der Psychologin in die Enge getrieben wurde: auch er fühlte sich zwischen zwei Stühlen sitzend. Und als ich die Kongruenz zwischen institutioneller Situation und der der Familie der Internatsschülerin offenlegte, erklärte er mir, daß ähnliche Elemente in seiner eigenen Herkunftsfamilie bestünden.

Sein Vater hatte seine Mutter als zweite Frau geehlicht, nachdem ihm seine erste Frau drei Kinder geboren hatte. So wandten sich seine Halbschwestern und sein Halbbruder an ihn, wenn sie ihre Eltern, vor allem den Vater, um etwas bitten wollten. Im übrigen bekam er vom Vater immer die Schuld zugeschoben, wenn es Probleme zwischen dem Vater und den älteren Kindern gab. Auch war er dasjenige Kind, das einschreiten mußte, wenn sich die Eltern stritten. In dieser Situation sah er sich ebenfalls in die Enge getrieben, zwischen seinen Geschwistern und seinen Eltern, zwischen seiner Mutter und seinem Vater - er saß zwischen zwei Stühlen. Ich war damals besonders empfänglich für diese Überschneidung von drei verschiedenen Systemen. Andererseits war mir klar geworden, daß das, was bei dieser Supervision entstand, auch an die Überschneidung der Weltkonstruktion meines Studenten und meiner eigenen gebundenen war. Wie er, gehöre auch ich zwei Kulturen an, saß auch ich mehrmals in meinem Leben zwischen zwei Stühlen; so wurde mir klar, daß ich dem selbstreferentiellen Aspekt dieser Konstruktion Rechnung tragen mußte.

1.2. „Ich bin da, und es ist, als ob ich nicht da wäre"

Diese Supervision wurde im Rahmen einer Ausbildungsgruppe durchgeführt, die ich regelmäßig in einem europäischen Land leite.

Meine Studentin führte die Videoaufzeichnung eines Gesprächs zwischen einem Vater und seinem achtzehnjährigen Sohn vor, der seit dem Tod seiner

Mutter, der zehn Jahre zurücklag, als psychotisch galt; diese Therapeutin lebte in einem anderem Land und mußte ihrer Ausbildung wegen regelmäßig reisen.

Zu Beginn der Aufzeichnung klagte der Vater über die erfolglosen Versuche der Ärzte, die sich seit zehn Jahren als unfähig erwiesen, seinem Sohn zu helfen; er brachte seine ganze Bitterkeit darüber zum Ausdruck. Er selbst, so äußerte er, hätte seiner Familie immer geholfen, ihm aber würde niemand helfen; alle hätten ihn enttäuscht, er hätte den Eindruck, auch von meiner Schülerin nichts erwarten zu können; sie wäre da, ohne da zu sein.

Als ich die Aufzeichnung genauer verfolgte, fiel mir auf, daß die Therapeutin von einer zunehmenden Nervosität ergriffen zu werden schien: je mehr dieser Vater wiederholte, daß seinem Sohn und ihm selbst nicht zu helfen wäre und wie sehr sie sich beide verlassen fühlten, um so mehr schien sie irritiert. Ich fragte sie also, ob sie sich erinnern könne, was sie in jenem Augenblick empfand, worauf sie antwortete: „Ich war da und es war, als ob ich nicht da wäre", dabei präzisierte sie, daß sie diese Reaktion sehr schwer mit einer wichtigen Erfahrung ihrerseits assoziieren könne. Ich schlug ihr vor, an eine Farbe zu denken, und als sie mir „Amber" geantwortet hatte, regte ich sie dazu an, von dieser Farbe zu träumen und mir zu sagen, was dabei in ihr aufkäme.

Sie beschrieb sich im Alter von fünf Jahren, vor der Bürotür ihres Vaters; er war bei seiner Arbeit auf seinem Sessel eingeschlafen, umgeben von Holzschränken, die mit ledergebundenen, amberfarbenen Büchern mit Golddruck überladen waren. Sie hätte gern zu ihm gesprochen, wagte aber nicht, ihn aufzuwecken – sie war da, und es war, als ob sie nicht da wäre.

Sie beschwor dann noch eine andere Situation herauf, die sie im gleichen Alter erlebte … Als sie ein Stück Stoff suchte, um ihre Puppe zu bekleiden, hatte sie eine Schublade in einem der Schränke ihrer Mutter geöffnet, einen hübschen Stoff gesehen und zerschnitten. Ihre Mutter hatte sie streng getadelt, als sie entdeckte, daß sie eines ihrer schönsten Kleider zerschnitten hatte. Während sie ausgeschimpft wurde, klopfte jemand an die Tür: es war ihre kleine Freundin, die sie, in Begleitung ihrer Mutter, zum Spielen abholen wollte. Sie weinte, und ihre Mutter tat, als ob nichts geschehen wäre. Als sie diese Szene kommentierte, sagte sie zu mir: „Es war, als ob nichts geschehen wäre. Für meine Mutter war der Eindruck, den sie bei Fremden hinterließ, wichtiger als das, was ich fühlte. Sie sah mich nicht, es war, als ob ich nicht da wäre."

Bis hierhin kommt diese Situation derjenigen, die ich im vorangehenden Kapitel beschrieb, sehr nahe. Wir sehen, in welcher Hinsicht sich ein und dasselbe Thema sowohl für den Therapeuten als auch für die Mitglieder der Familie als wichtig erweisen kann und wie ihre Weltkonstruktionen dazu beitragen können, die Homöostase des therapeutischen Systems aufrecht-zuerhalten.

Daraufhin erfuhr ich, daß der Psychiater, der die Abteilung leitete, in der die Familie betreut wurde, beabsichtigte, seine Praxis aufzugeben, auch die familientherapeutische Beratung sollte nicht mehr stattfinden; die Tatsache, daß meine Schülerin selbst Psychiaterin war und ebenfalls Familien behandelte, änderte nichts an der Entscheidung, die Beratungsstelle aufzuheben: ein weiteres Mal also war sie da, und es war, als ob sie nicht da wäre.

Dann diskutierten wir über das, was sie in der Supervisionsgruppe erlebte. Ihre beruflichen Aktivitäten verlangten in bestimmten Zeiträumen, daß sie sich in ihrem Heimatland aufhielt. Nun geschah es aber in den letzten Monaten häufiger, daß gerade zu diesen Terminen meine Seminare stattfanden, an denen sie teilnehmen sollte, und ich hatte es abgelehnt, die Termine meiner Seminare ihretwegen zu verschieben: wieder also hatte sie meine Ablehnung als eine Bestätigung ihrer Überzeugung erlebt, daß sie nicht wichtig sei, daß sie da sei, alles aber so verlief, als ob sie nicht da wäre.

Ich entdeckte auf diese Weise, daß ein und dieselbe Regel gleichzeitig auf die Familie des Patienten, auf die Herkunftsfamilie des Therapeuten, auf die Institution, in der der Patient aufgenommen wird, und auf die Supervisions-gruppe angewendet werden kann. Auch hier möchte ich ausdrücklich betonen, daß diese Überschneidung verschiedener Systeme nicht in der Realität existierte, sondern in einer gegenseitigen Wirklichkeitskonstruktion voll-zogen wurde, die meine Schülerin und ich selbst in der Supervisionsgruppe erarbeiteten.

1.3. Einen Platz innehaben

Diese Supervision fand in Brüssel, im Institut für Familienforschung und Humansysteme, statt, und zwar im Rahmen einer Ausbildungsgruppe, der ich nur zwei Tage im Jahr zur Beratung zur Verfügung stehe: die sechzehn anderen Ausbildungstage werden von Mitarbeitern geleitet.

Die Schülerin, die eine Supervision wünschte, hatte eine außergewöhnliche Frisur, die meine Aufmerksamkeit erweckte: ihre Haare verdeckten die Hälfte ihres Gesichts, was trotzdem einen angenehmen Eindruck auf mich machte. Sie war mit folgender Situation konfrontiert:

Ein Schuldirektor hatte bei der Institution, in der sie arbeitete, um Betreuung eines problematischen Schülers gebeten; er fügte hinzu, daß dieser Schüler die Begegnung mit einem Psychologen strikt verweigerte. Die diesem Institut zugeteilten Therapeuten konnten auf den ersten Blick nicht genau eingeordnet werden: sie arbeiteten, als ob sie austauschbar wären; niemand beanspruchte offensichtlich eine differenzierte Stellung. Klar war im übrigen, daß die Bitte des Direktors dem Eingreifenden keinen Spielraum ließ.

Als die Studentin die Mutter aufsuchte, antwortete diese, daß sie es nicht als nachteilig empfände, wenn die junge Frau ihren Sohn zu Hause besuchte, aber nur unter der Bedingung, daß sie ihm den Zweck ihrer Besuche und ihren Status als Psychologin verheimliche.

Als ich das gemeinsame Element der Institution, an der sie praktizierte, des Verlangens des Schuldirektors und der Antwort der Mutter aufdeckte, bat ich diese Schülerin, mir zu schildern, was die Tatsache, einen Platz einzunehmen, für sie bedeute: sie erklärte mir, daß sie die Lieblingstochter ihrer Eltern gewesen sei, und daß sie diese Situation hinsichtlich ihrer Geschwister als sehr leidvoll erlebt habe, denn einen Platz einnehmen bedeute für sie, ihn anderen wegzunehmen.

Ich dachte also, daß die unter meiner Leitung begonnene Supervision in den folgenden Sitzungen von meiner Kollegin fortgeführt werden könne, und daß sich in dieser Ausbildungsgruppe ebenfalls alles so abspielen würde, als ob die Plätze austauschbar wären. Auch hier hätte man also sagen können, daß alles so eingerichtet war, daß keine spezifische Beziehung zwischen Studentin und Supervisor hätte entstehen können.

1.4. Wenn ich dir etwas bedeute, dann laß mich nichts bedeuten

Das Paar, von dem die Rede ist, suchte eine unter meiner Supervision arbeitende familientherapeutische Beratungsgruppe in einem Krankenhaus auf: während eine Therapeutin das Paar empfing, verfolgte ich mit den anderen Therapeuten der Gruppe die Sitzung hinter einem Einwegspiegel.

Der Mann war freiberuflich tätig, die Frau arbeitete unabhängig von ihm; beide klagten über andauernde Konflikte.

Seit der ersten Sitzung sagten diese Patienten dem Psychiater, der sie empfing, daß sie lieber mich aufgesucht hätten, dies aber nicht getan hatten, weil sie meinten, meine Honorarforderungen seien für sie zu hoch; so hatten sie sich für das Krankenhaus entschieden, da sie auch wußten, daß die therapeutische Behandlung dort sowieso meiner Leitung unterstand. Dann erklärten sie, indem sie unaufhörlich von Geld und von finanziellen Schwierigkeiten sprachen, wie wenig sie mit der Hilfe ihrer beiden Herkunftsfamilien hatten rechnen können und wie wenig der eine dem anderen im Augenblick bedeute. Jeder wollte in den Augen des anderen etwas bedeuten, glaubte aber nicht, daß dies möglich sei.

Nach mehreren Gesprächen wurde ich wegen eines dringenden Problems außer Haus gebraucht, während das Paar auf die Sitzung wartete: da ich einen an den Wartesaal grenzenden Gang benutzte, sahen sie mich weggehen. Zu Beginn der Sitzung erklärte der Mann dem Therapeuten, daß sie erwarteten, daß die Sitzung annulliert werde, die Frau fügte ihrerseits hinzu: „Ich bin völlig unwichtig, Dr. Elkaïm geht." Danach brachten sie wiederholt eine eventuelle Trennung zur Sprache: sie betonten, daß ihnen diese Lösung unvermeidlich schiene, aber daß sie nicht wüßten, wie sie sich trennen sollten.

Je mehr das Gespräch fortschritt, desto mehr hatten die Therapeutin und die hinter dem Einwegspiegel sitzende Therapeutengruppe das Gefühl, daß das Thema der Trennung einen kreativen Aspekt haben könnte; sie profitierten also von der Unterbrechung der Sitzung, um folgenden Eingriff vorzubereiten.

Jeder der Partner, sagte die Therapeutin, wünsche sich, für den anderen Bedeutung zu haben; gleichzeitig bestätigte aber jeder, in dieser Hinsicht keinerlei positive Erfahrungen gemacht zu haben und nicht zu glauben, eines Tages für den anderen von Bedeutung zu sein; falls dies trotz allem eintreten würde, könne es nur Resultat eines Verrats sein. Das heißt folglich, jeder stellte sich vor, dem anderen helfen zu müssen, nicht mit dieser Überzeugung konfrontiert zu werden. Solange sie dem Partner jeweils vorwerfen konnten, ihm nicht zu erlauben, bedeutend für ihn zu sein, vermieden beide, sich zu fragen, ob sie die Tatsache, für den anderen Bedeutung zu haben, überhaupt ohne Angst akzeptieren könnten.

Der innere Feind wurde also als eine Art maskierter Beschützer beschrieben, der versuchte, die Aufmerksamkeit auf sich zu lenken, um dem Partner die sonst noch grausameren Qualen zu ersparen.

Als ich zurückkam, war ich über die Leichtigkeit erstaunt, mit der die vom Rest der Gruppe assistierte Therapeutin das positive reframing der Vorwürfe durchgeführt hatte, die sich diese Partner gegenseitig machten, und wie sie dieses reframing mit einem äußerst interessanten Kommentar versehen hatte. Ich war um so mehr darüber erstaunt, weil diese Therapeutin, die eine bemerkenswerte analytische Inspiration besaß und die gemeinsam mit mir im systemischen Ansatz geschult worden war, diese Art der Intervention im allgemeinen strikt ablehnte.

Als wir über diese Sitzung diskutierten, zeigte sich plötzlich, daß die Therapeutin und die assistierende Gruppe, jeweils aus verschiedenen Gründen, sehr stark das Gefühl hatten, in dem einen oder anderen Augenblick ihres Lebens nicht von Bedeutung gewesen zu sein. Wir entdeckten auch, daß einige in der Folge meines plötzlichen Weggehens das Gefühl hatten, in meinen Augen unbedeutend zu sein.

Die beiden Partner verlangten von uns, ihnen zu zeigen, daß sie Bedeutung hätten, konnten dies jedoch nicht glauben. Im Angesicht dieses double binds hatten wir, ohne es zu beabsichtigen, beiden Ebenen gleichzeitig entsprochen: die Therapeutin hatte ihnen, indem sie sie empfing, gezeigt, daß sie Bedeutung hatten; was mich betrifft, so hatte ich ihnen, indem ich wegging, geholfen, keine Angst haben zu müssen, doch Bedeutung für jemanden zu haben.

Dieses dem Paar und den Therapeuten der Gruppe gemeinsame Element ließ sich im übrigen auf unsere Abteilung selbst erweitern: denn mit diesen familientherapeutischen Sitzungen war gerade erst begonnen worden, und das Universitätskrankenhaus, in dem sie stattfanden, maß ihnen relativ wenig Bedeutung zu.

Ich nenne diese besonderen Assemblagen, die sich durch die Überschneidung verschiedener Systeme mit einem gemeinsamen Element bilden, Resonanzen. Verschiedene Humansysteme scheinen unter der Wirkung eines gemeinsamen Elements in Resonanz zu treten, ganz so, wie Körper unter der Einwirkung einer bestimmten Frequenz zu vibrieren beginnen.

2.   RESONANZEN

2.1. Resonanzen und Selbstreferenz

Die Resonanzen, die ich beschreibe, existieren nicht als solche; sie tauchen bei Überschneidungen zwischen den Wirklichkeitskonstruktionen der Mitglieder des betroffenen Systems als Verknüpfungen auf.

Die Resonanz ist keine „objektive Tatsache", es handelt sich auch nicht um eine verborgene Wahrheit, die man anhand eines verschiedenen Systemen gemeinsamen Punktes sichtbar machen könnte; sie entsteht in der gegenseitigen Wirklichkeitskonstruktion, die sich zwischen demjenigen vollzieht, der sie bezeichnet, und dem Kontext, in dem er sich selbst dabei ertappt, sie zu bezeichnen.

2.2. Der Schwelleneffekt

In den oben beschriebenen Begebenheiten wird der Leser feststellen, daß nur ein auslösendes Element, eine Art Verknüpfung, in einem bestimmten Moment in Aktion getreten ist. Im zweiten Fall („Ich bin da, und es ist, als ob ich nicht da wäre"), ist, als die Therapeutin ihre Irritation kundtat, zwischen ihr und mir etwas geschehen, was einen Schwelleneffekt entstehen ließ. Dieser ermöglichte überhaupt erst die Existenz der Resonanz. Und in dem Fall mit dem Titel „Einen Platz innehaben" erlaubte mir das, was ich angesichts der jungen Studentin erlebte, deren Haar ihr freundliches Gesicht verbarg, dieselbe Beobachtung: scheinbar bedeutungslose Elemente haben sich in brüsker Weise ineinandergefügt, und ein neues Feld tauchte auf.

2.3. Resonanz und Intervention

Wie kann man das Konzept der Resonanz anwenden? Es scheint, daß die an dem einem oder anderen Punkt der Resonanz durchgeführte Arbeit mit dem einen oder anderen Protagonisten eines bestimmten Systems die miteinander in Beziehung stehenden Systeme verändert. So kommt es, daß im Anschluß an die in der Supervision ausgeführte Arbeit mit der Therapeutin, die diesen Vater und seinen seit zehn Jahren als psychotisch bezeichneten Sohn empfing, eine wichtige Modifikation im Inneren des therapeutischen Systems zutage trat: Vater und Sohn begannen, sich aus ihrer Symbiose zu lösen, der Sohn stellte seine stereotypen Gesten ein und hörte auf, seinen Vater gegen sämtliche äußeren Einflüsse zu verteidigen; Vater und Sohn konnten anfangen, über ihre Einsamkeit zu sprechen. Darüber hinaus konnte der Sohn eines Tages, als die Therapeutin zu spät gekommen war, seine Angst verbalisieren, daß sein Vater und er der Therapeutin nichts bedeuten würden.

Ich schlage nicht mehr eine erschöpfende Erforschung der in Resonanz stehenden Systeme vor – also derjenigen, die ich hätte nennen können, oder derjenigen, die eine andere intervenierende Person hätte entdecken können –, sondern praxisnah mit dem zu arbeiten, mit dem wir in einer Situation konfrontiert werden.

Wenn wir mit Gruppen in Supervision arbeiten, sind als in Resonanz befindliche Systeme, auf die wir uns konzentrieren müssen, aus rein operativen Gründen meist folgende zu nennen: das Familiensystem des Patienten, die Herkunftsfamilie des Therapeuten, das institutionelle System und die Supervisionsgruppe. Wir versuchen, uns auf die Schnittpunkte zwischen den verschiedenen betroffenen Systemen zu stützen, um die unterschiedlichen, in Resonanz stehenden Systeme zu modifizieren.

Selbstverständlich hängt die Intervention vom Ort ab, an dem sich der Intervenierende befindet: handelt es sich um eine Institution, so kann die Resonanz in erster Linie dort verändert werden. Aber auch andere Systeme können eine wichtige Rolle innerhalb der Resonanz einnehmen. So geschah es beispielsweise, daß ich eine Gruppe südamerikanischer Psychologinnen betreute, die meinen Ansatz bei Mehrfamilientherapien einsetzten [1]. Sie schlugen mir vor, den Fall einer Frauengruppe zu behandeln, die Familienoberhäupter darstellten und Mütter von Problemkindern waren: bei einigen waren die Väter während der sich in ihrem Land ausbreitenden Militärdiktatur verschwunden. Der Direktor des Instituts, an dem diese Psychologinnen arbeiteten, hatte ihnen gesagt, daß sie „im Untergrund" arbeiten würden: sie hatten keinen bestimmten Ort, um die Treffen ihrer multifamilialen Therapie zu organisieren, und die wenigsten von ihnen wurden dafür bezahlt. Mehrfache Resonanzpunkte tauchten im System der Supervision auf: Vermißte, die Heimlichkeit, die Gewalt, einen Platz innezuhaben, usw. Ich arbeitete nur an dem Resonanzpunkt, der mir am nächsten lag und der mir alle anwesenden Mitglieder der therapeutischen Gruppe zu betreffen schien.

Die positive Evolution dieser Familien und die spätere Verbesserung des Status der jeweiligen Mitglieder dieser Gruppe an ihrem Institut bedeuteten nicht, daß ich „recht" tat, einen besonderen Resonanzpunkt herauszugreifen; vielleicht hat die durchgeführte Arbeit im Umfeld eines bestimmten, verschiedenen in Interrelation stehenden Systemen gemeinsamen Themas nur einfach das Feld des Möglichen erweitert.

2.4. Sozialer Kontext, Resonanz, Homöostase

Meine praktischen Erfahrungen mit der Familientherapie sammelte ich anfänglich im Bereich der sozialen Psychiatrie.

Als ich begann, im Süden der Bronx, in den Vereinigten Staaten, zu arbeiten, dann in einem Armenviertel in Brüssel, hatte ich auf Anhieb Gelegenheit festzustellen, daß es sehr schwer war, psychische Probleme anzugehen, ohne sie nicht nur mit familiären, sondern auch mit sozialen, kulturellen und politischen Elementen in Verbindung zu bringen [2]. Ich überarbeitete die multifamilialen Therapien und entwickelte andere als die bereits bestehenden: im Gegensatz zu dem, was bis dahin empfohlen wurde, schlug ich eine Begegnung von Familien vor, die vergleichbare Probleme hatten und einem gleichen sozio-ökonomischen Umfeld angehörten. Dies erlaubte mir unter

---

[1] M. Elkaïm, „Système familial et système social", in: *Cahiers critiques de thérapie familiale et de pratiques de réseaux* (Paris, Gamma), Nr. 1, 1979; „ ‚Défamilialiser' la thérapie familiale. De l'approche familiale à l'approche sociopolitique", in: *Cahiers critiques de thérapie familiale et de pratiques de réseaux* (Paris, Gamma), Nr. 2, 1980.

[2] M. Elkaïm (textes recueillis par), *Réseau-Alternative à la psychiatrie*, Paris UGE, coll. „10–18", 1977; M. Elkaïm (Hg.), *Les pratiques de réseau. Santé mentale et contexte social*, Paris, ESF, 1987.

anderem zu erahnen, in welcher Hinsicht ein scheinbar individuelles Problem auch kollektiver Natur sein konnte. So transformierte ich die Netzwerk-Interventionen, die von Ross Speck und Carolyn Attneave[3] entwickelt wurden: dank dieses Ansatzes konnten die Mitglieder des erweiterten Systems das Problem eines Individuums als Problem einer Gruppe erkennen, die in die gleichen Widersprüche verwickelt war.

In dieser Phase waren meine Konstruktionen sehr ärmlich: Ich betrachtete die Welt quasi als einen Satz ineinander verschachtelter russischer Puppen: vom Individuum ausgehend, ging ich zur Familie über, dann auf das Umfeld, dann auf den sozialen Kontext, usw. Infolgedessen erlaubte mir das Konzept der Resonanz schließlich auch, in Betracht zu ziehen, daß diese verschiedenen Systeme durch eine Verbindung geeint werden könnten, die nicht nur in der quasi mechanischen Wiedererzeugung einer Regel von einer Schicht zur anderen bestünde.

Dieses Konzept der Resonanz stellt jedoch andere Probleme. Kann man überhaupt noch in homöostatischen Begriffen denken, wenn die in Resonanz befindlichen Systeme sich in diesem Punkte unterscheiden? Wenn die betroffenen Systeme die Familiensysteme des Therapeuten und die des Patienten sind, sowie das institutionelle System, in dem die Familie behandelt wird, könnte man allenfalls mit Begriffen der Aufrechterhaltung einer verschiedenen Systemen gemeinsamen Regel denken, die notwendig für die Homöostase von Systemen ist, die in Interrelation stehen. Wenn diese Systeme aber sowohl sozialer als auch politischer Natur sind, wie dies bei multifamilialen Therapien der Fall ist, die ich gerade zur Sprache brachte, kann man dann weiterhin in Begriffen der engen Homöostase sprechen?

Kommen wir auf das Beispiel der Supervision Biancas zurück, die im V. Kapitel dargelegt wurde. Der Begriff „erwählt" führte mich auf eine ganze Reihe von Bedeutungen, wie die des gewählten oder erwählten Volkes, sowie auf die Vorlesungen meines Philosophieprofessors Emmanuel Levinas über die Wahl der Pflichten und nicht der Rechte, usw. Wie kann man diese in Resonanz stehenden Elemente in das Konzept der Homöostase im engeren Sinne integrieren? Ich möchte diese Frage nicht beantworten, aber es scheint mir sehr wichtig, sie zu stellen.

2.5. Resonanz, Sinn und Funktion

Was diese Punkte betrifft, könnte man dieselbe Frage aufwerfen, wie ich sie eben hinsichtlich der Homöostase gestellt habe... Einen Kontext in Be-

---

[3] R. V. Speck, C. L. Attneave, *Family Networks*, New York, Vintage Books, 1973.

griffen des Sinns und der Funktion zu erfassen, erscheint uns im Falle eines besonderen Systems oder auch wenn die in Beziehung stehenden Systeme eine spezifische Kohärenz aufweisen, ein selbstverständliches Vorgehen; aber kann man noch in diesen Begriffen denken, wenn die Resonanz so verstreute Bereiche ins Spiel bringt, daß sie die klassische Bedeutung dessen, was man unter System versteht, überschreiten?

3. ASSEMBLAGEN

3.1. Allgemeine Regeln, intrinsische Regeln und Singularitäten

Welche Verbindung besteht zwischen dem Konzept der Resonanz und dem der Assemblage, das im zweiten Kapitel dargelegt wurde?

Der Leser erlaube mir, nochmals zusammenzufassen, was ich unter Assemblage verstehe: Ich habe die Gesamtheit, die durch verschiedene in Interrelation stehende Elemente in einer besonderen Situation erzeugt wird, Assemblage genannt; diese Elemente können ebenso genetischer oder biologischer Natur wie an die familiären Regeln oder an soziale und kulturelle Aspekte gebunden sein. Eine therapeutische Assemblage kann sich aus Elementen konstituieren, auf die allgemeine Regeln angewandt werden können, aus Elementen, die mit intrinsischen, diesem besonderen therapeutischen System eigenen Regeln verbunden sind, aber auch aus Singularitäten, die ebenso signifikant wie a-signifikant sein können.

Die Resonanz ist nur ein Sonderfall der Assemblage, die durch Überschneidung verschiedener Systeme im Umfeld ein und desselben Elementes zustandekommt; Resonanzen sind redundante Elemente, die sehr ungleichartige Welten miteinander verbinden können, während Singularitäten sowie Selbstreferenzen einmalig bleiben.

Im Fall der jüdischen Familie aus Nordafrika, die im II. Kapitel beschrieben wurde, konnte man die für verschiedene offene Systeme, so die Homöostase, geltenden Gesetze am Werk sehen, sowie intrinsische Regeln wie etwa jene, die uns erlaubten, die Funktionen der Symptome dieser Patienten zu verstehen. Andererseits wurde eine Reihe von Singularitäten in Bewegung gesetzt: das Wasser, die Transpiration, die Tränen, die Nutzung des Raumes, die Art und Weise sich auszudrücken, usw. Diese Singularitäten waren selbstreferentieller Natur und betrafen alle Mitglieder des therapeutischen Systems; manche verwiesen auf andere Ebenen, aber sie konnten auch auf sich selbst verweisen: es handelt sich dabei um eben jene Singularitäten, die ich a-signifikant nenne.

Ich habe den Eindruck, daß es heterogene, nur als Schlacke betrachtete Elemente sind, die oft die Rolle eines Katalysators für das Werden eines therapeutischen Systems spielen.

Im Verlauf eines Kongresses, der erst jüngst in den Vereinigten Staaten organisiert wurde, erzählte einer der Sprecher (Dr. Sifneos, Spezialist für Kurztherapie) folgende Geschichte: Eine Patientin hatte ihm erklärt, daß es nicht sehr viel an ihrem Zustand ändere, wenn sie an den Inhalt der Worte denke, die er ihr in der Sitzung sage, sondern daß es genüge, sich seinen Akzent in Erinnerung zu rufen, um sich sehr viel besser zu fühlen... Dieser Akzent könnte auf eine ganze Kette signifikanter Elemente verweisen, aber kann man sich nicht vorstellen, daß er auch als solcher eine Rolle spielen könnte? Konnte im Beispiel der aus Nordafrika stammenden Familie das Wasser nicht auch außerhalb der metaphorischen und anderer Aspekte, auf die es verwies, ein Eigenleben führen? Kann man überhaupt mit Begriffen des Sinnes oder der Funktion von einem ästhetischen Schock sprechen, der durch das Sehen eines Bildes oder das Hören einer Musik ausgelöst wird? Würde dies nicht heißen, den im Geheimen schlummernden Reichtum dessen zu reduzieren, was wir erleben?

3.2. Das Erscheinen des Beobachters

Die von Heinz von Foerster angeregte Kybernetik 2. Ordnung beharrt nicht nur auf den Rückwirkungen zwischen den Konstituenten des beobachteten Systems (was bereits die Kybernetik 1. Ordnung tat), sondern vor allem auch auf jenen zwischen dem Beobachtenden und dem beobachteten System. Sowohl von Foerster als auch Varela unterstreichen hingegen, daß der Beobachter nicht von dem getrennt werden kann, was beobachtet wird, weil er selbst in dem System, das er beobachtet, auftaucht.

Wie taucht der Beobachter auf? Wie kommen seine Gefühle und Gedanken zum Vorschein? Welchen Anteil an Freiheit hat er in Beziehung zu dem System, aus dessen Innerem er erwächst? Wie kann sich Neues ereignen?

Diese Fragen bleiben offen. Indem ich die Konzepte der Resonanz und der Assemblage in diesem Buch zur Sprache bringe, wollte ich mit meinen Skizzen jedoch wenigstens einen Beitrag zu ihrer Beantwortung leisten. Diese Konzepte haben den Vorteil, Elementen verschiedenster Natur gegenüber offen zu bleiben, da sie es vermeiden, diese Elemente bei der Frage nach dem Auftauchen des Beobachters nicht innerhalb eines eindimensionalen Leserasters zu erdrücken. Was den Wandel betrifft, so ist das, was über das Werden eines Systems entscheidet, vor allem an die Art und Weise gebunden, in der der Intervenierende sich einbringt, um so zu handeln, daß verschiedene

Konstituenten sich nur zur Entblockierung einer verborgenen Wahrheit aneinanderreihen können.

Im übrigen kann es in spezifischen kulturellen Kontexten eine unerläßliche Etappe in der Aneinanderreihung einer produktiven Assemblage sein, wenn man sein Vorgehen an einer Schnittstelle von Wirklichkeitskonstruktionen orientiert, die im Umfeld einer Dekodierung errichtet wurden. Die Dekodierung wäre dann eine der notwendigen Konstituenten dieser Assemblage.

Es scheint, daß Schriftsteller wie Proust sich zu Meistern einer Kunst entwickelten, Beschreibungen auszuarbeiten, die mannigfaltige Wege offenhielten und dadurch jeder reduzierenden Interpretation vorbeugten. Félix Guattari kommentierte den Abschnitt aus *A la recherche du temps perdu*, in dem Swann das Gesicht Odettes mit dem Portrait Zéphoras assoziiert, das in einem Fresko der Sixtinischen Kapelle von Botticelli gemalt wurde, folgendermaßen:

„Was ist der Ursprung dieser zerstörenden Kraft, die Odettes Gesicht hat? […] Handelt es sich nicht von seiten Swanns nur um eine ‚regressive Identifikation‘ mit einer Mutterfigur? Um die Konsequenz einer Karenz, um einen Pol väterlicher Symbolik, die ihm verbieten würde, seine ‚Kastration‘ ordentlich zu ‚verarbeiten‘? […] Diese Zéphora, deren Gesicht sich mit dem Odettes überschneidet, wurde sie nicht Moses von seinem Vater, dem Priester von Jericho, als Pfand für seine Rückkehr zum Gott Abrahams gegeben? Und dieses Fresko der Sixtinischen Kapelle, wurde es nicht als Kontrapunkt zwischen dem Leben Jesu und dem Leben Moses konzipiert? Zeigt uns dies nicht, daß wir uns hier auf einem doppelten Register bewegen: dem einer archaischen Fixierung Swanns auf ein imaginäres Äquivalent der bösen und inzestuösen Mutter-Huren-Tochter, und auf dem einer christlichen, in ihrem Wesen symbolischen Sinngebung eines ursprünglichen Mankos der väterlichen Funktion? War es im übrigen nicht eine Folge seiner Hochzeit mit Odette und eine Folge einer Sublimierung seiner inzestuösen Leidenschaft, daß es Swann später, anläßlich der Dreyfus-Affäre, gelang, seine jüdische Herkunft zu verarbeiten?“[4]

Guattari zeigt hier, daß man sehr wohl die von Proust beschriebenen Details mit Gewalt in den Rahmen traditioneller Interpretationen einbringen kann, aber daß man dann die Singularität von Odettes Gesicht, die Natur des musikalischen Satzes von Vinteuil, die Bauweise des Salons von Verdurin, andere Welten, anderes Werden übersieht. Eine reduzierende Deutung, die die künstlerische Schöpfung zur Vernunft brächte, würde die Psychotherapie

---

[4] F. Guattari, *L'inconscient machinique, Essais de schizo-analyse*, Paris, Recherches, 1979, S. 246.

vergessen lassen, daß die scheinbar zu vernachlässigenden Elemente unter bestimmten Bedingungen entscheidend sein können, wenn sich die Bedingungen verändern.

In dieser Hinsicht könnte die Psychotherapie als eine Kunst definiert werden, die das Mögliche möglich sein läßt.

VII. Kapitel
„Mit den Füßen denken": Die Intervention in der Familienpsychotherapie

Es war an einem Frühlingstag in Marrakesch. Meine Mutter und ich hatten das Hausmädchen bei einem unserer Spaziergänge getroffen. Als meine Mutter die Frau fragte, wohin sie ginge, antwortete sie: „Dahin, wo mich meine Füße hintragen." Als Kind konnte ich darin nicht den Versuch eines Ausweichens erkennen, sondern eine Antwort, die einen Sinn haben mußte. Ich fragte mich also, wie Füße denken könnten, und dieses Problem versetzte mich in große Verblüffung.

Ich erkannte das Zutreffende dieser Reflexion erst Jahre später, anläßlich einer therapeutischen Intervention, die im Rahmen der Supervision einer Familientherapie durchgeführt wurde. Die Mitglieder dieser Familie, die bereits im ersten Kapitel vorgestellt wurden, hatten verschiedene gesundheitliche Probleme, die Mutter und ihre beiden Töchter waren auf Krücken in die Sitzung gekommen. Nach einer der beiden Hypothesen, die wir erarbeitet hatten, handelte es sich um eine Familie, für die Hilfe eine wichtige Regel bildete, in der es aber, parallel dazu, nicht in Frage kam, seinen Nächsten um Hilfe zu bitten. Wir haben in diesem Widerspruch folgendes double bind erkannt: „Helfen Sie uns", aber: „Wir können nicht akzeptieren, daß uns geholfen wird, wir können nur helfen."

Nachdem die Situation mit der Supervisionsgruppe diskutiert worden war, wollte die Therapeutin die Symptome dieser Familienmitglieder in einen positiven Kontext umwerten. So stellte sie sie als ein Mittel dar, mit dem der andere aufgefordert werden konnte, Hilfe zu leisten, ohne daß er direkt darum gebeten worden wäre. Dadurch, daß diese Interpretation betonte, daß ein körperliches Leiden einem Familienmitglied erlaubte, dem jeweils kranken zu Hilfe zu kommen, verlieh sie den Symptomen einen positiven Kontext; diese Umwertung wurde von einem paradoxen Kommentar ergänzt, weil die Therapeutin gleichzeitig darauf hingewiesen hatte, daß diese so verrufene Hilfe, auch wenn nicht direkt um sie gebeten wurde, dennoch verlangt wurde. Die Therapeutin hoffte, daß diese Intervention die Mitglieder der Familie dazu bringen würde, den auf diese Weise umbewerteten Weg zu verlassen; sie hoffte, sie würden es vielleicht wagen, nach anderen, besseren und weniger gefährlichen Möglichkeiten zu suchen.

Kurz bevor die Therapeutin den Hörsaal der Supervision verließ, rutschte sie auf dem Teppich aus und konnte sich gerade noch an der Wand abstützen. Ihre Intervention, die wir mittels einer Videokamera live verfolgten, brach in der Tat sehr schnell ab: Ganz offensichtlich gelang es der Therapeutin nicht, sich als fähige Hilfe anzubieten; es gelang ihr auch nicht, die Schwierigkeiten, die ihr begegneten, als therapeutisches Mittel zu nutzen. Zu jener Zeit griff ich meinen Schülern noch beratend unter die Arme, indem ich in schwierigen Fällen selbst ins Therapiezimmer ging[1], und das tat ich in diesem Fall. Ich möchte den Beginn meiner Intervention hier wiedergeben:

Mony Elkaïm [betritt den Therapieraum und begrüßt nacheinander die einzelnen Familienmitglieder]: Guten Tag allerseits, entschuldigen Sie bitte die Störung. [*Zur Mutter*] Guten Tag. [*Zur ältesten Tochter*] Guten Tag. [*Zur jüngsten Tochter*] Guten Tag. [*Zum Vater*] Guten Tag, mein Herr.
Plötzlich, gerade als ich im Begriff war, die Hand des Vaters zu drücken, verwickelte sich mein Fuß im Kabel des Mikrofons, und ich stürzte beinahe; ich vermied den Sturz nur dadurch, daß ich die ausgestreckte Hand des Vaters ergriff.
M. E. [sich an den Vater wendend]: Vielen Dank für Ihre Hilfe.
Dann setzte ich mich zwischen den Vater und die Therapeutin (wir bildeten einen Kreis; in folgender Reihenfolge saßen: die Mutter, die beiden Töchter, der Vater, ich selbst und die Therapeutin).
Der Vater: Das war Absicht!
M. E.: Nein, ich habe meinen Fuß nicht absichtlich im Mikrofonkabel verwickelt. Das kommt aus der Familie. [*Lachen der Mutter.*] Irgendwie gebe ich mich als zuverlässig zu erkennen. [*Ich zeige meine rechte Hand, die Innenfläche der Familie zugewendet. Die Mutter zeigt mir daraufhin lächelnd ihre linke Hand, die in einen weißen Verband eingewickelt ist.*] Und wie soll ich mich anders als zuverlässig erweisen, wenn nicht dadurch, daß ich Ihnen vorschlage, mir zu helfen, wenn ich gerade Ihnen geholfen habe?

---

[1] Heute interveniere ich, von einigen Ausnahmen abgesehen, nur im Raum hinter dem Einwegspiegel als Berater. Dort ist für mich ausschließlich die Arbeit an den Schnittstellen der Wirklichkeitskonstruktionen meines Schülers mit denen der Familienmitglieder, die er behandelt, von Belang; ich stütze mich dabei auf die selbstreferentiellen Aspekte meines eigenen Erlebens. Mir scheint es für den Berater erheblich einfacher zu sein, die singuläre Brücke zwischen Familie und Therapeut zu respektieren, wenn er hinter dem Spiegel bleibt. Dies ermöglicht dem Therapeuten auch, seine Interventionen selbst zu entwerfen. Wenn die Sprechstunde im Therapieraum stattfindet, muß man zusätzlich folgende Elemente berücksichtigen: die Verknüpfung von Singularitäten des Beratenden mit denen der Mitglieder des therapeutischen Systems.

Meine Füße hatten die Lösung des double binds gefunden. Dank ihrer Hilfe konnte darüber hinaus nun auch meine Studentin ihre vorbereitete Intervention durchführen: genauer gesagt, indem man sich helfen läßt, hilft man.

2. Hypothesen, Kreativität und therapeutisches System

Ich muß wohl nicht erneut betonen, daß der Sturz in keiner Weise beabsichtigt war. Die Tatsache, daß er als Lösung des double binds dieser Familie verstanden werden konnte, schlug sich im Kontext der Hypothese nieder, die wir ausgearbeitet hatten; zweifelsohne mußte diese Hypothese aufgestellt werden, damit dieser kreative, für die Konstitution eines neuen therapeutischen Systems entscheidende Akt auftauchen konnte.

Dieses kurze Beispiel wirft das Problem auf, das bei Erscheinen eines kreativen Aktes in der Psychotherapie auftritt. Wenn dieser Akt beabsichtigt gewesen wäre, hätte er jegliche Wirkung verloren: denn ein „absichtliches Verhalten", um die Worte des Vaters zu übernehmen, könnte keinen Anspruch auf die Spontaneität und die Kraft des plötzlich auftauchenden kreativen Aktes erheben. Im übrigen geschieht es oft in Situationen, in denen der Therapeut mit dem Rücken zur Wand steht, daß ein kreatives Element, das a posteriori bei der Entblockierung des therapeutischen Systems eine Hauptrolle gespielt zu haben scheint, plötzlich hervorbricht. Der folgende Fall scheint mir in dieser Hinsicht besonders aufschlußreich …

Es handelte sich um eine sehr attraktive siebenundzwanzigjährige Patientin, die seit ihrem vierzehnten Lebensjahr, abgesehen von einigen bulimischen Attacken, magersüchtig war. Diese junge Frau, die gewohnt war, enorme Mengen an laxierenden und harntreibenden Mitteln einzunehmen, zeigte bei verschiedenen Medikamenten eine Toxikomanie; sie hatte mehrmals versucht, Selbstmord zu begehen, und hatte viele Krankenhausaufenthalte hinter sich. Ich betreute sie seit drei Jahren im Rahmen einer Familientherapie, in Verbindung mit einer Individualtherapie bei einem befreundeten Psychiater.

Trotz meiner Anstrengungen und obwohl ich den Eindruck gehabt hatte, die Elemente, die die Symptome der Patientin aufrechterhielten, ziemlich gut verstanden zu haben, konnten nur sehr begrenzte therapeutische Ergebnisse erzielt werden. Im Verlauf des dritten Behandlungsjahres erschien es mir unmöglich, diese sehr kooperative Familie weiterhin in aller Heiterkeit zu empfangen, wo doch das Leben der Patientin ernsthaft in Gefahr war und sich meine therapeutischen Versuche als unwirksam erwiesen hatten. So erklärte ich den Familienmitgliedern, daß ich mit meinen Behandlungsmethoden gescheitert und die Lage zu ernst sei, um einfach so weiterzu-machen, als ob nichts geschehen wäre. Ich schlug vor, mich der Supervision meiner ehemaligen Studenten zu unterstellen, die inzwischen meine Mitar-beiter geworden waren, und bat die Familie, für die folgenden Gespräche nicht mehr in meine Privatpraxis zu kommen, sondern ins Institut zu gehen, in dem meine Mitarbeiter tätig waren. In den folgenden Wochen verlief die Therapie also in den Räumlichkeiten des Instituts und wurde von meinen Kollegen betreut.

Diese Episode schien mir ein Schlüsselmoment dieser Psychotherapie zu konstituieren. Die Patientin sah, wie sich ihr Zustand zunehmend verbesser-te, und sie begegnete einem Mann, mit dem sie eine wichtige Beziehung aufbaute. Ich betreute dieses Paar (der Mann hatte selbst Probleme) in einer begrenzten Sitzungsfolge, dann ließ sich meine Patientin mit ihrem Freund im Ausland nieder. Ein Jahr später schrieb mir diese junge Frau, daß es ihr sehr gut gehe und daß sie keine Eßstörungen mehr habe, auch ihren Ta-blettenmißbrauch habe sie bewältigt; sie erklärte mir, daß sie sich sehnlichst ein Kind wünsche, und im darauffolgenden Jahr kündigte mir eine Karte das freudige Ereignis an.

Vielleicht hat die Episode nur in meinen Augen eine wesentliche Rolle gespielt. Es kann sein, daß diese Patientin in der Phase ihrer Individualthera-pie etwas besonders Wichtiges erlebt hat, da sie eine ausgezeichnete Be-ziehung zu ihrem Therapeuten hatte. Ebenso wäre es möglich, daß die Gegenwart eines Mannes und die Entstehung einer Zweierbeziehung die Regeln des Systems, in dem sich die junge Frau entwickelte, zutiefst verän-dert hatten… Sicher ist, daß all diese Elemente zusammen eine Rolle ge-spielt haben, die nicht unterschätzt werden darf, aber diese eine Sequenz erscheint mir deshalb eine nicht weniger entscheidende Bedeutung gehabt zu haben.

Therapeuten, die mit psychisch bedingter Anorexie zu tun haben, kennen die eiserne Abschirmung der Patientin gegenüber ihrer Umgebung. Sie kennen auch das beklemmende Gefühl der Ohnmacht, das den Therapeuten erfaßt, der mit einer Patientin zu tun hat, die ihre Nächsten dadurch in die Knie zwingt, daß sie ihre Aggressivität gegen sich selbst richtet. Das ändert nichts daran, daß ich meine Intervention nicht mit dem Ziel konstruiert habe, die Nutzlosigkeit dieser eisernen Abschirmung zu unterstreichen. Ich habe nicht versucht zu zeigen, daß auch ich genauso wie ihre Eltern scheitern konnte, sondern ich habe versucht, die Hilfe meiner jüngeren Kollegen zu akzeptie-ren, um aus der Sackgasse, in der ich mich befand, herauszukommen. Dieser kreative Akt tauchte in der Folge eines Scheiterns auf. Er verdankt die Tat-sache, daß er das Erscheinen von etwas Neuem begünstigt hat, meiner Mei-nung nach nur der Spontaneität seines Auftretens.

In einem bemerkenswerten Artikel mit dem Titel „Quelques pas vers la con-trée où les anges ont peur"[2] wirft Jean-Luc Giribone folgendes Dilemma auf: Er beschreibt den kreativen Akt, der eine Situation vollständig verändert, als einen Akt, „der sich auf natürliche Weise verändert, seine Wirksamkeit ver-liert, und als solcher sogar zu existieren aufhört, wenn er mit dem bewußten Vorsatz vollbracht wurde, daß das erzielte Ergebnis unter der Bedingung erreicht wurde, nicht als Ziel angestrebt worden zu sein". Um dieser Schwie-rigkeit zu entgehen, zitiert Jean-Luc Giribone Worte des Yaqui-Zauberers „Don Juan", Hauptperson in Carlos Castañedas Lehrzeit, über die er vor allem in *Die Reise nach Ixtlan*[3] berichtet; „Don Juan" lehrt seinen Schüler die Kunst, ein Krieger zu sein, er sagt ihm: „Ein Krieger ist ein Jäger. Er berechnet alles. Das ist Kontrolle. Aber wenn er alles berechnet hat, handelt er. Er läßt sich gehen, das ist die Selbstaufgabe." Giribone schlägt deshalb vor, zwei Bewegungen zu unterscheiden. Die Vorbereitung des kreativen Aktes und dieser Akt selbst, so schreibt er, müßten in zwei aufeinanderfol-genden, deutlich voneinander getrennten Zeiteinheiten verlaufen. Ich bin nicht davon überzeugt, daß eine solche Trennung in der Praxis immer mög-lich ist, und ich habe diese Frage in meinem Artikel „Double contrainte et singularité dans une situation de formation à la thérapie familiale"[4] zumin-dest angerissen. Ich beschrieb dort eine Intervention, bei der es mir unmög-lich war, diese beiden Phasen zu trennen, trotz meiner Entscheidung, meine Hypothese vor meinem Einschreiten zu überprüfen. Man muß es nicht dabei bewenden lassen, daß Therapeuten und systemische Ausbilder den Akzent auf die Vorbereitungsarbeit setzen. Was die Kreativität betrifft, so kann diese nur zusätzlich entstehen, wie eine Art Krönung der Arbeit. Eines der Werke von Degas illustriert diese Verbindung zwischen Vorbereitung und Spon-taneität in wunderbarer Weise: es handelt sich um das 1869 entstandene Portrait von Theodora Gobillard, geborene Morisot, das im Metropolitan Museum in New York aufbewahrt wird. Dem Ölgemälde gingen zahlreiche Skizzen voraus, die Frau Gobillard sowohl sitzend ohne Dekor als auch den Salon ohne ihre Person darstellen; Degas hat dieses Werk also lange vor-bereitet, aber diese Vorüberlegungen nehmen dem Gemälde nicht das Ge-ringste von seiner Spontaneität.

[2] J.-L. Giribone, „Quelques pas vers la contrée où les anges ont peur", in: *Auto-référence et Thérapie familiale* (hg. von M. Elkaïm und C. Sluzki), *Cahiers critiques de thérapie familiales et de pratiques de réseaux* (Toulouse, Privat), Nr. 9, 1988.

[3] C. Castañeda, *Le voyage à Ixtlan*, Paris, Gallimard, 1972.

[4] M. Elkaïm, „Double-contrainte et singularités dans une situation de formation à la thérapie familiale", in: M. Elkaïm (Hg.), *Formations et pratiques en théra-pie familiale*, Paris, ESF, 1985.

Die Phase, in der die Hypothesen ausgearbeitet werden, wird also als grundlegendes Stadium aufgefaßt. In meinen Augen besteht diese Phase nicht darin, verdeckte Regeln aufzudecken, sondern setzt sich vielmehr aus einer gemeinsamen vom Therapeuten und den Mitgliedern des therapeutischen Systems erarbeiteten Konstruktion zusammen. Sie konstituiert eine gemeinsame, überraschende und dennoch verständliche Intervention. Der wichtigste Augenblick der ersten Sitzung ist der, in dem die Hypothese konstruiert wird: die Familienmitglieder treten dann nach und nach in den Rahmen des Erklärungsrasters ein, den der Therapeut bei seinen Recherchen abgesteckt hat; dies geschieht, indem er den Raster in die Wirklichkeitskonstruktionen der Familienmitglieder einbringt; die Hypothese kann nur dann fruchtbringend auf die Mitglieder des therapeutischen Systems verteilt werden, wenn sie gleichzeitig naheliegend und überraschend ist; ersteres ist notwendig, damit sie akzeptiert, letzteres, damit eine neue Lesart autorisiert werden kann. Ich habe den Eindruck, daß sich das therapeutische System im Verlauf dieser Elaborationsphase von Hypothesen herausbildet, und daß in dieser Phase auch die Grundsteine einer neuen, geteilten Weltsicht gelegt werden. Der Augenblick am Ende der Sitzung, in dem die Hypothese angewendet wird, ist nur noch Kommentar; das Wesentliche hat sich bereits vorher abgespielt. Natürlich wird sich der Intervenierende im Rahmen der systemischen Therapie nicht damit begnügen, Hypothesen aufzustellen oder Situationen umzudeuten, er wird auch Aufgaben stellen. Aber die gestellten Aufgaben können nur eine Wirkung haben, wenn die verschiedenen Mitglieder des therapeutischen Systems an der Erstellung des Rahmens mitarbeiten, in den sie sich dann selbst einbringen. Gelingt die therapeutische Intervention, so heißt dies, über die gemeinsame Konstruktion hinausreichend, daß sich die zweigleisige Hypothese als operativ erwiesen hat.

3. Dieselbe Situation anders erleben

Es reicht indessen nicht, ein und dieselbe Hypothese zu teilen.
Im Falle der oben beschriebenen Familie erklärte mir die Therapeutin auch, daß sie sich starke Rückenschmerzen zugezogen habe: diese Schmerzen seien am Anfang einer Sitzung aufgetreten, in der die Mutter ihr gesagt hatte, daß sie ausgezeichnete Bewegungstherapeuten kenne und deren Adressen aufbewahre, falls sie sie eines Tages brauche. Die Rückenschmerzen vergingen erst nach dem erwähnten Sturz und der Intervention, die ihn begleitete.
Hier hat sich also eine Überschneidung zwischen der Wirklichkeitskonstruktion meiner Schülerin und der der Familienmitglieder gebildet. Es

hatte sich zwar ein neues System gebildet, aber dieses System wurde nicht zum therapeutischen.

Die therapeutische Allianz ist immer notwendig, nur reicht sie manchmal nicht aus. Damit eine Hypothese zu einer gelungenen Intervention führen kann, muß sie nicht nur überraschen, sondern auch erlauben, daß die gleiche Situation anders erlebt werden kann.

4. EINE ANDERE DEUTUNG UND AUSSCHLUSS DES PATIENTEN

Diese Suche nach einer anderen Deutung darf uns nicht dazu verleiten, unseren Gesprächspartnern nicht mehr genau zuzuhören. Nur allzuoft ist der systemische Therapeut von seiner Suche nach einem umfassenden Verständnis des vorliegenden Symptoms so sehr in Anspruch genommen, daß er vergißt, den Gefühlen des Ausgeschlossenseins Rechnung zu tragen, die die Person, an die er sich wendet, dadurch empfinden kann.

Stellen wir uns beispielsweise einen Jugendlichen vor, der sich unaufhörlich über seine Eltern beklagt; stellen wir uns ebenfalls vor, daß der Therapeut sich damit zufrieden gibt, die Wut des jungen Mannes neu zu definieren, um die Aufmerksamkeit der Eltern auf ihn zu lenken und sie selbst von ihren eigenen Konflikten abzulenken. Er läuft dadurch Gefahr, daß der Jugendliche den Therapeuten als unfähig betrachten könnte, seine Aggressivität zu akzeptieren. Auch könnte er zu der Überzeugung gelangen, der Therapeut schließe all das, was sich nicht in seine eigene Weltsicht eingliedern läßt, einfach aus.

Überraschen bedeutet nicht, darauf zu verzichten, die verschiedenen Arten der Dekodierung des Universums miteinander zu verknüpfen, die die Mitglieder eines Systems charakterisieren. Die gemeinsam mit der Hilfe des Therapeuten bewerkstelligte Konstruktion müßte als eine zusätzliche Möglichkeit vorgeschlagen werden und nicht als eine absolute Wahrheit, die andere Interpretationen der Welt verwirft.

5. SEHEN, DASS MAN NICHT SIEHT

Eine Situation, die Heinz von Foerster in seinem Artikel „La construction d'une réalité"[5] beschrieb, bezeugt die Bedeutung dieser zusätzlichen Möglichkeit.

---

[5] H. von Foerster, „La construction d'une réalité", in: P. Watzlawick (Hg.), *L'invention de la réalité*, Paris, Le Seuil, 1988, S. 47–48.

Es handelt sich um die Erfahrungen von Soldaten, die Gehirnverletzungen im Bereich des Hinterkopfes durch eine Gewehrkugel erlitten hatten. Die Wunden heilten ziemlich schnell, doch nach einigen Wochen traten motorische Störungen auf, beispielsweise in den Armen oder Beinen, obwohl klinische Tests zeigten, daß die Funktion des motorischen Nervensystems völlig normal verlief. Sie zeigten hingegen, daß „diese Verletzungen in bestimmten Fällen den Verlust eines großen Teils des Gesichtsfeldes nach sich zogen" – ein Krankheitssymptom, das der Patient gar nicht wahrgenommen hatte. Von Foerster fügt hinzu:

„Eine wirksame Therapie besteht darin, dem Patienten während zweier Monate die Augen zu verbinden, bis er die Kontrolle über sein motorisches Nervensystem wiedererlangt; dies geschieht, indem seine Aufmerksamkeit von visuellen (nicht existierenden) Anhaltspunkten, die ihn normalerweise über die Stellung seines Körpers informieren, auf (voll einsatzfähige) Kanäle umgelenkt wird, die aus sensoriellen (propriozeptiven) Rezeptoren stammen und ihm auf direktem Wege Stellungszeichen liefern, die sich in seinen Muskeln und Gelenken befinden."

Der Patient sieht nicht, daß er nicht sieht. Und solange er nicht sieht, daß er nicht sieht, kann er weder nach neuen Möglichkeiten suchen noch Lösungen für sein Problem finden. Nur wenn er sieht, daß er nicht sieht, kann sich eine andere Entwicklung anbahnen.

Die Therapie könnte in diesem Sinne als ein Erkenntnisprozeß betrachtet werden, der jemandem dazu verhilft, zu sehen, daß er nicht sieht, und sich genau auf diese Grenze zu stützen, um sich neue Möglichkeiten zu eröffnen.

6. Widerspruch und Autonomie

Diese Verbindung zwischen Grenze und Möglichkeit, zwischen Widerspruch und Autonomie weist uns auf die Freiheit des Beobachters im Hinblick auf den Kontext hin, in dessen Innerem er erscheint, und auf die Autonomie des Therapeuten oder des Patienten im Hinblick auf die Systeme, denen sie angehören.

Nicht alle Grenzen sind Einschränkungen, die wir überwinden können. Das Alter, der Tod, der inhärente Mangel unserer menschlichen Eigenschaften sind grundlegende Aspekte dessen, was unser Schicksal ausmacht.

Unter den vielfachen Möglichkeiten, den uns gesetzten Grenzen gegenüberzutreten, möchte ich zwei Beispiele hervorheben, die mich besonders beeindruckt haben.

In erster Linie war ich immer vom Drama des Sisyphos berührt. Hören wir, was Homer uns dazu sagt:

„Er bewegte mit seinen beiden Armen einen riesigen Stein. Sich mit Händen und Füßen dagegenstemmend, schob er den Stein auf die Kuppe eines Hügels hinauf; aber als er im Begriff war die Anhöhe hinter sich zu lassen, zog ihn die Masse zurück; von neuem rollte der freche Stein der Ebene entgegen. Mit angespannten Kräften begann er erneut, ihn vorwärtszustoßen, der Schweiß tropfte ihm von den Gliedern, und der Staub erhob sich einem Heiligenschein gleich um seinen Kopf."[6]

Die Richter der Unterwelt hatten Sisyphos dazu verdammt, einen riesigen Felsbrocken auf die Höhe eines Hügels zu bewegen, um ihn auf der anderen Hangseite wieder herabstürzen zu lassen. Kaum daß Sisyphos die Bergspitze erreichte, riß ihn der Fels hinweg und rollte, von seinem eigenen Gewicht getrieben, zurück nach unten.

Das mindeste, was man über Sisyphos sagen kann, ist wohl, daß er ein besonders listiger Mensch war. Als Autolykos versuchte, sich seines Viehs zu bemächtigen, hatte Sisyphos es verstanden, diesen Plan trotz der Macht zu vereiteln, die Hermes dem Dieb gegeben hatte, die Tiere nach Belieben zu verwandeln. Und auch als Zeus ihm Thanatos, den Bruder des Hypnos, sandte, um ihn dafür zu strafen, daß er die Geheimnisse der Götter verraten habe, gelang es Sisyphos, sich seinem Verfolger zu entziehen. Thanatos sollte ihn in den Tartaros bringen und ihm eine ewige Strafe auferlegen, doch Sisyphos gelang es, ihn in Ketten zu legen.

Der Geist des Todes war gefangen, niemand mehr konnte sterben. Um aus dieser Sackgasse herauszukommen, befreite Ares Thanatos und lieferte ihm Sisyphos aus. Diesem fehlte es jedoch nicht an Ideenreichtum: er hatte seiner Frau Merope befohlen, ihn nicht zu begraben, so daß er, im Palast des Hades angekommen, Persephone bitten konnte, auf die Erde zurückkehren zu dürfen, um begraben zu werden und diejenigen zu strafen, die diesen traurigen Pflichten nicht nachgekommen waren. Persephone schickte ihn für drei Tage auf die Erde zurück, was ihm ein weiteres Mal erlaubte, seinem Schicksal zu entgehen.

So mußte sich Hermes schließlich persönlich darum bemühen, des Kühnen habhaft zu werden; er brachte ihn mit Gewalt in die Unterwelt zurück. Was sollte Sisyphos nun noch erdenken, um sich aus der Affäre zu ziehen? Albert Camus schrieb ihm folgenden letzten Sieg zu:

„Sisyphos betrachtet den Stein einige Augenblicke lang, wie er in die niederen Gefilde hinabrollt, von denen aus er ihn wieder auf den Gipfel bringen muß. Er steigt in die Ebene hinab.

---

[6] Homer, *L'Odyssée*, Paris, Garnier-Flammarion, coll. „GF", Gesang 11, S. 173.

158

Sisyphos interessiert mich gerade im Augenblick dieser Rückkehr, während dieser Pause [...] Sisyphos, Proletarier unter den Göttern, machtlos und empört, wußte um das Ausmaß seiner miserablen Bedingungen: an sie denkt er während des Abstiegs. Die Klarsicht, die seine Qualen ausmachen sollte, vollendet im gleichen Zug seinen Sieg."[7]

Für Camus macht Sisyphos von dem Augenblick an, in dem er die Götter jagt, aus dem Schicksal eine Angelegenheit des Menschen, sein Schicksal liegt in seinen Händen, und der Fels ist seine Angelegenheit. Dem außenstehenden Beobachter kann Sisyphos als ein Verdammter erscheinen, der auf immer und ewig die gleichen sinnlosen Gesten wiederholt. Aber für ihn ist dieser Fels sein Felsbrocken und dieses hoffnungslose Unternehmen sein eigenes, es wird ihm nicht aufgezwungen – er erhebt sogar Anspruch darauf. Der Fels kann immer wieder ins Rollen geraten; wie immer auch das Urteil der Götter lauten mag, Sisyphos ist sein eigener Herr geworden. Sein Nimbus ist nicht der des Martyriums, der zur Heiligkeit gereicht: Sisyphos wird vielleicht nur von Staub umkränzt, aber dieser Staub – dieser Fels, seine Lebensbedingungen (condition humaine) – machen seine Größe aus.

In einem weit amüsanteren Tonfall versucht Charles Perrault, in seinem Märchen *Dornröschen* die Grenze zu integrieren, um ihrer Knechtschaft zu entgehen. Lesen wir diese Geschichte noch einmal ... Die alte Fee, die nicht zu den Feierlichkeiten der Taufe eingeladen worden war, hat die Prinzessin dazu verflucht, sich an einem Spinnrocken zu stechen und daran zu sterben; doch die junge Fee kommt daraufhin aus dem Versteck hervor, in dem sie sich verborgen hatte, um als letzte ihre Gabe zu überbringen; sie erklärt: „Seid unbesorgt, König und Königin, eure Tochter wird nicht daran sterben: ich habe zwar nicht genug Macht, um die Verwünschung meiner Vorgängerin aufzuheben. Die Prinzessin wird sich an einer Spindel stechen; aber anstatt daran zu sterben, wird sie nur in einen tiefen, hundert Jahre währenden Schlaf fallen, dann wird sie ein Königssohn erwecken."[8]

Ich habe oft den Eindruck, daß wir uns, wie Sisyphos oder die junge Fee, mit bestimmten Grenzen, die uns unsere Lebensbedingungen und die Kontexte, in denen wir uns entwickeln, auferlegen, einfach abfinden müssen. Wie sie können auch wir nicht auslöschen, was geschehen ist. Wir können nur versuchen, Nachteile in Trümpfe zu verwandeln. Dafür aber müssen die Systeme, an denen wir teilhaben, Veränderungen offen gegenüberstehen.

[7] A. Camus, *Le Mythe de Sisyphe*, Paris, Gallimard, coll. „Folio-Essais", 1987, S. 165–166.

[8] C. Perrault, *Contes*, Paris, LGF, coll. „Le livre de poche", 1979, S. 134.

Eines Tages warf Heinz von Foerster während eines Seminars, das wir gemeinsam leiteten, einen wenig bekannten Aspekt des platonischen Höhlengleichnisses auf. Im VII. Buch des *Staates* stellt sich Sokrates eine Höhle vor, deren Eingang sich zum Licht hin öffnet. Dort leben von Geburt an Menschen, die so angekettet sind, daß sie nur die Felswand sehen können, die den Hintergrund ihres Gefängnisses bildet. Lichtquelle ist ein Feuer, das weit hinter ihnen auf einer Anhöhe brennt. Zwischen diesem Feuer und den Gefangenen verläuft eine ummauerte Straße. An dieser Mauer laufen Menschen entlang, die Gegenstände verschiedenster Art tragen, sowohl menschliche wie auch Tierfiguren, die die Mauer überragen. Die Gefangenen sehen nur die Schatten, die das Feuer auf die Felswand im Höhlengrund wirft, und hören nur das Echo der Worte, die die Träger sprechen.

Wenn einer der Gefangenen von seinen Ketten befreit und nach draußen gebracht würde, würde er einige Zeit brauchen, um sich an das Licht und an die Außenwelt zu gewöhnen. Und wenn er zufällig an seinen Ursprungsort zurückkäme und versuchen würde, seine früheren Mitgenossen von der Existenz einer äußeren Wirklichkeit zu überzeugen, würde er an ihrer Ungläubigkeit scheitern. Er würde sogar Gefahr laufen, getötet zu werden, wenn er sich darauf versteifen würde, sie aus ihrem Gefängnis befreien zu wollen; Sokrates entgegnete Glaukon: „Und wenn jemand versuchen würde, sie loszubinden und sie nach oben zu bringen, und sie ihn ergreifen und töten könnten, würden sie ihn dann nicht töten?"[9], und dieser Satz ließ von Foerster sagen: „Im Königreich der Blinden geht der Einäugige ins Asyl!"

Ich zitiere diese Bemerkung von Foersters nicht, um die Welt der Dunkelheit der des Lichts entgegenzustellen oder, wie Sokrates sagen würde, die der Unwissenheit der des Wissens, sondern um die Bedeutung des Systems zu unterstreichen, das einen Wandel gebiert. Damit die Veränderung eine Chance hat einzutreten, damit die Vielfalt nicht auf bereits etablierte Normen zurückgeführt wird, müssen bestimmte Bedingungen erfüllt werden. Damit eine Intervention ein Humansystem auf Dauer modifiziert, ist es notwendig, daß die Veränderung die Sehensweise beeinflußt, die sämtliche Mitglieder dieses Systems haben. Diese Veränderung kann auf sehr viele Weisen durchgeführt werden.

---

[9] Platon, *La République*, Paris, Garnier-Flammarion, coll. „GF", 1966, S. 275.

8. Einige in meinem psychotherapeutischen Ansatz verborgene Prinzipien

8.1. Für eine systemische Zeit

Es scheint mir für die Psychotherapie wichtig zu sein, die simplizistische Opposition hinter sich zu lassen, die eine Betrachtung der Geschichte, bei der die Elemente der Vergangenheit automatisch die der Zukunft bestimmen, einer Deutung gegenübergestellt wird, die im Namen der Äquifinalität nur auf einem Hier und Jetzt beharrt.

Ich empfehle im Rahmen der Familientherapie eine flexiblere Anwendung der Zeit. Um die Gegenwart zu verstehen, erweisen sich die Elemente der Vergangenheit meist als notwendig, aber nicht als ausreichend. Damit ein traumatisches Ereignis bis in die Gegenwart hinein eine wichtige Rolle spielen kann, muß die Aufrechterhaltung eines Verhaltens eine Funktion und einen wichtigen Sinn im Hinblick auf das System haben, in dem es weiterlebt. Ein interessantes Beispiel wäre in dieser Hinsicht das Entstehen eines Paares.

Stellen wir uns eine Frau vor, die sich, aus an ihre persönliche Geschichte gebundenen Gründen, nur unter einer bestimmten Bedingung in einer Zweierbeziehung wohlfühlen würde. Diese Bedingung bestünde darin, daß sie die Rolle einer Trösterin einnehmen kann. Stellen wir uns ebenfalls vor, daß diese Frau während der ersten Begegnungen mit ihrem potentiellen Partner, also am Anfang der Geschichte dieses Paares, immer dann, wenn ihr Partner schweigen oder sich in seinen Träumen verlieren würde, denken würde, er sei traurig. Und stellen wir uns schließlich vor, daß sie ihren neuen Freund fragen würde: „Bist du traurig?" und ihn dabei die Nähe fühlen ließe, die sie ihm geben würde, wenn er die Frage bejahen würde. Beantwortet der Partner diese implizite Aufforderung, so würde das System des Paares bestimmte Verhaltensweisen, die mit vergangenen Ereignissen verbunden sind, verstärken und aufrechterhalten. Aber man könnte sich auch vorstellen, daß er antwortet: „Nein, ich bin nicht traurig, ich habe nur geträumt"; es wäre natürlich möglich, daß ihn seine Gefährtin dann verließe, wenn sie aber dennoch bei ihm bliebe, könnte sich dieser besondere Aspekt ihrer Persönlichkeit weder verstärken noch aufrechterhalten.

Genau das geschieht übrigens in der Individual-Psychotherapie: der Patient versucht, bestimmte frühere Schemata mit seinem Psychotherapeuten zu wiederholen, während letzterer sich darum bemüht, durch seine Reaktionen einen anderen Kontext zu schaffen, der dem Patienten in einem bestimmten Augenblick der Therapie erlaubt, sein Verhalten zu ändern.

Darüber hinaus kann die Zeit, so wie ich sie nach der Lektüre der Werke Ilya Prigogines und seiner Mitarbeiter betrachte, nicht mehr als linear definiert werden, das heißt, die Elemente folgen nicht mehr nach dem Prinzip von Ursache und Wirkung aufeinander. Die Verstärkung bestimmter Assemblagen, bei denen der Zufall eine nicht zu vernachlässigende Rolle spielt, kann tatsächlich zu einem abrupten Übergang führen, zu einer Bifurkation, zu einem neuen, unvorhergesehenen Werden.

8.2. Assemblagen und Selbstreferenz

Im zweiten Kapitel habe ich den Schwerpunkt besonders auf selbstreferentielle Assemblagen gelegt, die während einer psychotherapeutischen Sitzung aufgetreten waren. Diese Assemblagen, die sowohl aus intrinsischen Regeln als auch aus Singularitäten bestanden, können sich gegebenenfalls verstärken und eine Konsistenz annehmen, die das Werden des therapeutischen Systems verändert.

Die Assemblage, deren Verstärkung das System blockieren oder seine Evolution ermöglichen kann, setzt sich aus Elementen zusammen, die an die verschiedenen Mitglieder des therapeutischen Systems gebunden, aber nicht auf sie zu reduzieren sind. Die Kunst des Therapeuten besteht darin, sich auf ein gemeinsames Sich-gehen-Lassen zu stützen, durch das die Formierung solcher Assemblagen ermöglicht wird. Dies gilt auch dann, wenn die Assemblagen nicht dem entsprechen, was er im Rahmen seiner Erklärungsraster für bedeutungsvoll hält.

Diese Assemblagen gehören nicht nur dem Familiensystem an, sondern auch dem therapeutischen System: der Therapeut ist darin immer inbegriffen. Es ist, so scheint mir, von größter Wichtigkeit, daß der Therapeut weder danach sucht, was gut für die Familie ist, noch nach der Richtung fragt, die das therapeutische System einschlagen soll; seine Arbeit könnte vielmehr darin bestehen, den Familienmitgliedern dabei zu helfen, nicht Beziehungsbahnen zu benutzen, die die Aufrechterhaltung des Symptoms zwingend mit sich bringen, um ihnen andere Möglichkeiten zu eröffnen. Was diese Möglichkeiten betrifft, so wird sie der Therapeut gleichzeitig mit der Familie entdecken, indem er sich selbst in dem Maße verändert, wie er den anderen hilft, sich zu verändern. Die Therapie könnte also als eine Folge von Situationen umschrieben werden, in denen sich der Therapeut darum bemüht, dem therapeutischen System aus den Spuren zu helfen, in denen es sich festgefahren hat.

8.3. Eine systemische Deutung der Gefühle

Die wichtigste Arbeitshilfe des Therapeuten ist er selbst. Lange Zeit haben die Therapeuten den Gefühlen mißtraut, die ihre Patienten ihnen einflößten, denn sie waren der Auffassung, daß ihre Affekte der „Objektivität" ihrer Beobachtungen schaden könnten. Was mich persönlich betrifft, so bin nicht davon überzeugt, daß das, was wir als Therapeuten bei einer Psychotherapie empfinden, ein Handikap ist. Natürlich können wir in einer spezifischen Situation ein besonderes Gefühl nur empfinden, wenn irgendwo eine empfindsame Saite in uns schwingt. In meinen Augen dürfen der Sinn und die Funktion der Vibration dieser Saite nicht ausschließlich in meiner eigenen Person gesucht werden: Sinn und Funktion sind gleichzeitig an das System gebunden, in dessen Zentrum ich dieses Gefühl erlebe. Anders gesagt, so wie das Symptom des identifizierten Patienten für den Therapeuten einen Sinn und eine Funktion in dem System hat, in dem das Symptom auftritt, haben meiner Meinung nach auch die Gefühle, die bei diesem oder jenem Mitglied des therapeutischen Systems entstehen, einen Sinn und eine Funktion für das System, in dem sie auftauchen. Für mich lassen diese Gefühle spezifische Brücken erkennen, die im Begriff sind, sich zwischen den Familienmitgliedern und dem Psychotherapeuten zu bilden; sie legen die gemeinsamen Fundamente, auf denen die Therapie aufgebaut werden kann.

Ich will damit nicht sagen, daß der Therapeut deshalb die bereits laufenden Strategien vernachlässigen könnte: ganz im Gegenteil, allein sein geschärftes Bewußtsein für diese Strategien erlaubt es ihm, eine Bestätigung der Weltkonstruktionen der Familienmitglieder sowie seiner eigenen zu umgehen. In bestimmten Fällen kann allerdings ein zu eindringliches Erleben beim Therapeuten tatsächlich dazu führen, daß er das Erleben der Familienmitglieder auf etwas zurückführt, was er zu entschlüsseln meint. Aber selbst in diesem Fall kann sich diese Situation nur fortsetzen, wenn sie eine Funktion hinsichtlich der Gesamtheit des therapeutischen Systems hat.

In einem der folgenden Abschnitte dieses Kapitels, in dem ich mich eingehender mit Interventionen befasse, werde ich zeigen, wie der Therapeut diesen selbstreferentiellen Aspekt in der Sitzung praktisch anwenden kann.

8.4. Die Resonanzen

Es scheint mir wesentlich, im Verlauf einer Psychotherapie oder einer Supervision nicht die verschiedenen, im Spiel befindlichen Systeme aus den Augen zu verlieren. Die Suche nach Resonanzpunkten kann für das Entstehen des therapeutischen Systems von entscheidender Bedeutung sein.

9. Einige Interventionsmöglichkeiten

Bevor ich einen von mir entwickelten Interventionstyp vorstelle und beschreibe, auf welche Weise die Selbstreferenz ein Trumpf in den Händen des Therapeuten werden kann, möchte ich mich ein wenig über die Technik des reframing auslassen – eine Technik, die von allen systemischen Therapeuten angewendet wird.

9.1. Reframing

Ich habe im zweiten Kapitel bereits kurz die Bedeutung des reframings nach der Definition von Watzlawick, Weakland und Fisch erklärt: reframing besteht, wie wir gesehen haben, im wesentlichen darin, den Kontext einer Situation zu modifizieren, um ihren Sinn vollständig zu verändern.

Ich kann an dieser Stelle dem Vergnügen nicht widerstehen, ein Beispiel zu zitieren, das ich den praktischen Erfahrungen von Françoise Dolto entlehne, die sie in einem Fernsehinterview der Antenne 2, kurz vor deren Auflösung (am 1. September 1988), beschrieben hat.

Françoise Dolto brachte in dieser Sendung das Gespräch auf den Fall einer sehr ängstlichen Mutter, die ihre Schwangerschaft jedoch völlig problemlos erlebt hatte. Ihr magersüchtiger Säugling verweigerte die Muttermilch, während er die Fläschchen der Krankenschwester ohne Schwierigkeiten akzeptierte. Dolto erklärte der Mutter, die diese Situation nur sehr schwer verkraftete, daß ihr Kind eine große Liebe zu ihr empfinde, diese Liebe aber so ausdrücke, als ob es noch im Uterus sei, als es noch keinen Mund hatte.

Diese Intervention veränderte die Beziehung der Mutter zu ihrem Kind und zu der Krankenschwester, die es ernährte, vollständig. Der geheime Reichtum dieses reframings springt sofort ins Auge: es betonte unter anderem, daß dieser Säugling im selben Maße, in dem seine Mutter dem wundervollen Erleben der Schwangerschaft nachtrauerte, er ihr durch sein Verhalten zu verstehen gab, daß sie nicht die einzige sei, die nostalgische Gefühle hege.

Auch andere, scheinbar unbedeutende Elemente spielten zweifelsohne eine Rolle dabei: warum erklärte Dolto bei diesem Gespräch, daß das Kind im Uterus keinen Mund gehabt hätte, anstatt zu sagen, daß es sich nicht durch diese Öffnung ernährte? Diese Details sind Teil einer sehr komplexen Sachlage, die jede therapeutische Intervention umgibt. Die operative Assemblage ist immer viel reichhaltiger als die rationalisierte Version, die man davon vermitteln kann.

Reframing ist eine der Techniken, die am häufigsten von systemisch arbeitenden Therapeuten angewandt wird. Um beispielsweise auf die am Anfang des Kapitels zitierte Familie zurückzukommen, so warf die Mutter im Verlauf derselben Sitzung ein, daß sie ein „Dussel" sei; zu einem anderen Zeitpunkt der Therapie wurde der Begriff, der für die Patientin eine dumme Person bezeichnete, von dem Ratgebenden aufgegriffen und in einem anderen Sinn angewendet: im Sinn eines Wasserbehälters, der dem Durstigen inmitten der Wüste Labung spendet. Könnte man sich nicht vorstellen, daß die Mutter gerade durch ihr Verhalten als „Dussel" (gourde)[10] dieser Familie erlaubte, sich zu laben?

Damit das reframing akzeptiert werden kann, muß es diejenigen, denen es vorgeschlagen wird, kulturell überzeugen. Ein sehr häufig in unserem Bereich verwendetes reframing besteht darin, die Mitglieder einer Familie als „sich gegenseitig beschützend" zu beschreiben, oder das Symptom des benannten Patienten so darzustellen, als ob es in den Augen des Patienten die „Seinen" schützen würde. Der Erfolg dieser Art von Intervention beruht vielleicht darauf, daß sie mit bestimmten Werten unserer Zivilisation zusammenfällt, die lange Zeit durch die Lektüre der Bibel aufrechterhalten wurden. Das erste reframing dieser Art findet man bereits bei Jesaia (Jesaia 53,4), als der Prophet erklärt: „Es waren doch unsere Krankheiten, die er auf sich nahm, unsere Leiden, die er trug, während wir ihn für einen vom Unglück Verfolgten hielten [...]." Es ist auch der gleiche Typ von reframing, den die Doktoren des Talmud ausüben, wenn sie den Messias, die Stelle des Jesaia zitierend, einen „leprosen Studenten" nennen (Buch Sanhédrin, S. 98 b).

Als ein uns viel näher stehendes Beispiel kann ein solches reframing auch am Film *La vie est belle* von Frank Capra (1946) verfolgt werden: der Held des Films, gespielt von James Stewart, nähert sich einem Fluß, um Selbstmord zu begehen; er sieht dort einen Ertrinkenden, dem er, seinen Vorsatz vergessend, zu Hilfe eilt. Dabei entdeckt er, daß der Verzweifelte sein eigener Schutzengel ist, der sich dieses ungewöhnlichen Mittels bediente, um ihn von seinen Selbstmordabsichten abzubringen.

Für mich ist ausschlaggebend, daß der Therapeut dem reframing nur einen operativen Wert zuschreibt. Der Sprung, den diese Art der Intervention erlaubt, ist nur dann von Nutzen, wenn er eine andere Deutung der Situation erlaubt, wenn er andere Möglichkeiten eröffnet. Folglich geht der Therapeut ein Risiko ein, wenn er sich in die Lage dessen versetzt, der völlig in einer Welt der Wahrheit verankert ist und weiß, was sich „als wahr" abspielt. Dieses Risiko besteht darin, sich den Platz des anderen anzueignen und dadurch jeden Versuch einer Veränderung abzublocken. Sein reframing würde auch

---

[10] *Gourde* bedeutet im Französischen sowohl *Dummkopf* oder *Dussel* als auch *Feldflasche* (d. Übersetzerin).

Gefahr laufen, einen verbotenen Sinn zu haben, der den Patienten daran hindern würde, sich Möglichkeiten zu schaffen, die nicht denen entsprechen, die der Therapeut vorschlägt. In der Paartherapie hingegen werte ich das Verhalten eines Partners positiv um, indem ich das reframing mit einem paradoxen Kommentar versehe, der zeigt, wie das Verhalten des einen Partners die Weltkonstruktion des anderen Partners schützt, ich versuche also nur ein anderes Erleben anzubieten: ich hoffe einfach, daß dieses Erleben neue Möglichkeiten freisetzt, die allen Mitgliedern des therapeutischen Systems erlauben, sich zu verändern; wenn dies eintritt, war die Intervention operativ, aber das, was dabei gesagt worden wäre, wäre deshalb noch lange nicht „wahr".

9.2. Die Rituale in der Paartherapie

Ich möchte hier eine der Techniken beschreiben, die ich häufig in der Paartherapie benutze: genauer gesagt, die paradoxen Aufgaben, die sich gleichzeitig an beide Ebenen des double binds richten, die jeder der Protagonisten erlebt.

Das folgende Beispiel stammt aus einer Paartherapie, die unter meiner Supervision in einem Universitätskrankenhaus in Brüssel durchgeführt wurde, und das ich bereits in einem Absatz des vorangehenden Kapitels, den ich den Resonanzen widmete, zur Sprache brachte.

Die Ehefrau wünschte, daß ihr Mann „Herz habe" und sich um sie kümmere. Im übrigen hatte sich ihre Mutter wenig um sie gekümmert und ihr gewöhnlich „sogar geringfügige Ausgaben" vorgehalten; was ihren Vater betrifft, so hatte er es immer nur dann gewagt, sich um sie zu kümmern, wenn ihre Mutter es nicht merkte, und dennoch hatte er sie „verraten", als sie achtzehn war: als Gymnasiastin durfte sie aus ihrer Internatsschule am Wochenende nicht nach Hause kommen, weil sie „störte" und „weil der Zug zu teuer war".

Der Ehemann wünschte, daß seine Frau ihm ein wenig mehr Zärtlichkeit entgegenbringe und ihn mehr schätze. Andererseits hatte er das Gefühl gehabt, ein unerwünschtes Kind zu sein; als Kind hatte er sich als „Waise" erlebt; er mußte der Therapeutin erklären: „Meine Mutter wies mich ab. Meine Großmutter verriet mich", dabei fügte er hinzu: „Ich litt unter einem anhaltenden Mangel an Zärtlichkeit und Zuneigung."

Wenn ich mein Modell anwende, so wünschte die Frau auf der Ebene ihres offiziellen Programms, daß ihr Ehepartner „mehr Herz" haben und sich mehr um sie kümmern solle; auf der Ebene ihrer Weltkonstruktion dachte sie gleichzeitig, daß sie nur „stören" könne, und glaubte nicht, daß sich jemals jemand um sie kümmern würde. Der Mann wünschte auf einer bestimmten

Ebene, Zärtlichkeit und mehr Wertschätzung zu erhalten, doch da er diese Erfahrung als Kind nicht gemacht hatte, gelang es ihm auch nicht zu glauben, daß seine Erwartungen befriedigt werden könnten. Wenn einer der beiden Ehepartner der Erwartung des anderen ausdrücklich entsprach, so widersetzte er sich unvermeidlich dem zweiten Aspekt des double bind.

Im folgenden einige Auszüge aus derjenigen Sitzung, in der die Therapeutin paradoxe Aufgaben verteilte:

Therapeutin [zur Ehefrau]: Was hätten Sie gern, daß Ihr Mann tut?
Die Ehefrau: Daß er mehr Herz hat. Daß er eine Stunde in der Woche nur mir widmet. Daß er nicht dort sitzen bleibt ...
Therapeutin: Was hätten Sie gerne, daß Ihre Frau für Sie tut?
Ehemann: Daß sie das schätzt, was ich mache ... Ein wenig Zärtlichkeit.
Therapeutin: Können Sie dies etwas genauer sagen?
Ehemann: Daß sie sich mir nicht systematisch entgegenstellt. Daß sie aufhört, mir Vorwürfe zu machen: ihre Vorwürfe lähmen mich. Daß sie mich nicht systematisch zerstört, daß sie konstruktiv ist.

Daraufhin wurde die Sitzung unterbrochen und das Team diskutierte hinter dem Einwegspiegel. Dann kehrte die Therapeutin in die Sitzung zurück.

Therapeutin: Ich möchte Sie um etwas bitten, was vielleicht nicht funktionieren wird. Meine Kollegen meinen, daß es nicht funktioniert ...
[Zum Ehemann]: Ihre Frau erwartet, daß Sie ihr eine Stunde pro Woche widmen. Ich möchte Sie bitten, sich zweimal pro Woche eine halbe Stunde Zeit für sie zu nehmen. Ich möchte, daß Sie diese Zeit mit ihr verbringen, ungeachtet dessen, worum ich Ihre Frau bitten werde.
[Zur Ehefrau]: Sie sagen ihm, daß Sie das nicht wollen. Wenn ich das sage, heißt das nicht, daß Sie es akzeptieren müssen.
Der Ehemann: Das ist ein offenkundiger Widerspruch!
Therapeutin [zur Ehefrau]: Sie müssen ablehnen, weil er es nicht macht, wenn Sie ihn darum bitten: er macht es nur, wenn ich ihn dazu auffordere ... Was Sie selbst betrifft, möchte ich, daß Sie ihm Zärtlichkeit entgegenbringen.
Ehefrau: Aber er stößt mich zurück.
Therapeutin [zum Ehemann]: Wenn sie zärtlich zu Ihnen ist, möchte ich, daß Sie darauf achten, nicht von ihrer Zärtlichkeit berührt zu werden.
Ehefrau: Er ist ja schon so!

Die Therapeutin nannte den beiden Partnern ihre jeweiligen Aufgaben noch einmal und bat sie, sich zu merken, was jeder dabei empfinden würde.

In der folgenden Sitzung erfuhr sie, daß die Frau für ihren Mann gekocht hatte und er ihr einige liebe Worte geschrieben hatte. Er hatte sich bei ihr bedankt und bedauert, daß dies nicht öfter vorkomme; dann war er sich darüber klar geworden, daß dies genau die Aufgabe war, um die er seine Frau gebeten hatte; dies hinderte die Patientin nicht daran, sich weiterhin um ihren Mann zu kümmern.

Der Mann erklärte der Therapeutin: „Es war wie ein kleiner Sonnenstrahl", und die Frau stimmte zu, indem sie hinzufügte: „Wir haben bis drei Uhr morgens geredet, zwei Abende nacheinander. [...] Er war in einer leichten Euphorie, er war zehn Jahre jünger. Ich fand in ihm den Mann wieder, den ich vor zehn Jahren kennenlernte."

Bis dahin vertraute die Patientin nicht darauf, wenn sich ihr Mann um sie kümmerte. Sie stieß ihn zurück, provozierte seinen Rückzug und beklagte sich über diese Reaktion. Und dieser Patient vertraute ebenfalls nicht darauf, wenn seine Frau ihm Zärtlichkeit entgegenbrachte und ihm zeigte, daß sie ihn schätzte, denn er fürchtete, daß sein Verhalten ihre Weltkonstruktion in Frage stellen könne: seine Partnerin fühlte sich also zurückgewiesen, und er selbst konnte sich weiterhin darüber beklagen, nicht geliebt zu werden ...

Dank dieser Aufgaben, die den beiden Eheleuten das vorschrieben, was sie bereits taten, befreite der Therapeut beide Protagonisten jeweils von ihrem sie beengenden double bind.

In diesem Kontext konnten die beiden Partner versuchen, die beiden Ebenen des double binds koexistieren zu lassen, ohne den anderen jeweils als aggressiv zu betrachten. Wenn jemand eine Falle stellte, war es nicht mehr der Partner, es war die Therapeutin; wenn es eines Kerkermeisters bedurfte, so würde es nicht mehr der jeweils andere Partner, sondern die Therapeutin mit ihren ungereimten Vorschriften sein.

Selbstverständlich ist das, was sich während dieser Therapie ereignet hat, weit komplexer, als ich es gerade beschrieben habe. Wenn diese Therapeutin das Modell eines gegenseitigen double binds konstruiert hat, das um spezifische Themen kreiste, so geschah dies, weil diese Themen auch sie berührten; der Wandel vollzog sich folglich auf der Ebene des gesamten therapeutischen Systems und nicht nur auf der des Paares.

Andererseits sind solche Aufgaben nur eine Episode in einem therapeutischen Prozeß, der übrigens auch ein plötzliches Ende nehmen kann. Denn kaum daß auf einer Ebene eine größere Flexibilität erreicht wird, wird anderswo eine andere Schwierigkeit zutage treten. Was immer auch diejenigen denken mögen, die im Psychotherapeuten gern einen Magier sehen, Therapie ist meist eine lange und schwere Arbeit.

9.3. Von der Selbstreferenz als Trumpf der Psychotherapie

Wenn der Leser die verschiedenen Beispiele der Selbstreferenz in diesem Buch liest, könnte er sich fragen, wie es möglich ist, solchen Situationen zu entgehen. Für mich besteht die Lösung nicht darin, Selbstreferenz zu vermeiden, sondern darin, aus ihrem Zentrum heraus zu arbeiten.

Ich schlage den Therapeuten vor, dabei folgende Punkte zu berücksichtigen:

1. Zu akzeptieren, daß das, was in uns entsteht, nicht ausschließlich mit unserer eigenen Geschichte verbunden ist, sondern auch mit dem therapeutischen System, in dem dieses Gefühl entsteht und in dem es einen Sinn und eine Funktion hat.

2. Mißtrauisch zu sein. Wenn wir dieses Gefühl, das in uns auftaucht, verfolgen, ohne sein Echo beim jeweiligen Partner oder Familienmitglied verifiziert zu haben, stellen sich uns zwei Arten von Schwierigkeiten entgegen:

a. Es ist immer möglich, daß unser Erleben mehr an unsere eigene Geschichte gebunden ist als an das Erleben der anderen Mitglieder des therapeutischen Systems.

b. Wenn wir unser Erleben ohne Vorsicht verfolgen, gehen wir ein erhöhtes Risiko ein, unsere Weltkonstruktion und die der Familienmitglieder zu bestätigen. Wir hätten dann ein System geschaffen, das „je mehr es sich verändert, um so mehr das gleiche bleibt".

3. Verifizieren, ob das, was wir fühlen, gleichzeitig eine Funktion für die Partner oder die Familie und für uns selbst hat. Bestätigt sich dies, dann hätten wir eine einzigartige und singuläre Brücke zwischen den einzelnen Partnern oder Familienmitgliedern und uns selbst entdeckt. Wir würden uns in dem Moment, in dem wir den anderen Mitgliedern des therapeutischen Systems dabei helfen, sich zu ändern, selbst verändern. Indem wir versuchen, Weltkonstruktionen, die den unseren nahestehen, zu modifizieren, nehmen wir an einer gemeinsamen Befreiungsaktion teil, die sich als sehr bequem erweist, da wir uns anhand der Elemente, die unserer eigenen Vergangenheit entstammen, von den Familienmitgliedern unterscheiden können; sie wiegen eine eventuelle Ähnlichkeit tiefliegender, auf beiden Seiten bestehender Überzeugungen auf.

4. Die psychotherapeutische Arbeit besteht also darin, die Elemente zu flexibilisieren, die an den Überschneidungen der verschiedenen Welten der Mitglieder des therapeutischen Systems auftreten. Die Art und Weise, wie diese Flexibilisierung zustandekommt, die Bedingungen, aufgrund derer der Therapeut sich zur gleichen Zeit verändern kann wie die Mitglieder der Familie oder des Paares, hängen von der Schule ab, aus der der Therapeut kommt. Wichtig ist für mich nicht so sehr die zugrundeliegende Theorie als

vielmehr, daß diese Theorie auf die Mitglieder des therapeutischen Systems zugeschnitten ist.

Wir sind also an einer ersten Etappe angekommen.
Ich habe Ihnen meine Konstruktionen zur Entwicklung eines Ansatzes systemischer Therapie, so gut ich konnte, dargelegt. Wenn sich diese Konstruktionen infolge irgendwelcher glücklicher Überschneidungen mit den Ihrigen treffen und Ihnen erlauben, neue Perspektiven zu entwickeln, dann waren meine Bemühungen nicht umsonst.

Epilog
Eine Geschichte über Jha

Jha, eine sehr bekannte Figur in marokkanischen Erzählungen, fand sich eines Freitags in der Moschee ein. An diesem Tag drängten ihn die Gläubigen dazu, das Wort zu ergreifen und zu ihnen zu sprechen. Nachdem Jha lange Zeit versucht hatte, sich ihrer Erwartung zu entziehen, fragte er sie schließlich: „Wißt ihr, was ich euch erzählen werde?" Als die Anwesenden verneinten, sagte er ihnen: „Wie soll ich über etwas zu euch sprechen, das ihr nicht kennt?"

Am folgenden Freitag wußten die Gläubigen, was sie Jha antworten würden, wenn er erneut vermeiden würde, zu ihnen zu sprechen. Nachdem sie dieser wieder fragte: „Wißt ihr, was ich euch sagen werde?", erwiderten sie im Chor: „Ja, wir wissen es." Jha antwortete: „Wozu muß ich es euch dann sagen?", und er setzte sich schweigend unter die Versammelten.

Am dritten Freitag meinte die Gemeinschaft schließlich die Antwort gefunden zu haben, die Jha zum Sprechen bringen sollte. Auf die wiederholte Frage: „Wißt ihr, was ich euch sagen werde?", antwortete eine Hälfte der Zuhörer: „Nein", und die andere Hälfte rief: „Ja." Jha sagte ihnen daraufhin: „Die, die es wissen, sollen es denen sagen, die es nicht wissen … "

Literatur

Eine Auswahl deutschsprachiger Titel der zitierten Publikationen bzw. Autoren

Bateson, Gregory: *Ökologie des Geistes. Anthropologische, psychologische, biologische und epistemologische Perspektiven*, Frankfurt/Main 1980.

Bateson, Gregory: *Geist und Natur. Eine notwendige Einheit*, Frankfurt/Main 1982.

Bertalanffy, Ludwig von: „Allgemeine Systemtheorie. Wege zu einer neuen Mathesis Universalis", in: *Deutsche Universitätszeitung*, 12/1957, S. 5–6, S. 8–12.

Camus, Albert: *Der Mythos von Sisyphos. Ein Versuch über das Absurde*, Reinbek 1988.

Castañeda, Carlos: *Reise nach Ixtlan. Die Lehre des Don Juan*, Frankfurt [17] 1990.

Elkaïm, Mony: „Von der Homöostase zu offenen Systemen", in: *Der Familienmensch. Systemisches Denken und Handeln in der Therapie*, hg. von Josef Duss-von Werdt und Rosmarie Welter-Enderlin. Stuttgart 1980, S. 150–155.

Foerster, Heinz von: *Sicht und Einsicht. Versuche zu einer operativen Erkenntnistheorie*, Braunschweig 1985.

Foerster, Heinz von: „Abbau und Aufbau", in: F. B. Simon, *Lebende Systeme. Wirklichkeitskonstruktionen in der systemischen Therapie*, Berlin 1988, S. 19–33.

Guattari, Félix: *Schizoanalyse und Wunschenergie*, Bremen 1980.

Homer: *Odyssee*, München 1989.

Laing, Ronald D.: *Knoten*, Reinbek 1986.

Maturana, Humberto: *Erkennen: Die Organisation und Verkörperung von Wirklichkeit*, Braunschweig [2] 1985.

Maturana, Humberto/Varela, F.: *Der Baum der Erkenntnis. Die biologischen Wurzeln des menschlichen Erkennens*, München 1991 (Neuauflage).

Platon: *Der Staat*, Stuttgart [10] 1982.

Perrault, Charles: *Sämtliche Märchen*, Stuttgart o. J.

Selvini Palazzoli, Mara/Boscolo, L./Cecchin, G./Prata, G:, *Paradoxon und Gegenparadoxon*, Stuttgart [7] 1991.

Prigogine, Ilya: *Vom Sein zum Werden. Zeit und Komplexität in den Naturwissenschaften*, München [5] 1988.

Speck, Ross V./Attneave, C. L.: *Die Familie im Netz sozialer Beziehungen*, Freiburg [2] 1983.

Watzlawick, Paul/Weakland, J. H./Fisch, R.: *Lösungen. Zur Theorie und Praxis menschlichen Wandels*, Bern [4] 1988.

Watzlawick, Paul/Beavin, J. H./Jackson, D. D.: *Menschliche Kommunikation. Formen, Störungen, Paradoxien*, Bern [8] 1990.

Watzlawick, Paul (Hg.): *Die erfundene Wirklichkeit. Wie wissen wir, was wir zu wissen glauben. Beiträge zum Konstruktivismus*, München [5] 1990.

Whitehead, Alfred N./Russell, B.: *Principia Mathematica*, Frankfurt/Main 1986.

Stichwortverzeichnis